高等院校旅游管理专业系列教材 Gaodeng Yuanxiao Lüyou Guanli Zhuanye Xilie Jiaocai

主编◆章锦河
洪 娟

旅游市场营销学

Tourism Marketing

安徽人民出版社

图书在版编目（CIP）数据

旅游市场营销学/章锦河，洪娟主编．—合肥：安徽人民出版社，2008.12

ISBN 978-7-212-03416-0

Ⅰ.旅…　Ⅱ.①章…　②洪…　Ⅲ.旅游市场—市场营销学—高等学校：技术学校—教材　Ⅳ.F590.8

中国版本图书馆CIP数据核字（2008）第190347号

旅游市场营销学

章锦河　洪娟　主编

出版发行：安徽人民出版社
地　　址：合肥市政务文化新区圣泉路1118号出版传媒大厦8楼
发 行 部：0551－3533258　3533292（传真）　邮编：230071
组　　编：安徽师范大学编辑部　电话：0553-3937079　3883579
经　　销：新华书店
印　　制：芜湖新欣传媒有限公司
开　　本：787×960　1/16　印张：18　字数：304千
版　　次：2009年12月第1版　2009年12月第1次印刷
标准书号：ISBN 978-7-212-03416-0
定　　价：28.00元

高等院校旅游管理专业系列教材编委会

（按姓氏笔划排序）

总序

改革开放30年,我国国民经济与社会发展取得了举世瞩目的伟大成就。国富民强,和谐安定催生旅游业的快速发展,我国旅游业从小到大,从弱到强,已经实现了从旅游资源大国向亚洲旅游大国进而向世界旅游大国的历史性跨越,正积极向世界旅游强国的目标迈进。

入境旅游快速增长。从1978年至2007年,我国入境旅游接待从180.92万人次增加到13 187.33万人次,增长71.9倍,年均增幅达15.9%;过夜旅游人数从72万人次增加到5 471.98万人次,增长75倍,年均增幅16.1%,高出同期世界旅游同类指标12个百分点;旅游外汇收入从2.63亿美元增加到419.19亿美元,增长158.4倍,年均增幅达到19.1%,高出同期世界旅游同类指标10个百分点。我国已经成为世界第四大入境旅游接待国。

国内旅游持续攀升。1993年至2007年的15年间,我国国内旅游接待从4.1亿人次增长到16.1亿人次,年均增速达到10.3%;国内旅游收入从864亿元增长到7 771亿元,年均增幅达到17%。我国已经形成世界上最大的国内旅游市场。

出境旅游蓬勃发展。自1997年起,我国在试办港澳游、边境游的基础上,正式开展中国公民自费出境旅游业务。之后,出境旅游目的地的数量逐步增加,截至2007年底,除香港、澳门两个特别行政区外,已有132个国家成为我国公民出境旅游目的地。中国公民出境旅游人数增速迅猛,2007年已达到4 095.4万人次,是2000年的3.9倍,其中因私出境旅游人数达到3 492.4万人次,已占到出境总人数的85%。我国已经成为亚洲最大的出境旅游客源国。

旅游企业日益增加。经过30年的培育和发展,旅游业基本形成了多方位、多层面、多维度的产业体系格局。到2007年末,全国已有旅行社18 943家,其中国际旅行社 1 797 家；星级饭店 13 583 家；旅游景区（点）超过 20 000 家，其中国家等级旅游区（点）3 100 余家，4A 级以上等级旅游区（点）928 家；国家旅游度假区 12 家；优秀旅游城市 307 个，旅游强县 17 个；工农业旅游示范点 1 098 家；国家重点风景名胜区 187 个，国家级自然保护区 303 个，国家森林公园 627 个，国家地质公园 138 个，世界地质公园 20 个，列入《世界遗产名录》的世界遗产 35 处。

科教兴旅迫在眉睫。当前，中国旅游业进入了新的发展阶段。中国将全面推进旅游业转型升级，实现从世界旅游大国向世界旅游强国的新跨越，当务之急是加快实施科教兴旅、人才强旅战略，培养和建设一支高素质的旅游人才队伍。因此，中国旅游业发展将对旅游教育产生重大影响。中国旅游教育将面临前所未有的重大发展机遇和挑战，涉及旅游人才需求和旅游人才供给的许多方面。

旅游人才需求连年走高。从需求层面看，中国旅游业持续快速发展需要大量旅游人才。据预测，到 2010 年，中国旅游主体人才占旅游直接从业人员的比重将达到 24.7%。到 2015 年，我国旅游直接就业人数将达到 1 700 万人，间接就业人数将达到 8 300 万人，旅游就业总量将达到 1 亿人。中国旅游业产业规模扩大及对旅游就业的强劲拉动使旅游人才需求连年走高。

旅游人才供给持续升温。从供给层面看，旅游教育是旅游产业发展的基础性支持和持续推动力。至 2007 年，全国举办旅游教育的院校共有 1 711 所，在校生为 77.38 万人，旅游专业教师 3.32 万人，其中高等旅游院校 770 所，在校生 39.74 万人，教师 1.69 万人；中等职业学校 941 所，在校学生 37.64 万人，教师 1.63 万人。据统计，目前招收旅游管理博士的院校有 11 所，招收旅游管理硕士的有 90 所，开设与旅游相关的专业（方向）近 30 个，逐步形成了涵盖博士、硕士、本科、专科（含高职）各层面的旅游教育体系。

旅游高等教育是我国旅游教育体系的重要组成部分，与旅游经济和社会发展的关系密切，是一种直接为旅游业发展服务的特殊类型的高等教育，肩负着为中国旅游业培养中高级专门旅游人才的重任。

旅游教材建设刻不容缓。教材建设是院校人才培育的基础。目前，我国旅游教材建设已有一定的规模和基础。在各级行政管理部门、院校和出版社的共同努力下，已出版了一批高等旅游管理专业教材。但从整体性看，已有的多数教材有以下缺憾：一是专业性不足，相当多的旅游教材“脱胎”于各自相关专业母体的痕迹比较严重，旅游专业特点凸显不够；二是系统性不足，多数版本的教材只有4—8本，涵盖整个旅游管理专业的系列教材比较缺乏；三是适宜性不足，从高等院校旅游管理专业的历届毕业生的就业现状来看，由于实际操作能力不强以及旅游行业就业的相对低门槛特性，旅游管理专业学生逐渐丧失旅游行业就业竞争力，部分旅游高等院校教育并非以适应社会需要为目标，以培养技术应用能力为主线来设计学生的知识、能力、素质结构和培养方案，以致强调理论教学和实践训练并重不够，培养出来的毕业生直接上岗工作的能力不强。另外，目前的多数教材普遍存在内容交叉、重叠、陈旧，编的多，写的少；引用的成果多，研究性成果少；理论性的多，操作性的少；继承的多，创新的少等现象。有鉴于此，在安徽人民出版社安徽师范大学编辑部的策划下，成立了高等院校旅游管理专业教材编委会。经过高等院校旅游管理专业教材编委会精心组织和相关高校教师的认真编写，推出一套结构合理、内容精辟、信息前沿、案例丰富的高等教育旅游管理专业系列教材。

本套系列教材有三个特点：一是专业系统性。旅游高等教育系列教材计划出版28本，涵盖高等院校旅游管理专业全部教育教学内容，避免各院校使用教材分散，常出现一个专业使用多个版本的教材而不利于专业教学的一体化和系统化。二是实践应用性。本套教材充分体现了旅游高等教育的人才培养应用型特色和能力本位，调整了新形势下旅游人才必须具备的能力基础和技术基础，突出了旅游人才的创新素质和创新能力的培养。三是参与广泛性。在对旅游专业的人才培养模式和教学内容体系改革进行充分调查研究和论证的基础上，充分吸收高等院校旅游管理专业在探索培养技术应用型专门人才方面取得成功经验和教学成果的骨干教师参加编写。

本套教材适用于高等院校旅游管理专业使用，同时对旅游行业的工作者与旅游爱好者有重要参考价值。本系列教材是作者在百忙之中完成，我感谢我的同事们的敬业精神。同时，对于系列教材总体框架设计可能存在的缺憾，对于每本教材的疏漏与不足，我并代表作者表示歉意，恳切希望广大读者批评指正，不断推动旅游高等教育教材建设的发展与提高。

章锦河

2009年11月18日

前　言

随着国际、国内旅游业的持续发展，旅游市场竞争日趋激烈，旅游企业的市场竞争实质是人才的竞争，人才竞争力是构成企业核心竞争力的最核心部分，因此，旅游人才的教育与培养尤为重要。旅游市场营销学是市场学在旅游经济领域中的应用，其与一般市场营销相比有自己的特殊规律。它所涉及的理论、方法等为旅游企业开展市场营销活动提供决策依据，越来越受到学界与业界的广泛研究和关注。旅游市场营销学已成为旅游管理专业人才培养的必修课程。

本书以明晰、规范的表达方式来阐述旅游市场营销学的基本概念、原理和方法，并以案例分析、复习思考题来强化对旅游市场营销理论的理解，使读者灵活掌握旅游市场的基本理论和方法。主要包括：绪论；旅游市场营销环境；旅游者购买行为；旅游市场信息；旅游市场营销定位；旅游市场营销战略；旅游产品策略；旅游产品定价策略；旅游销售渠道策略；旅游促销策略；旅游市场营销新理念；旅游市场营销策划等十二章内容。本书具有较强的理论性、科学性、系统性和实用性，不仅适用于高等院校旅游管理专业及相关专业师生作为教学用书，也可作为旅游经济研究与管理人员的参考用书。

本书由安徽师范大学旅游学院章锦河教授、洪娟讲师担任主编，参编的有李东和（安徽大学）、许静（安徽大学）、王莉（安徽师范大学）、徐颖（马鞍山师范专科学校）、李剑（安徽商贸职业技术学院）、李慧（合肥师范学院）、李俊（安徽教育学院）。章锦河负责编写教材提纲、修改、定稿；洪娟负责统稿以及编写第九、十一、十二章；许静编写第二、五章；王莉编写第六章；徐颖编写第三、七章；李剑编写第四、十章；李慧、李东和编写第一章；李俊、李东和编写第八章。

本书编写得到安徽省众多旅游教育单位和一线骨干教师的热情参与，对此表示衷心感谢！

本书在编写过程中参考了国内外许多学者的论著、教材与科研成果，在此一并表示诚挚感谢！由于编者水平有限，书中缺陷、不当，甚至错误之处，恳请专家、学者及广大读者批评指正，以便修改、完善。

章锦河　洪娟

2009年8月

目 录

第一章
绪论

旅游市场营销学是旅游企业开展市场营销活动的理论基础，已成为旅游企业在快速变化和激烈竞争的市场中谋求生存与发展，取得核心竞争力的利器。越来越多的旅游企业、非营利组织、政府部门以空前的热情，积极实践并丰富着旅游市场营销活动。

通过本章学习，了解市场营销理论的形成和发展，旅游市场营销的展望；熟悉旅游市场营销学的研究对象和内容体系；掌握市场营销观念的演变过程以及旅游市场和旅游市场营销等相关核心概念的涵义。

第一节　市场营销理论的形成和发展

市场营销学是一门新兴的科学，也是一门实践性科学，市场深化发展和竞争的不断加剧，其营销理论也随之不断演变，日臻完善。

一、市场营销理论产生的背景

市场营销理论产生于20世纪初的美国。它是美国社会经济发展的产物。19世纪末20世纪初，美国开始从自由资本主义向垄断资本主义过渡，社会环境发生了深刻的变化。工业生产飞速发展，专业化程度日益提高，人口增长急剧，个人收入上升，日益扩大的新市场为创新提供了良好的机会，人们对市场的态度开始发生变化，有力地促进了市场营销思想的产生和市场营销理论的发展。

(一)市场规模迅速扩大

为了开发西部，美国的铁路建设飞速发展，有力地促进了美国钢铁工业的发展和国内市场规模的扩大。到20世纪初，美国国内市场扩大到了历史上前所未有的程度。扩大的市场给大规模生产带来了机会，但同时市场竞争更加激烈，新的竞争因素如信息、促销等变得越来越重要。

(二)工业生产急剧发展

大规模生产带来了日益增多的商品，从而使市场供给超过了市场需求，卖方市场开始向买方市场转化。生产者不再只为一个局部的当地市场服务，而是为众多的充满了各种不确定性的外地甚至外国市场服务。此外，随着生产的发展，大量新产品涌入市场，而生产者与消费者之间又介入了中间商，市场上出现了各种广告、促销活动。所有这些，使消费者困惑于对商品的选择，而生产者困惑于如何生产出“适销对路”的商品，他们要求能有一门新的学科或理论来对此作出解释，以便更有效地指导生产与生活活动。

(三)分销系统发生变化

在古典经济学发展的鼎盛时期，介于生产者和消费者之间的中间商被认为是不重要的。到了20世纪，中间商的作用和社会地位开始有所变化。在这个时期，直接出售家庭手工业品和农产品的现象逐渐减少，而通过正规的专门化分销渠道买卖商品的趋势日益明显。中间商执行了他们以往没有执行的职能，他们的人数增加了，相互之间有了分工，并且出现了同第一流生产企业并驾齐驱的百货商店、邮购商店和连锁商店等。新的分销体制向有关价值创造的传统理论提出了挑战，人们要求创造一个新的价值理论，它将包含曾被早期经济学家排斥在外的服务。有关价格和定价行为的概念也必须根据定价中的新因素进行修正。

随着分销组织规模的扩大和分工的深化，分销组织也需要管理人员。但是，管理一个工厂所要求的才能与新的分销组织所需要的是不同的，培养这方面人才所需要的技术知识和理论思想在现成的理论书中是找不到的，它迫切需要有一种新的理论问世。

(四)传统理论面临挑战

19世纪，企业经营的环境很大程度上是由企业主决定的。他们信奉个人主义，信奉商业寡头政治，信奉政府干预极小化而政府对企业的支持极大化。这些观念助长了经济自由的思想，经济学家则把希望寄托在市场竞争机制上。20世纪初出现了一种论点，即完全的自由竞争并不能使社会总体利益达到最佳水平。这一论点引起了广泛的重视。

传统的经济学家一般是从宏观的和政治的角度来考虑市场问题。而当时的管理经济学家则主要考虑企业组织的内部问题，尤其是有关生产过程的问题。大量有关分销和市场的新问题的出现造就了一批新的理论家，即市场营销学家。

市场营销思想最初的产生是自发的，是人们在解决各种市场问题的过程中逐渐形成的。直到20世纪30年代，人们才开始从科学的角度来解释这门学科。市场营销思想的出现，对美国社会和经济产生了重大影响。它给予成千上万的企业主以指导，为企业市场营销计划的制定提供了依据，还有力地推动了中间商社会地位的提高。商学院把那些反映了市场营销新思想的著作用作教科书，并将市场营销思想理论化，进而使之成为一门独立的学科即市场营销学，该学科成为当时商业大学培养方案的中心课程。市场营销思想还改变了人们对社会、市场和消费的看法，形成了人们新的价值观念和行为准则。

二、市场营销观念的演变

企业的市场营销活动是在特定的市场营销观念指导下进行的。所谓市场营销观念，就是企业在开展市场营销活动过程中，在处理企业、顾客和社会三者利益方面所持的态度、思想和意识，即企业进行市场营销活动时的指导思想和行为准则，亦即企业以什么为中心来开展营销活动。一种市场营销观念一旦形成，就会成为全社会在一定时期营销活动的行为准则。企业营销管理的指导思想是否科学，决定企业营销管理能否成功和企业的兴衰成败。

随着商品交换日益向深度和广度发展，市场营销观念也不断地演变。市场营销经过萌芽、发展、成熟等过程，大致经历了生产观念、产品观念、推销观念、市场营销观念和社会市场营销观念等五个阶段。其中，前三种观念统称传统市场营销观念，后两种观念称为现代市场营销观念。

（一）生产观念

生产观念是一种建立在卖方市场基础上的典型的“以产定销”的思想，奉行“以量取胜”，企业的注意力主要集中在进行专业分工、扩大生产、降低成本，以求获得最大的利润。它产生并流行于20世纪20年代以前。在当时，由于市场是卖方市场,产品整体上是供不应求,生产得出来就不怕卖不出去,多生产就会多销售,多销售就意味着多盈利,产品多则利润大,所以,企业界普遍的口号是:"我生产什么就卖什么","我能生产什么就生产什么",其销售方式基本上是"等客上门"。它强调以生产为中心,企业的工作重点在生产上,基本不作市场调研,尽最大的努力提高产量。这种观念基本不关心消费者需求及其变化,当生产力发展到一定水平之后,生产观念面临挑战。

（二）产品观念

以产品为中心的指导思想,企业奉行"以质取胜",认为消费者总是喜欢质量高、性能好的产品,只要注重提高产品质量就一定会顾客满门、市场无限,信奉"酒香不怕巷子深"、"皇帝的女儿不愁嫁"。相对于生产观念而言,产品观念不仅注重生产数量,还注重产品质量。但它同样以生产为中心,不注重市场需求,不注重产品销售,是生产观念的后期表现,企业在营销管理中缺乏远见,只看到当前自己的产品质量好,看不到未来市场的需求变化。

生产观念和产品观念都是以生产为中心,所以又被称为生产者导向的观念。其所处的市场环境有一个共同特征,即卖方占据有利地位,生产与销售的关系是以产定销。在这种观念支配下的生产者都没有认识到,产品的价格再低、质量再高,都有可能无法引导市场需求,无法使消费者购买不需要的产品。

（三）推销观念

以推销为中心的指导思想,认为只有积极地推销和进行大量的促销活动,消费者才会克服购买惰性或抗衡心理去购买商品。它是在第一次世界大战与第二次世界大战期间普遍流行的观念。其产生的直接原因是这时的西方发达国家大多处于严重的经济危机时期,尤其是1929—1933年深刻的经济危机席卷了整个资本主义世界,这种危机的直接表现就是产品相对过剩,很多企业在经济危机的冲击下倒闭,所以资本主义所面临的直接问题已不再仅仅是扩大生产规模,产品销售已显得同样重要。在这种形势下,各企业开始重视推销工作,纷纷成立推销机构,组建推销队伍,培训推销人员。企业界已开始认识到:很多情况下,消费者不会自动来购买商品,须推销员去说服、感化和刺激;企业只注重生产还不行,应将企业的人力、物力和财力转移一部分出来用于销售。很多企业大肆进行广告宣传,形成一种"高压推销"或"强力推销"的局面。他们的口号也由过去的"待客上门”变成“送货上门”。

(四)市场营销观念

市场营销观念是一种新型的企业经营哲学。这种观念是以满足顾客需求为出发点,即“顾客需要什么,就生产什么”。要求企业一切计划与策略应以消费者为中心,正确确定目标市场的需要与欲望,比竞争者更有效地提供目标市场所要求的满足。要求企业营销管理贯彻“顾客至上”的原则,将管理重心放在善于发现和了解目标顾客的需要,并千方百计去满足它,使顾客满意,从而实现企业目标。

其产生于二战后,特别是20世纪50年代这种观念基本定型,当时社会生产力迅速发展,市场趋势表现为供过于求的买方市场,同时广大居民个人收入迅速提高,需求多样化开始凸显,企业之间同类型商品的销售竞争加剧,许多企业开始认识到,必须转变经营观念,才能求得生存和发展。要实现企业的各项目标,关键在于正确确定目标市场的需要和欲望,并且比竞争者更有效地生产目标市场所期望的商品或服务,进而比竞争者更有效地满足目标市场的需求。市场营销观念的出现,使企业经营观念发生了根本性变化,也使市场营销学发生了一次革命。

(五)社会市场营销观念

社会市场营销观念是对市场营销观念的进一步完善。这种观念认为,企业的任务是确定目标市场需求、欲求和利益,并且在保持和增进消费者和社会福利的情况下,比竞争者更有效率地使目标顾客满意。这不仅要求企业满足目标顾客的需求与欲望,而且要考虑消费者及社会的长远利益,即将企业利益、消费者利益与社会利益有机地结合起来。

社会市场营销观念产生于20世纪70年代西方资本主义出现能源短缺、通货膨胀、失业增加、环境污染严重、消费者保护运动盛行的新形势下。因为市场营销观念回避了消费者需要、消费者利益和长期社会福利之间隐含着冲突的现实。由于市场营销的发展,一方面给社会及广大消费者带来巨大的利益,另一方面造成了环境污染,破坏了社会生态平衡,出现了假冒伪劣产品及欺骗性广告等,从而引起了广大消费者不满,并掀起了保护消费者权益运动及保护生态平衡运动,迫使企业营销活动必须考虑消费者及社会长远利益。

三、市场营销的核心概念

(一)需要、欲望、需求

1. 需 要

需要被认为是个体的一种内部状态,或者说是一种倾向,是指消费者生理和心理上的匮乏状态,即感到缺少些什么,从而想获得它们的状态。个体在其生存和发展过程中会有各种各样的需要,如饿的时候有进食的需要,渴的时候有喝水的需要,在与他人交往中有获得友爱、被人尊重的需要等等。人们购买产品,接受服务,都是为了满足一定的需要。一种需要满足后,又会产生新的需要。因此,人的需要决不会有被完全满足和终结的时候。正是需要的无限发展性,决定了人类活动的长久性和永恒性。

2. 欲 望

欲望指想得到某种东西或达到某种目的的要求,是消费者深层次的需求。不同背景下的消费者欲求不同,人的欲求受人口学特征与社会因素,诸如年龄、性别、职业、教育、团体、家庭、教会、文化、政治等影响。因而,欲望会随着社会条件的变化而变化。

3. 需 求

需求是对于有能力并且愿意购买的某个具体产品的愿望。经济学和市场营销学上的需求是指:在一定的时期,在一既定的价格水平下,消费者愿意并且能够购买的商品数量。市场营销者不仅要了解有多少消费者欲求其产品,还要了解他们是否有能力购买。

区分这三者概念的实践意义在于:市场经营者不能创造需要,只能适应它,因为它先于市场营销活动而存在;但是营销者可以通过指出某种产品可以满足人们的特定需要来影响其欲望,并通过其他营销手段的实施来影响其需求。

(二)产 品

产品是企业生产或提供的可满足消费者需求的产品或服务,产品是市场营销组合的核心,没有产品也就谈不上市场营销。产品包括有形与无形的。有形产品是为顾客提供服务的载体。无形产品或服务是通过其他载体,诸如人、地、活动、组织和观念等来提供的。对于市场营销者来说,要认识到人们购买产品,是用来获得自己所需要的利益，所以营销者的任务是向市场展示产品所包含的利益或服务，否则，企业将患上“市场营销近视”，在市场营销管理中缺乏远见，看不见市场需要的变化，只看见自己产品质量好，最终使企业经营陷入困境。

(三)效用、价值

在经济学中，效用是指消费者消费某种商品和服务之后获得的幸福感或满足感。它实际上是一个人的自我心理感受，来自个人的主观评价。价值是一个复杂的概念，经济学价值是指凝结在商品中的无差别的人类劳动。马克思认为，价值量的大小决定于生产这一商品所需的社会必要劳动时间的多少，“社会必要劳动时间是在现有的社会正常的生产条件下，在社会平均的劳动熟练程度和劳动强度下制造某种使用价值所需要的劳动时间”。

(四)交换、交易和关系

交换是社会再生产过程的不可缺少的一个环节，是联结生产及由生产决定的分配和消费的桥梁。在社会再生产过程中，交换的性质、深度、广度和方式都是由生产的性质、发展水平和结构决定的。交换是市场营销的核心概念。交换是一个过程，而不是一种事件。当双方正在洽谈并逐步达成协议，叫做交换中。交易是交换活动的基本单元，是由双方之间的价值交换所构成的行为。交易是指双方以货币为媒介的价值的交换。它是以货币为媒介的，物物交换不能算在内。一次交易要包括三方面内容：至少有两个有价值的实物；买卖双方所同意的条件；维护和迫使交易双方执行承诺的法律制度。

交易营销是关系营销大观念中的一部分。市场营销者都会重视同顾客、分销商等建立长期、信任和互利的关系。而这些关系要靠不断承诺及为对方提供高质量产品、良好服务及公平价格来实现，靠双方加强经济、技术及社会联系来实现。关系营销可以减少交易费用和时间，最好的交易是使协商成为惯例化。处理好企业同顾客关系的最终结果是建立起市场营销网络。市场营销网络是由企业同市场营销中介人建立起的牢固的业务关系。

(五)市　场

所谓市场，从一般意义上讲，是买卖双方进行交换的场所。或者更进一步，是指商品交易关系的总和，主要包括买方和卖方之间的关系，同时也包括由买卖关系引发出来的卖方与卖方之间的关系以及买方与买方之间的关系。但从市场营销学角度看，市场由一切有特定需求或欲求并且愿意和可能从事交换来使需求和欲望得到满足的潜在顾客所组成。卖方组成行业，买方组成市场。行业和市场构成了简单的市场营销系统。

(六)市场营销和市场营销者

西方市场营销学者从不同角度及发展的观点对市场营销下了不同的定义。有些学者从宏观角度对市场营销下定义。例如，麦卡锡把市场营销定义为一种社会经济活动过程，其目的在于满足社会或人类需要，实现社会目标。又如，Philop Kotler 指出，“市场营销是与市场有关的人类活动。市场营销意味着和市场打交道，为了满足人类需要和欲望，去实现潜在的交换”。还有些定义是从微观角度来表述的。例如，美国市场营销协会于1960年对市场营销下的定义是：市场营销是“引导产品或劳务从生产者流向消费者的企业营销活动”。

麦卡锡于1960年也对微观市场营销下了定义：市场营销“是企业经营活动的职责，它将产品及劳务从生产者直接引向消费者或使用者以便满足顾客需求及实现公司利润”。这一定义比美国市场营销协会的定义前进了一步，指出了满足顾客需求及实现企业赢利成为公司的经营目标。

Philop Kotler 于1984年对市场营销又下了定义：市场营销是指企业的这种职能，“认识目前未满足的需要和欲望，估量和确定需求量大小，选择和决定企业能最好地为其服务的目标市场，并决定适当的产品、劳务和计划(或方案)，以便为目标市场服务”。

美国市场营销协会(AMA)于1985年对市场营销下了更完整和全面的定义：市场营销“是对思想、产品及劳务进行设计、定价、促销及分销的计划和实施的过程，从而产生满足个人和组织目标的交换”。这一定义比前面的诸多定义更为全面和完善。主要表现：(1)产品概念扩大了，它不仅包括产品或劳务，还包括思想；(2)市场营销概念扩大了，市场营销活动不仅包括赢利性的经营活动，还包括非赢利组织的活动；(3)强调了交换过程；(4)突出了市场营销计划的制定与实施。

市场营销者则是从事市场营销活动的人。市场营销者既可以是卖方，也可以是买方。作为买方，他力图在市场上推销自己，以获取卖者的青睐，这样买方就是在进行市场营销。当买卖双方都在积极寻求交换时，他们都可称为市场营销者，并称这种营销为互惠的市场营销。

第二节　旅游市场营销

20世纪60年代开始，旅游业已成为世界上发展势头最为强劲并且持久不衰的产业，被誉为20世纪的经济巨人，在世界经济中扮演着越来越重要的角色。旅游市场营销随着旅游业的发展而出现，且在现代旅游市场竞争日益激烈的情况下，旅游市场营销的理论与实务是旅游企业进行市场营销活动的指导思想和实践依据。

一、旅游市场

（一）旅游市场的概念

旅游市场是人类社会经济发展到一定阶段，旅游活动商品化、社会化的产物。因研究目的和认识角度的不同，人们对旅游市场的概念理解也不尽一致。通常可以归纳为两种。

1. 经济学角度

有狭义和广义之分，狭义的旅游市场是指旅游者与旅游企业双方买卖旅游产品的实际场所，即强调的是交易场所或地点。广义的旅游市场是指在旅游产品交换过程中所反映的各种经济行为和经济关系的总和。旅游市场上，旅游产品的供应者（即旅游企业）和旅游产品的消费者（即旅游者）通过市场的纽带紧密联系在一起。一方面，旅游企业通过旅游市场销售自己的产品；另一方面，旅游者通过旅游市场获取自己需要的产品。他们之间的经济联系通过旅游市场的各种现象和行为得到反映，这种关系实质上是人与人之间的经济关系。

2. 市场营销学角度

旅游市场是指旅游需求市场或客源市场，是指在一定时期内某一地区中存在的对旅游产品具有支付能力的现实和潜在的购买者。其中，现实购买者是指既有支付能力又有购买兴趣的人；潜在的购买者指的是可能具有支付能力和购买兴趣的人。客源市场规模的大小，一般受三方面因素的影响，首先，市场的人口数量。人口越多，市场潜量就越大。其次，人们的支付能力。它从根本上反映的是人们的经济能力和收入水平。对于旅游业来说，它影响着一个人能否成为旅游者，影响着旅游者的消费水平及消费构成，并且还会影响到旅游者对旅游目的地及旅行方式的选择等。收入水平，尤其是可自由支配收入是决定个人旅游需求或者说成为现实旅游者的客观因素之一。第三，人们的购买欲望。从旅游学的角度指的是旅游动机或意愿，它是促成一个人有意于旅游以及到何处去、作何种旅游的内在的心理原因，如开阔视野、增长知识、探新求异等。

（二）旅游市场的特点

旅游活动、旅游产品乃至旅游业的特点，决定了旅游市场相对于其他商品市场而言，有其自身的特点。

1. 整体性

从宏观的角度看，现代旅游市场已经发展成为一个以全球为活动领域的世界性市场，一方面，旅游者的活动范围已经遍布世界各个地区；另一方面，世界各国和地区都在积极发展旅游业，面向其他国家和地区的旅游者生产和销售旅游产品。从微观及旅游者需求的角度看，人们外出旅游，是通过旅行、食宿、游览、购物、消遣、娱乐等方面的活动获得物质和精神上的享受，因此，旅游需求是对旅游产品和服务的整体性要求。

2. 波动性

旅游作为一种社会经济文化现象，其覆盖面几乎是整个社会，许多因素都可能对旅游需求的产生以及对旅游需求在具体的旅游地实现产生影响，如各国或地区的旅游政策、国际局势、旅游地的安全保障、危机事件、客源地与旅游地的语言、文化、习俗等的差异、海关手续、出入境制度、汇率等。由于各种因素的变化都会使旅游需求量发生这样或那样的变化，这使得旅游市场呈现波动性、敏感性与脆弱性的特点。

3. 季节性

旅游市场季节性的原因一方面在于旅游地，特别是旅游地的自然旅游资源易受自然气候因素的影响，有各自长短不一的适游期；另一方面，客源地的气候条件、假期节日以及人们外出旅游的传统习惯等也影响到旅游市场季节性的形成。旅游市场的需求量在时间上分布不均，造成旺季供不应求，淡季部分设施和人员闲置，对此，旅游目的地国家或地区应合理安排，以减少或消除季节性所带来的负面影响。

4. 竞争性

现代旅游市场是一个竞争十分激烈的市场。一方面,体现在旅游者对垄断、稀缺旅游资源的竞争,旅游资源的范围和分布具有广泛性,许多国家和地区具有一定程度的垄断资源,而随着人们生活水平的提高、闲暇时间的增多以及旅游动机的增强,旅游市场上旅游者的数量不断增加,相对于不断增加的旅游者数量,垄断性旅游资源的数量是有限的,大量旅游者的涌入往往使得旅游地容量达到饱和甚至超载;另一方面,旅游经营者对旅游者的竞争,旅游业的市场进入壁垒低,许多旅游产品易于被模仿,从而使得旅游业中新的旅游经营者不断出现,使得行业竞争日益激烈。如20世纪90年代初,随着深圳锦绣中华、中华民俗村等主题公园的成功示范作用,我国兴起了建设主题公园的热潮,但很多由于缺乏市场调研和文化内涵等原因使得许多主题公园陷入了经营困境。

二、旅游市场营销

(一)旅游市场营销的概念

旅游市场营销是发展旅游业,获得经济效益的重要环节,研究旅游市场营销无疑会对我国旅游业的发展有着特别重要的意义。旅游市场营销是市场营销在旅游业中的具体应用。根据上述对市场营销的概念阐述,可以将旅游市场营销理解为:旅游企业或组织对旅游产品的构思、定价、促销和分销的计划和执行过程,以实现满足旅游者需求和实现旅游企业目标为目的。

对于旅游市场营销的概念,我们可以从以下三个方面来理解:

(1)旅游市场营销是以旅游消费者为导向,来协调各种旅游经济活动,力求通过提供有形产品和无形服务使游客满意,从而实现旅游企业的经济和社会目标。

(2)旅游市场营销是一个动态管理过程。它通过分析、计划、执行、反馈和控制这样一个过程来以旅游消费需求为导向,协调各种旅游经济活动,从而实现提供有效产品和服务、使游客满意、使企业获利的经济和社会目标。

(3)旅游市场营销的适用范围很广。一方面,旅游市场营销的主体很广,包括所有旅游企业及宏观管理的旅游局,如旅游景区、景点、旅行社、宾馆酒店以及旅游交通部门等等;另一方面,旅游市场营销的客体包括有形商品和无形劳务等。

(二)旅游市场营销的作用

1. 寻找市场机会

旅游产品的无形性、不可转移性、不可储存性、生产和消费的同步性等，以及旅游市场的整体性、波动性、季节性和高度竞争性等都给旅游地和旅游企业的经营管理带来了一定的困难，要求旅游经营者要有非凡的眼光和智慧来分析市场。而旅游市场营销观念及其基本任务就是分析顾客的各种需求，从社会总需求和总供给的差异中寻找市场机会；对市场进行细致分析，在动态变化的市场环境中寻找市场机会。

2. 实现旅游企业经营目标

市场营销理念的原则是"市场需要什么，顾客需要什么，企业就提供什么"，旅游市场营销强调以满足现实和潜在的旅游者需求为根本任务，把利润创造的过程建立在满足消费者需求之中，只有这样，旅游企业才能真正做到自觉改进产品和销售手段，以适应市场需求的变化，收到良好的经济和社会效益。

3. 合理调节旅游市场的供求关系

一方面，从需求的角度看，旅游活动的季节性强，又易受外界不可控因素的影响；另一方面，从供给的角度说，旅游产品具有不可储存性、生产和消费的同步性等特点，另外，旅游企业具有高固定成本的特点，如对旅游吸引物的开发、现代化饭店的建设、航空交通设施等。因此，合理调节旅游市场的供求关系是重要且必要的，而旅游市场营销管理的中心就是研究旅游市场需求，深入分析顾客的各种需求状况，使旅游企业保持经营的相对最佳状态。

4. 密切旅游业内部以及旅游业与相关行业部门之间的关系

旅游业由多种不同的行业和部门所组成，同时，旅游业和社会上其他许多行业和部门紧密相联，如建筑、制造、银行、保险、公安等，这些行业和部门及各企业大多是独立经营的实体，但它们之间又横向联合成一个水平的统一体，共同为满足旅游需求提供产品或服务。因此，旅游业在经营管理中必须要重视相关行业、部门、企业之间的协调，在整体规划、产品开发等环节中充分考虑各利益主体之间的分工与合作，以最大限度地发挥旅游业的整体功能。

三、旅游市场营销的展望

世界经济的飞速发展和科技的日新月异，人们的价值观念、生活方式等也处于快速变动中，旅游需求的影响因素不断变化，更多的人比以前有更多的时间和可自由支配收入去旅游。如随着我国逐步进入老龄化社会，越来越多的老年人开始选择旅游作为晚年生活的重要内容，营造出红火的“银发旅游”市场。另外，更多的旅游者希望按照个人意愿行动，希望尽可能地学习新的知识和参与更多的活动，过去大众旅游时代的包价旅游已逐步过时。这些都使得未来的旅游市场呈现新的发展态势。

（一）传统旅游市场日趋成熟，新兴市场呈现强劲增长势头

1946—2006年，60年世界旅游业平均增长率高达6.5%。世界旅游组织以1995年为基础年，预测了2020年世界旅游业的发展趋势。认为：1995—2020年间，世界旅游业将保持5.4%的年平均增长率，到2020年将接待国际旅游者16亿人次。从发展态势来看，全球旅游业增长呈加速趋势，但地区发展不平衡，旅游业全球格局将有较大的变化，总体趋势表现为“亚洲迅猛，美洲平稳，欧洲趋缓，非洲起步”，其中中国旅游业的崛起受到格外关注。

（二）日益关注旅游业的环境影响

20世纪80年代以来，人们开始关注全球变暖、臭氧层衰竭、海洋大面积污染、生物多样化的消失等相关环境问题。1987年2月，在日本东京召开的第八次世界环境与发展委员会上，通过了关于人类未来的报告《我们共同的未来》，提出了可持续发展的概念：既满足当代人的需求，又不对后代人满足其需求的能力构成危害的发展称为可持续发展。在法制的要求以及新闻媒体的压力下，各行业开始投资环境问题。世界旅游组织、世界旅游理事会、世界旅游环境研究中心、亚太旅游协会等组织，自20世纪90年代以来，发出了一系列倡议，以唤起旅游业对忽视环境、盲目发展所带来的危害的惊觉。一些不符合环保要求的旅游项目被禁止开发，现有不符合要求的设施、设备被要求改造。

（三）旅游者更加成熟

随着越来越多的旅游者涌入旅游市场，旅游者的旅游经验越来越丰富，传统的标准化包价旅游所提供的内容、形式统一的旅游产品，已失去了人们的青睐，人们期待着更人性化、个性化，更能体现社会利益的旅游产品的出现。

(四)新型旅游产品不断出现

随着社会、经济、技术、环境等的迅速变化，旅游需求呈现出多样化特征，这就要求旅游经营者不断更新经营观念，推出系列新型旅游产品，以适应和引导旅游者的旅游需求。如生态旅游产品，这种旅游活动的开展在尽量不改变生态系统完整的同时，创造经济发展机会，使当地居民受益。随着环境保护的开展，加上旅游者受教育程度的提高，旅游者的主要兴趣更多地转变为与自然环境和谐相处，与传统文化心有灵犀。如他们往往寻找当地本土吸引物和住宿设施。

第三节 旅游市场营销学

一、旅游市场营销学的研究对象

旅游市场营销学是一门理论性很强的学科，更是一门应用科学。市场营销学是以商品的供求关系为研究对象的，旅游市场营销属于一般商品营销的范畴，具备一般营销学的基本特征。但是旅游产品的特殊性使得旅游市场营销的研究对象还应包括与旅游产品供求关系有关的周围环境，既研究宏观旅游市场，也研究微观旅游市场，即旅游者；既研究具体营销实施策略，也研究营销的理念。旅游市场营销学通过认识旅游市场的一般规律，研究旅游供给与旅游需求的现实矛盾，揭示其发展变化的一般规律，从而识别、分析、选择和利用旅游市场机会，最大限度地促使旅游供给与旅游需求的实现与满足，以达到企业预期的营销目标。

二、旅游市场营销学的内容体系

旅游市场营销学的研究内容，由其研究对象确定，一般包括以下四个方面。

(一)旅游市场营销环境分析

市场营销环境是一个多因素、多层次且不断变化的综合体，它既给企业创造新的市场机会，又给企业带来种种威胁。企业必须重视对市场营销环境的分析和研究，并根据市场营销环境的变化制定有效的市场营销战略与战术，适应变化、抓住机会，从而实现自己的市场营销目标。旅游市场营销的宏观环境是指旅游企业或行业运行的外部大环境，主要包括政治法律因素、经济因素、文化因素、技术因素和人文地理因素等；微观环境是指存在于旅游企业周围并影响其营销活动的各种因素和条件，包括购买者、中间商、竞争者和公众等。

(二)旅游者购买行为分析

市场营销的目标就是让潜在旅游购买者做出购买决定。那么，旅游者为什么购买？购买什么样的旅游产品和服务？如何购买？在何时、何地购买？在其购买过程中，旅游产品供应商可以通过何种方式加以正确引导？如果旅游经营者能够理解和把握旅游者的消费心理和购买行为，就能更好制定营销策略，来适应旅游者的需求，实现旅游企业的经营目标，因此旅游者购买行为分析是旅游营销学研究的重要内容。

(三)旅游市场营销管理

旅游企业的市场营销活动涉及到诸多复杂、多变因素。为保证旅游市场营销目标最终实现，要求旅游企业必须通过预见环境变化来调整企业行为，并对旅游市场营销活动在时间上、整体上进行相应的管理，使每项营销活动都充分发挥其作用，这一过程即为旅游市场营销的管理过程，主要包括收集旅游市场信息、分析市场营销机会、确定旅游市场定位、选择目标市场、制定市场营销战略和计划等。

(四)旅游市场营销策略

旅游市场营销策略是在分析影响旅游市场因素的前提下，企业面对旅游市场如何去选择营销机会以及在营销中可采用哪些策略。

1. 旅游产品策略

指旅游企业如何根据自己的优势和特点，在激烈的市场竞争中适时推出自己的旅游产品和服务，同时，根据产品的生命周期积极研制和开发新的旅游产品和服务；旅游企业怎样寻求满意的产品组合结构，从而实现较好的综合效益；旅游企业又怎样推出旅游产品的品牌、商标策略等，使产品更具有市场竞争力。

2. 旅游定价策略

旅游市场价格是调节旅游市场供需矛盾的重要经济杠杆，因此旅游价格的制定是旅游市场营销的重要环节。如何针对不同旅游目的地、旅游资源、不同的旅游服务以及不同类型的旅游消费者制定出合理的价格体系？如何利用旅游价格去调节旅游市场供需矛盾？如何以合理的旅游服务价格去吸引不同层次的旅游者？这些旅游定价问题都是提高旅游业营销水平的关键。

3. 旅游渠道策略

旅游产品销售的实现，不仅需要产品本身适合旅游者的需求，产品的价格为旅游者接受，还需要各种理想的销售渠道。在客源市场相对复杂的情况下，旅游企业除了发挥自己的营销优势外，还需要依靠旅游中间商的力量，与之形成较为稳定的营销利益联盟，从而使得旅游产品为广大旅游者认知、了解、接受和购买。

4. 旅游促销策略

现代旅游市场营销活动要求旅游目的地国家、地区或旅游企业应采取有效方法，如广告、公共关系、人员推销等，把旅游产品、服务以及旅游企业等有关信息传递给目标市场，引起消费者注意，激发其潜在的需求欲望并购买旅游产品。这些连接旅游产品生产者与旅游消费者之间的纽带即为旅游市场促销策略。

迪斯尼乐园的经营理念

享誉全球的迪斯尼乐园自1995年7月17日开园以来，每年接待着数百万计慕名而来的游客。人们来到这里，仿佛到了童话般的世界。世界建筑荟萃，海底世界珍奇，三维立体电影，地震洪水模拟，高空坠落，探险者之路，民族歌舞，彩车游行，晚间灯火璀璨、礼花绽放，真是人间胜景，美不胜收。游客们惊讶不已，流连忘返。然而，人们更为称赞的是这里的服务质量，环境清新洁净，氛围高雅欢乐，员工热情友好。

事实上，迪斯尼乐园的成功之处，不仅在于其由高科技所提供的娱乐硬件，更重要的在于其服务质量管理的经验和软件。核心部分是迪斯尼的经营理念和质量管理模式，具体包括给游客以欢乐，营造欢乐氛围、把握游客需求、提高员工素质和完善服务系统等诸要素。

该模式不仅适用于娱乐业和度假旅游业，也同样适用于各类服务性企业。

经营理念之一：给游客以欢乐

“迪斯尼乐园”含魔术王国、迪斯尼影城和伊波科中心等若干主题公园。整个乐园拥有大量娱乐设施、32000余名员工、1400多种工作(角色)。如此众多的员工和工种，一年365天每天要接待成千上万的游客，夏季高峰时，气温常达摄氏36度以上。确保服务质量的确不是件易事。因此，必须形成全员管理上的共识，即经营理念和服务承诺。

40多年前，迪斯尼乐园的奠基人——瓦特·迪斯尼先生首先明确定义了公司的经营理念，即通过主题公园的娱乐形式，给游客以欢乐。通过主题公园的形式，迪斯尼致力提供高品质、高标准和高质量的娱乐服务。同时，公司还提供餐饮，销售旅游纪念品，经营度假宾馆、交通运输和其他服务支持行业。迪斯尼品牌、米老鼠、唐老鸭、古非等动画人物均享有极大的影响力和商誉,包含着巨大的经济利益。然而整个迪斯尼经营业务的核心仍是“迪斯尼乐园”本身。该乐园生命力在于能否使游客欢乐。由此,给游客以欢乐成为迪斯尼乐园始终如一的经营理念和服务承诺。

经营理念之二:营造欢乐氛围

由游客和员工共同营造迪斯尼乐园的欢乐氛围。这一理念的正向推论为:园区的欢乐氛围是游客和员工的共同产品和体验,也许双方对欢乐的体验角度有所不同,但经协调是可以统一的。逆向推论为:如果形成园区欢乐祥和的氛围是可控的,那么游客从中能得到的欢乐也是预先可度量的。

在共同营造园区氛围中,员工起着主导作用。主导作用具体表现在对游客的服务行为表示上。这种行为包括微笑、眼神交流、令人愉悦的行为、特定角色的表演以及与顾客接触的每一细节上。

引导游客参与是营造欢乐氛围的另一重要方式。游客们能同艺术家同台舞蹈,参与电影配音,制作小型电视片,通过计算机影像合成成为动画片中的主角,亲身参与升空、跳楼、攀登绝壁等各种绝技的拍摄制作等等。

员工们的主人角色定位。在迪斯尼乐园中,员工们得到的不仅是一项工作,而且是一种角色。员工们身着的不是制服,而是演出服装。他们仿佛不是为顾客表演,而是热情招待自己家庭的客人。当他们在游客之中,即在“台上”;当在员工们之中,即在“台后”。在“台上”时,他们表现的不是他们本人,而是一具体角色。根据特定角色的要求,员工们要热情、真诚、礼貌、周到,处处为客人的欢乐着想。简而言之,员工们的主体角色定位是热情待客的家庭主人或主妇。

经营理念之三:把握游客需求

为了准确把握游客需求,迪斯尼致力于研究“游客学”,了解谁是游客、他们的起初需求是什么。在这一理念指导下,迪斯尼站在游客的角度,审视自身每一项经营决策。在迪斯尼公司的组织构架内,准确把握游客需求动态的工作,由公司内调查统计部、信访部、营销部、工程部、财务部和信息中心等部门分工合作完成。

调查统计部每年要开展200余项市场调查和咨询项目,研究成果提供给财务部。财务部根据调查中发现的问题和可供选择的方案,找出结论性意见,以确定新的预算和投资。

经营理念之四:提高员工素质

管理者应具备创新能力和高超的领导艺术。领导对未来发展应规划全新的蓝图,并以此激励员工。迪斯尼的管理者努力使员工们懂得,这时所做的一切都将成为世界娱乐业的主流和里程碑。迪斯尼制定5—10年中长期的人力资源规划,并每年更新1次。在经营管理中,每年都拨出足够的经费预算,进行人员培训。

统一服务处事原则。服务业成功的秘决在于每一员工对待顾客的正确行为和处事。基于迪斯尼使游客欢乐的经营理念,公司要求32000名员工学会正确与游客沟通和处事。为此,公司提供统一服务处事原则，其要素构成和重要顺序依次为安全、礼貌、演技、效率。游客安全是第一位的。仅与安全相比，礼貌则处于次一等的地位。同样，公司以此服务处事原则，考察员工们的工作表现。

经营理念之五：完善服务系统

必须完善整个服务体系。迪斯尼乐园的服务支持系统，小至一架电话机、一台电脑，大到电力系统、交通运输系统、园艺保养中心、售货商场、人力调配、技术维修系统等等，这些部门的正常运行，均是迪斯尼乐园高效运行的重要保障。岗位交叉互补。管理者对园区的服务质量导向有重大影响。管理者勤奋、正直、积极推进工作，员工们自然争相效仿。在游园旺季，管理人员放下手中的书面文件，到餐饮部门、演出后台、游乐服务点等处加班加点，这样，加强了一线岗位，保证了游客服务质量，与此同时，管理者也得到了一线员工一份新的友谊和尊重。

综上所述，迪斯尼的经营理念和质量管理模式十分简明而又实际。给游客以欢乐、营造欢乐氛围、把握游客需求、提高员工素质和完善服务系统等等。思路连贯，内在统一。这些经营理念，阐明了在市场经济环境下服务性企业应该如何运作，如何求生存和求发展。了解和把握这些经营理念并不难，然而贵在把它落实到实际工作之中，成为每一员工持之以恒的勤奋工作。事实上，这恰是迪斯尼乐园数十年长盛不衰、享誉全球的经营奥秘之所在。

结合以上案例信息，请分析：

1. 迪斯尼乐园经营理念的核心思想是什么？

2. 迪斯尼乐园奉行什么样的市场营销管理哲学？

复习思考题

1. 试分析市场营销理论产生的社会必然性。

2. 试比较推销观念与营销观念有哪些联系与区别？

3. 结合当前国内外旅游市场的发展实践，分析旅游市场营销的重要性。

主要参考文献

程林，朱生东.旅游市场营销[M].合肥:合肥工业大学出版社，2005.

郭国庆.市场营销学通论[M].北京:中国人民大学出版社，2000.

谷慧敏.旅游市场营销[M].北京:旅游教育出版社，2003.

马勇.旅游市场营销管理[M].大连:东北财经大学出版社，1999.

李天元.旅游学概论[M].天津:南开大学出版社，2003.

赵西萍.旅游市场营销[M].天津:南开大学出版社，2005.

吴铀生.旅游市场营销[M].成都:四川人民出版社，1996.

第二章 旅游市场营销环境

企业为实现自己的营销目标,为最大限度地满足消费者的需求,必须千方百计地将微观可控制因素与宏观不可控制因素协调起来。这种协调必须通过充分发挥旅游企业的营销能动性,恰当地运用旅游市场营销的可控制因素,自觉地适应客观环境的要求来实现。这种以旅游市场营销的可控制因素主动自觉地适应不可控制因素的过程,是旅游市场营销环境动态平衡的过程。可见,市场营销宏观、微观环境的关系是两者相协调和相适应的关系。这种协调与适应的目的在于更好地满足目标市场消费者的需求,实现旅游企业的整体市场营销可持续发展。

通过本章学习,了解旅游市场营销宏观环境与微观环境;熟悉旅游市场营销环境的基本概念、特点、发展趋势;掌握旅游市场营销环境综合分析的方法。

第一节 旅游市场营销环境概述

旅游企业的市场营销活动,是在一定的内外部环境条件下进行的。由于地域不同,经济与社会文化条件不同,旅游企业市场营销环境存在很大的差异,而且这些环境条件又处在动态的变动中。旅游企业只有重视对市场环境的分析和研究,并据此制定有效的市场营销战略,才能实现自己的营销目标。

一、旅游市场营销环境的含义

旅游企业在市场经济中有着强烈的社会性,其市场行为受到内外部可控与不可控因素的综合影响,即旅游市场营销是在一定的时空条件下进行的,这一时空条件就是旅游营销市场环境。也就是说,旅游营销环境是指影响旅游企业市场营销的一切因素的总和。旅游市场环境是旅游企业的生存空间,企业营销活动不能脱离其周围环境而孤立进行,只有把握营销环境的特点及变化特征,主动与环境相适应、相协调,才能顺利开展营销活动,并能实现各项预期的营销目标。同时,旅游企业通过营销活动可以影响外部环境,使环境有利于自身的生存和发展,有利于提高营销活动的效果。

旅游市场营销环境的内容既广泛又复杂。不同的因素对营销活动的各个方面的影响和制约也不尽相同,同样的环境因素对不同的组织所产生的影响和形成的制约也会大小不一。在旅游市场营销中,可根据旅游市场营销环境所受影响的方式,分为微观营销环境(也称直接营销环境)和宏观营销环境(也称间接营销环境)。前者是直接影响和作用于旅游企业市场营销活动的环境因子,如旅游消费者、批发商、生厂商、竞争者等;后者是旅游企业市场营销活动中间接发生影响与作用的因素,如文化、自然、人口、政治等。两者并非并列关系,而是互相影响和互相制约的主从关系,即直接营销环境受制于间接营销环境。

二、旅游市场营销环境的特征

旅游市场营销环境是一个多因素、多层次而且不断变化的综合体,有其自身的特点。

(一)同一性与差异性

从整体上看,同一国家、同一地区的市场营销环境是相同的,旅游企业比较容易与之相适应。而不同国家和地区由于社会制度、民族文化、消费习惯、经济发展水平等有所区别,这使旅游市场营销环境显示出差异性,这一特性有助于旅游企业因地制宜地制定出可行的市场营销组合策略。

(二)整体性与地域性

旅游市场营销环境是由自然、社会、经济等子系统组成的复杂巨系统,这就需要将其作为一个整体来分析它们之间的结构功能,相互作用的机理。但由于区域的文化背景、地理位置、历史发展、自然条件等方面的差异,使得各区域间的发展具有不平衡性,研究其地域差异性将有助于在旅游市场营销中突出旅游的区域特色,发展特色旅游产品和特种旅游,强化特定旅游区域的“个性”。

（三）相对性与绝对性

旅游市场营销环境中各种因素的稳定是相对的，而不断变化是绝对的。国家的政治、法律制度等一般来说是比较稳定的，但随着国际影响的加深，人们认识宏观环境角度的改变，也会导致一定程度的变化，甚至发生突变。这就要求我们必须对各国的旅游市场营销环境进行认真的研究，并站在变化的立场上去适应市场环境。

（四）波动性和稳定性

潜在的旅游者成为现实旅游者，必须具有收入、旅游动机和闲暇时间。在其它条件不变的情况下，有无闲暇时间成为决定旅游者能否进行旅游活动的主要因素。一般而言，旅游市场营销环境具有相对稳定性，但由于大多数旅游者的旅游时间主要是利用公休节假日进行，因而在一年中，旅游市场会随时间的推移而呈季节性的波动。同时，旅游活动是由诸多方面、因素共同促成，只要其中某一重要因素发生变化，如政治形势剧变，重大自然灾害发生，传染性疾病流行等，就会带来旅游市场营销环境的波动。

三、旅游市场营销环境的发展趋势

旅游市场营销环境的发展趋势基本上有三类：威胁、机会和中性。所谓环境威胁，是指由于环境的变化、发展而给旅游企业带来的一种不利的结果。如社会对环境保护的不断加强，对那些不注意环境保护、以牺牲环境为代价来谋取经济利益的旅游企业来说，将是一种威胁。对于不利的环境，企业要善于识别并果断采取措施，趋其利而避其害。

机会环境是指由于环境的发展变化，形成一个对企业有吸引力的领域。在该领域内，企业拥有竞争优势、资源优势等。网络与电子商务的发展，为中小旅游企业的成长提供了一个大显身手的平台。法律对民营企业的扶持，使得它们在发展、融资方面有了更大的空间。WTO公平竞争与自由选择的贸易原则，对旅游企业的全球化发展非常有利。

中性环境指环境发展对旅游企业发展影响不大。企业也应关注这种环境趋势，它是转变为机会或威胁环境的中介阈。

第二节 旅游市场营销宏观环境

旅游市场营销宏观环境是指旅游企业或旅游行业运行的大环境，虽然它对于旅游企业来说不可控制，但它对旅游企业营销的成功与否却起着重要作用。市场营销人员必须根据外部环境中的各种因素及其变化趋势制定自己的营销策略，以达到市场营销目标。

一、人口因素

人口是构成旅游市场的第一位因素。市场是由具有购买欲望和支付能力的人构成的，人口的多少直接影响旅游市场的潜量。

（一）人口数量与旅游市场构成的关系

在收入接近的条件下，人口的多少决定着市场容量。一般来说，人口数量与市场容量、消费需求成正比。在同样经济发展水平的国家，人口的增加对旅游人次的增加起着一定的作用，但人口数量与具体商品的市场关系必须视消费群的特质而定。这种与特定商品需求相联系的消费群称为市场相关群体。旅游市场营销学就是要重视相关的人口数量，即相关群体的研究。

（二）人口地理分布与旅游市场的关系

一般来说，城市居民需求旅游的人数不仅比农村多，而且比例也高。随着城市人口的增多，如何适应人口城市化的特点去开发旅游市场，是营销者面临的一个重要课题。

（三）人口结构与旅游市场的关系

人口结构往往决定着产品结构、消费结构和产品需求类型。人口结构主要包括年龄结构、性别结构、受教育结构和家庭结构，它们是影响旅游购买决策和行为的重要因素。

二、经济环境

经济环境包括那些能够影响顾客购买力和消费方式的因素，它直接关系到旅游市场状况及其变动趋势。本国或本地的经济衰退会使投资于商业或娱乐业、旅游业的消费大大缩减;国际经济事件也会对旅游业产生影响。

(一)经济发展周期

经济繁荣期,人们收入增加,消费也相应增加,旅游活动也随之增多。反之,经济萧条期,人们的旅游活动减少。

(二)人均GDP与个人可支配收入

一般而言,一个国家人均GDP超过1 000美元,国内旅游兴起;达到2 000美元,出境旅游开始增长;达到3 000美元以上,旅游发展速度极为迅速。但要注意,人均GDP不是一个唯一的标准,如沙特,其人均GDP很高,但财富多集中在少数人手里。

衡量旅游业能否兴起的一个重要指标是个人可支配收入的多少,它是决定旅游者购买力的决定因素。一个旅游者的可支配收入增多,用于旅游或其它文娱活动的支出也越多。

(三)通货膨胀与外贸支出

价格与外贸收支平衡影响人们的购买力水平,通货膨胀导致货币贬值,有利于出口的增加,但使国内老百姓的实际收入减少,其购买力下降。外贸顺差往往导致本国币值上升。一国货币坚挺导致本币汇率上升,有条件购买更多的国外产品,增加出境旅游。

三、文化环境

社会文化是指一个社会的民族特征、价值观念、生活方式、风俗习惯、伦理道德、教育水平、语言文字、社会结构等的总和。社会文化因素对旅游者的需求和购买行为的影响非常深刻,它造就和支配了人们的生活方式,决定了人们的价值观念、习惯、观点。

(一)民族文化差异

旅游企业所面对的旅游者来自四面八方,他们都有着在长期的实践中自然形成并沿袭传承的文化传统和习俗。环境的差异和经济发展的不平衡,导致各国之间和各民族之间有很大的文化差异,如日本人、法国人、阿拉伯人等在饮食、问候礼节上有着明显的不同。

(二)亚文化群差异

每一种社会或文化内部都包含若干亚文化群,如青少年、知识分子等。这些不同的人群也是不同的消费者群,虽然他们有一些世代相传的相同信念、价值观念和风俗习惯,但是,由于他们各有不同的生活经历和环境,因此又有一些不同的信念、价值观念、风俗习惯、兴趣等,因而各有不同的欲望和行为。

(三)宗教信仰差异

宗教影响人们认识事物的方式、行为准则和价值观念,也影响人们的消费行为。不同的宗教信仰差异明显,各有不同的宗教习俗和禁忌。在进行旅游营销时要注意这些禁忌,对宗教信仰要充分尊重,另外还要善于利用宗教的主要节日推销宗教朝拜旅游产品。

四、自然环境

旅游营销活动受自然环境的影响,也应对自然环境的保护负有责任。营销管理者应当注意自然环境面临的难题和趋势,如多种资源短缺、环境污染严重、能源成本上升等。从长远的观点来看,自然环境应包括资源状况、生态环境和环境保护等方面,许多国家的政府对自然资源的管理和干预也日益加强。人类只有一个地球,自然环境的破坏是不可弥补的,旅游企业营销战略中实行生态营销、绿色营销等,都是维护全社会的长期利益的必然要求。

五、科学技术因素

科学技术可能是影响人类命运最引人注目的因素。新技术为一些企业提供了机会,同时对另外一些企业来讲则是一种冲击。旅游营销人员需要考虑对旅游企业和旅游者两方面的技术因素。

(一)科学技术对旅游企业的影响

运用科学技术可以提高竞争优势。科学技术使旅游企业能够提供更多的满足旅游消费者需求的旅游设施、设备以及旅游产品和服务,不断增强竞争力量。同时,科学技术的发展也有利于提高旅游企业营销人员市场调研的及时性和评估决策的正确性,如利用互联网,可改变传统旅游企业在了解客源市场中的局限性。

(二)科学技术对旅游消费者的影响

科学技术对旅游者的影响是巨大的。一方面对旅游活动造成危机,先进的室内娱乐系统、通讯设备等逐渐成为了外出娱乐和旅游的替代品;另一方面也带来了便利,家庭电器设备的发展缩短了家务劳动的必要时间,从而提供了更多的闲暇时间可供外出旅游。而且,高技术的娱乐项目已经成为旅游者的旅游活动吸引物,如集光、电、声等多种技术于一体的迪斯尼乐园受到许多人的青睐。

六、政治法律环境

政治法律因素是指对企业的经营行为产生强制或制约的各种法律、政策等。旅游业的发展不仅与本国的政治法律环境有关,而且与客源国的政治法律有很大联系。

(一)政治环境

政治环境是指旅游企业的外部政治形势和状况给其营销带来的或可能带来的影响。例如,国家的政策方针,规定了国民经济发展的方向和发展速度,这直接关系到社会购买力的提高和市场需求的增长方向,也直接对旅游企业的营销活动产生影响。国家的外贸外交政策直接影响出入境旅游的发展。国家的政治稳定状况将影响旅游者对旅游目的地的选择,进而影响旅游企业的营销效果。

(二)法律环境

法律环境是指国家或地方政府所颁布的各种法律、法规和条例等,是旅游企业活动的准则。各国政府总是要运用自己的法律手段,调控社会经济生活,因而政府的法律法规,特别是有关旅游业的行业立法,对旅游市场需求的形成和实现具有不可忽视的调节作用。这些法律法规规定是在企业控制范围之外的,企业只有依法进行各种营销活动,才能受到国家法律的有效保护。

第三节 旅游市场营销微观环境

旅游市场营销微观环境是指存在于旅游企业周围并影响其营销活动的各种因素和条件，包括购买者、中间商、竞争者、公众等。同时，旅游企业应定期对面临的微观环境及其因素进行分析，以便认清形势，适应环境的变化，从而根据微观环境及其因素的变化，灵活地调整企业的营销策略，使企业的市场营销活动得以顺利地开展。

一、旅游企业内部环境

旅游企业微观环境中的第一种力量是旅游企业自身内部环境，包括市场营销管理部门、其它职能部门和最高管理层。旅游企业为实现其目标，必须进行旅游产品的研究与开发、财务管理、市场营销等业务活动。而市场营销部门一般由市场营销部门经理、市场研究人员、市场计划人员、推销人员、广告人员等组成。为了使企业的业务得以顺利进行，不仅营销部门各类专职人员需要尽职尽责，通力合作，更重要的是必须取得企业内部、高层管理层的协调一致。只有这样，旅游企业才能做出正确的营销管理策略，有效实施营销方案。

二、营销中介机构

在旅游企业外部，向顾客提供服务的供应链上，存在一系列相互作用的机构，这些机构在把产品转化成旅游者消费的产品过程中，分布于不同的环节、承担不同的任务，它们为满足旅游需要，实现销售相互合作，共同发挥作用。这些机构构成了营销活动的中介环境因素，它们包括以下几种。

（一）旅游供应商

旅游供应商是指向旅游企业及其竞争者提供营销活动所需要的各种生产要素的组织或个人。旅游营销活动是一个以服务为主的综合性活动，离不开各种生产要素的供给，与旅游供应商相互依存。旅游供应商所提供的旅游资源及旅游产品的价格、供应量和质量，直接影响旅游企业的产品和服务的价格、质量、销售量和利润，进而影响营销活动目标的实现。旅游企业应选择质量、价格以及在运输、信贷、承担风险等方面条件较好的供应商。供应商的数量也是旅游企业必须考虑的因素，一般而言，旅游企业不能过分依赖单一的供应商，否则很容易受对方的控制，若供应商数量太多，又会增加管理和质量控制的难度，同时供应商的忠诚度也会降低。

（二）旅游中间商

旅游中间商是指处于旅游生产者和旅游消费者之间，参与旅游产品或商品的流通业务，促使买卖行为发生和实现的组织和个人，它包括旅游经销商、代理商、批发商、零售商等。旅游中间商是沟通旅游企业与旅游者之间的桥梁，一方面把有关产品信息告知现实和潜在的旅游者，另一方面又要使旅游者得以方便地克服空间障碍及时到达备有旅游产品的地方去。它们的特点是：第一，购买产品和服务主要是为了转卖，以取得利润；第二，对产品及价格行销非常熟悉；第三，购买产品和服务的次数较少，但每次购买量较大。旅游企业必须慎重选择好中间商。选择中间商的关键因素是中间商人员的素质、劳务费用、履行职责效果、对中间商的可控程度。

三、旅游购买者

旅游购买者是直接影响旅游企业营销活动的基本、直接的环境因素。从购买者的特点来看，旅游购买者分为旅游消费者和组织购买者。

（一）旅游消费者

旅游消费者是指最终旅游消费购买者，包括购买旅游产品和服务的个人和家庭，如观光旅游者、度假旅游者、商务旅游者、体育旅游者等。旅游消费者购买的目的是满足个人或家庭的物质或精神需要。此类消费者具有以下特征：一是人数众多；二是来源广泛；三是因性别、年龄、习惯等的差异导致旅游需求差异大；四是购买者多以个人或家庭为单位，购买数量少；四是购买频率高；五是购买者一般缺乏专业知识，为非专业购买。

（二）组织购买者

组织购买者是指为开展业务而购买旅游产品和服务的各种企业或机关团体，如到饭店举行会议或展销会的企业和协会。它具有如下特点：一是组织购买者数量较少，但购买的规模较大；二是组织购买属于派生需求，即组织购买的消费属于生产性消费，购买者是为开展业务、扩大生产而购买；三是组织购买需求弹性较小，这是因为组织购买的目的是为了开展业务，费用由单位支出。

四、竞争者

竞争者的状况直接决定企业的生存状况。每一个企业都面临着四种类型的竞争者，即意愿竞争者、一般竞争者、形式竞争者、品牌竞争者。对于旅游企业而言，意愿竞争者是指提供不同产品以满足不同需求的竞争者，如消费者有假期可以游山玩水，也可以在家看电视。一般竞争者是指提供能够满足同一种需求但不同产品的竞争者，如飞机、火车和汽车都可以作为出游交通工具，这三种交通方式之间存在着一种竞争关系。形式竞争者是指提供能够满足同一种需求但规格档次不同产品的竞争者，如消费者到了旅游目的地后，可以住高、中或低档次宾馆。品牌竞争者是指提供能够满足同一种需求，产品规格、档次相似，但品牌不同的竞争者，如当消费者选定了高档宾馆后，又要考虑购买哪种品牌的宾馆入住，是希尔顿酒店还是假日酒店。

旅游企业的营销系统总是被一群竞争者包围和影响着，必须加强对竞争者的研究，了解对本旅游企业形成威胁的主要竞争对手及其策略，知己知彼，扬长避短，才能在顾客心目中强有力地确定其所提供的产品的地位。

五、公　众

公众是指对于营销活动目标有着明显或潜在利害关系和影响力的任何团体、组织和个人。旅游营销活动所面临的公众主要包括。

（一）金融公众

即那些关心和了解并影响企业取得资金能力的任何集团，包括银行、投资公司、证券经纪行和股东等。

（二）媒介公众

是指大众媒介，主要包括报纸、杂志、广播和电视等有广泛影响的大众媒介等。

（三）政府公众

即负责管理旅游企业的业务和经营活动的有关政府机构和企业的主管部

门，如旅游局、工商局、税务局、物价局、环保局等。

(四)组织公众

是指监督企业经营活动是否破坏环境质量、企业生产的产品是否损害消费者利益、企业经营的产品是否符合民族需求特点的团体和组织，包括保护消费者权益的组织、环境保护组织和少数民族组织等。

(五)地方公众

主要指旅游企业附近的居民群众、团体组织和地方官员等，他们对企业的态度影响企业的营销活动。

(六)旅游企业内部公众

指企业内部全体员工，包括企业董事会、经理、管理人员、职工等。处理好内部公众关系是搞好企业外部关系的前提。

(七)一般群众

是指并不购买企业产品，但深刻地影响着消费者对企业及其产品的看法的个人。

旅游企业必须采取适当措施与周围公众搞好关系，因为这些公众对企业实现其目标有促进或阻碍作用。以大众媒介为例，报纸、广播、电视对某旅游企业一篇优秀服务的报道，就能使这一企业提高信誉，扩大销售；反之，一篇不良的报道就会使企业形象受损，商誉大降，从而影响销售。为处理好与公众的关系，树立旅游企业的良好信誉和形象，大多数旅游企业都设立了公共关系部。

第四节　旅游企业营销环境综合分析

旅游市场营销环境与旅游企业营销活动的关系十分密切。一个良好的市场营销环境可以促使旅游企业营销活动的顺利展开，反之，则会阻碍。同时，营销管理也是营销环境的组成因素。因此，旅游企业应采取科学的方法对企业营销环境进行综合分析。

一、旅游市场营销环境的机会与风险分析

旅游市场营销环境分析从结果上可以分为两类：一类是市场营销机会，另一类是环境风险。

(一)机　会

旅游市场机会是指对旅游企业的营销活动有利，能享有竞争优势和获得差别利益的环境机会。市场机会作为特定的市场条件，是以其利益性、针对性、时效性和公开性为标志。利益性是指市场机会可以为企业带来经济利益或社会利益，它要求企业在确定市场机会时，必须分析该机会是否能为企业带来利益，能带来什么样的利益以及能带来多少利益。针对性是指特定的营销环境条件只对于那些具有相应内部条件的企业来说是市场机会，它要求企业在分析与识别市场机会时与企业的具体条件结合起来。时效性是指市场机会从产生到消失的过程是非常短暂的，它要求企业在机会面前迅速行动。公开性是指市场机会是某种客观的、现实存在的或即将发生的营销环境状况，是每个企业都可以发现和共享的，它要求企业尽早去发现那些潜在的市场机会。

营销人员不但要善于发现和识别市场机会，而且要善于分析和评估哪些只是环境机会，哪些是适用于本企业的营销机会。市场上未满足的需要是客观存在的环境机会，是否能成为企业的营销机会，要看它是否适合于企业的目标和资源(资金、技术、设备等)，是否能使企业扬长避短，发挥优势，比竞争者和可能的竞争者获得更大的差别利益。因此，企业营销人员对于已发现和识别的市场机会，还要根据自己的目标和资源进行分析评估，从中选出对企业最适合的营销机会。

但是，发现和识别市场机会与确定哪些机会是值得本企业抓住的机会并不是一回事。因此，还必须对市场机会进行评估，以确定本企业的营销机会。市场机会的价值大小由市场机会的吸引力和市场机会的可行性两方面因素决定。前者是指企业利用该机会可能创造的最大利益，它表明了企业在理想条件下充分利用该市场机会的最大极限，反映它的主要指标有市场需求规模、利润率和发展潜力；后者是由企业内部环境条件、企业的外部环境状况两方面决定的，企业内部环境条件如何是能否把握市场的决定因素，企业的外部环境从客观上决定着市场机会对企业可行性的大小。按照吸引力大小和可行性强弱组合可构成市场机会的评估矩阵(如图2-1)。

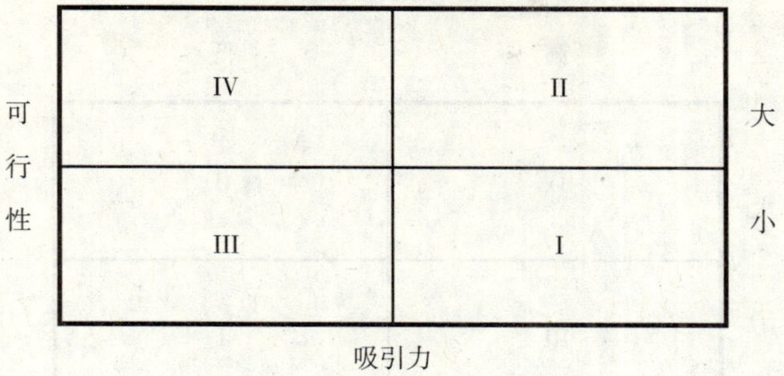

图2-1 市场机会评估矩阵

区域Ⅰ为吸引力大、可行性小的市场机会。一般来说,除了少数好冒险的企业,一般企业不会将主要精力放在此类市场机会上,但企业应该时刻注意决定其可行性大小的内外部环境条件的变化情况,并做好当其可行性变大进入区域Ⅱ迅速反应的准备。

区域Ⅱ为吸引力、可行性俱佳的市场机会。该区域的市场机会是企业营销活动最理想的经营环境。通常情况下,此类市场机会既稀缺又不稳定,价值最大。企业营销人员的一个重要任务就是要及时准确地发现哪些市场机会进入了或退出了该区域。

区域Ⅲ为吸引力、可行性皆差的市场机会。通常企业不会去注意该类价值最低的市场机会,因为它不太可能直接跃居到区域Ⅱ中,一般需经由企业Ⅰ、Ⅳ才能转变。

区域Ⅳ为吸引力小、可行性大的市场机会。该类市场机会的风险低,获利能力小,通常稳定型企业、实力较弱的企业以该类市场机会作为其常规营销活动的主要目标。

(二)风 险

企业经营风险是指市场营销环境的不利因素,它是生产经营活动中长期存在的客观现象。随着市场经济的发展、市场竞争的加剧,风险经营管理的重要性日益提高,营销人员应在营销活动中针对企业经营目标,以最小的费用将风险减轻到最小限度。

旅游营销人员对环境风险的分析主要从两个方面考虑:一是分析环境风险对旅游企业的影响程度;二是分析环境风险出现的概率大小,并将这两个方面结合在一起进行风险评估(如图2-2)。

出现威胁可能性

影响程度	高	低
大	IV	II
小	III	I

图2–2 风险分析矩阵

在图2–2的四个象限中，第I象限是旅游企业必须高度重视的，因为它的危害程度大，出现的概率高，旅游企业必须严密监视和预测其发展变化趋势，及早制定应变策略；第II象限和第III象限也是旅游企业不能忽视的，因为第II象限虽然出现概率低，但一旦出现给旅游企业营销带来的危害会特别大，第III象限虽然对旅游企业的影响不大，但出现的概率却很高，对此旅游企业也应予以注意，准备应有的对策措施；对第IV象限则主要是观察其发展变化，看其是否有向其它象限发展变化的可能性。

二、旅游市场营销环境的SWOT分析

旅游企业进行环境分析时，还有一种综合的分析方法，即SWOT分析法。SWOT的字母含义是S—Strength（优势）、W—Weakness（劣势）、O—Opportunity（机会）和T—Threats（威胁）。所谓SWOT分析法，就是将旅游企业面临的外部机会、威胁以及自身的优劣势等各方面因素相结合而进行的综合分析和概括，据此对备选方案做出系统评价，最终达到选出一种适宜战略的目的。

旅游企业内部的优劣势是相对于竞争对手而言的，表现在资金、技术设备、职工素质、产品市场、管理技能等方面。衡量企业优劣势有两个标准：一是资金、产品、市场等一些单方面的优劣势；二是综合的优劣势，可以选定一些因素评价打分，然后根据重要程度进行加权，取各项因素加权数之和来确定企业是处在优势还是劣势。企业应扬长避短，内部优势强，就宜于采取发展型战略，否则就宜于采用稳定型或紧缩型战略。

旅游企业外部环境是企业无法控制的，有的对企业发展有利，可能给企业带来某种机会，例如宽松的政策，技术的进步，可能给企业降低成本、增加销售创造

条件;有的对企业发展不利,可能给企业带来威胁,如紧缩信贷、原材料价格上涨、税率提高等等。旅游企业外部的机会与威胁,有时需要与竞争对手相比较才能确定。有利条件可能对所有旅游企业都有益,威胁也不是仅仅威胁某一企业,因此,企业也应分析同样的外部环境对谁更有利或更无利。

SWOT分析的具体做法是:针对某一旅游企业,依据企业方针列出该企业发展有重大影响的内部及外部环境因素,继而确定标准,对这些因素进行评价,判定是优势还是劣势,是机会还是威胁。

在以上分析的基础上,可以根据旅游企业的得分来判定该企业应采用何种类型的战略,如图2-3。处于第I象限,外部有众多机会,又具有强大内部优势,宜采用发展型战略;处于第II象限,外部有机会,而内部条件不佳,宜采取措施扭转内部劣势,可采用先稳定后发展型战略;处于第III象限,外部有威胁,内部状况又不佳,应设法避开威胁,消除劣势,可采用紧缩型战略。处于第IV象限,拥有内部优势而外部存在威胁,宜采用多种经营战略分散风险,寻求新的机会。

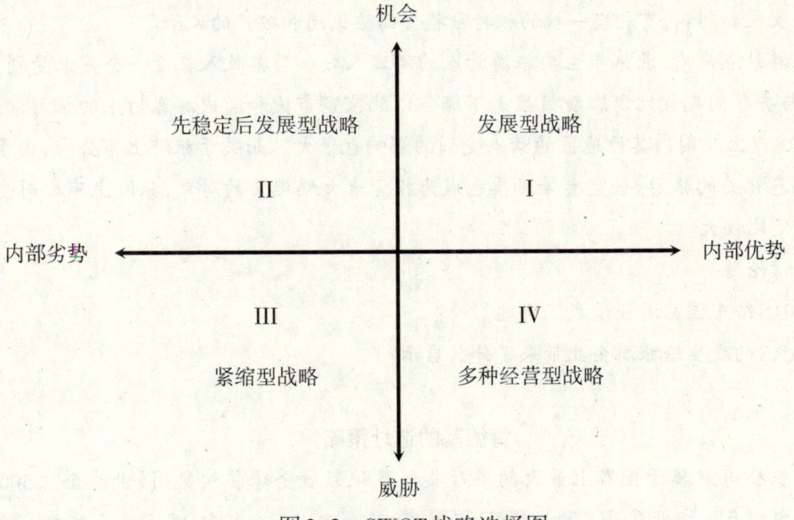

图2-3 SWOT战略选择图

SARS对中国旅游业的影响

2003年,SARS疫情对中国经济的发展造成重大影响,中国旅游业也遭受到严重创伤。SARS疫情对我国入境旅游冲击极大,入境旅游急剧下降。由于旅游的季节性和旅游需要提前计划的特点,4-10月一般是我国入境旅游的相对旺季,加上从流行病学和香港、新加坡经验看,SARS疫情不太可能马上得到完全控制,再加上旅游者信心的恢复需要一段时间,因而年内外国游客的数量很难复苏。北京、广东等地是我国入境旅游的主要口岸,2002年名列第一和第二位，分别占全国接待境外游客人数的38%和8%，而这两个地区现在都是主要疫区。因此，仅入境游一块，即使考虑到第一季度的增长，全国年入境旅游收入总计还是将减少40–50%左右。

国内旅游局势也不容乐观，全国第二季度和第三季度的国内旅游收入将大幅度下滑。估计全年国内旅游收入将减少10%–20%，损失达388–776亿元。

综上，中国旅游业总收入（旅游创汇收入+国内旅游收入）比上年损失将达到1063–1620亿元左右，约为2002年的20–30%。由此，从目前发展态势看，今年中国旅游业遭到重创已成定局，全年大约下降二到三成。

另外，"新马泰"、"港澳"线占我国出境游市场总量的60～70%左右，由此出境游下跌八成。

酒店、旅行社、旅游景点是受SARS影响严重的旅游行业部门。据调查，北京、上海、广州等地的酒店入住率近期都不到30%。其中四星或五星级酒店入住率在10%到20%，甚至更低。三星级以下酒店主要消费者为国内游客，其入住率受到的影响日趋明显。并且由于大量旅行、会展、商务活动取消，北京、上海、广东酒店业在几个月内不会有较大的转变。

在旅行社方面，除了一些必不可少的会议和商务旅行，境外游客入境旅游基本都已经取消行程。各旅行社退团情况比较严重。由于旅游人数大幅下降，将直接影响经营出境旅游企业的营业收入和利润，有相当一批的旅行社将会面临倒闭和破产的风险。

从旅游景点来看，北京市主要旅游景点的游客人数和门票收入在近一个月来受到SARS的影响，与去年同期相比游客数目显著下降。以北京市市民和国内游客为主的旅游景点，游客减少50%以上。国内其他地区的景点受到的影响也很大。而关于旅游上市公司，由于与假日经济息息相关的旅游、航空类等股票也成为投资者大幅抛售的对象，旅游上市公司受到的影响也肯定比较大。

思考讨论题：

1. SARS给中国旅游业造成了哪些影响？

2. SARS的发生给旅游企业带来了什么启示？

肯德基的选址策略

肯德基公司隶属于世界上最大的餐厅集团系统百胜全球餐饮集团（世界企业500强之列），集团内拥有包括世界著名的肯德基、必胜客、Taco Bell三个品牌，目前在全球拥有总数超过30,000家的连锁餐厅。

肯德基自1987年在北京前门开了中国第一家餐厅后，已在北京、上海、杭州、青岛、南京、广州、苏州、无锡、天津、福州、沈阳、西安、成都、武汉、深圳、哈尔滨等地成立了20多个有限公司。至今，在中国111个城市已拥有440家连锁店。肯德基在中国现共有25,500名员工在努力工作，餐厅员工已100%本地化，居中国快餐业之首。

肯德基之所以会如此地成功，与它的选址策略分不开的。地点是饭店经营的首要因素，餐饮连锁经营也是如此。连锁店的正确选址，不仅是其成功的先决条件，也是实现连锁经营标准化、简单化、专业化的前提条件和基础。因此,肯德基对快餐店选址是非常重视的,选址决策一般是两级审批制,通过两个委员会的同意,一个是地方公司,另一个是总部。其选址成功率几乎是百分之百,是肯德基的核心竞争力之一。肯德基选址按以下几步骤进行。

1. 商圈的划分与选择

肯德基计划进入某城市,就先通过有关部门或专业调查公司收集这个地区的资料。有些资料是免费的,有些资料需要花钱去买。把资料买齐了,就开始规划商圈。

商圈规划采取的是记分的方法,例如,这个地区有一个大型商场,商场营业额在1000万元算1分,5000万元算5分,有一条公交线路加多少分,有一条地铁线路加多少分。这些分值标准是多年平均下来的一个较准确经验值。通过打分把商圈分成好几大类,以北京为例,有市级商业型(西单、王府井等)、区级商业型、定点(目标)消费型、还有社区型、社、商务两用型、旅游型等等。

选择商圈即确定目前重点在哪个商圈开店,主要目标是哪些。在商圈选择的标准上,一方面要考虑餐馆自身的市场定位,另一方面要考虑商圈的稳定度和成熟度。餐馆的市场定位不同,吸引的顾客群不一样,商圈的选择也就不同。肯德基与麦当劳市场定位相似,顾客群基本上重合,所以在商圈选择方面也是一样的。可以看到,有些地方同一条街的两边,一边是麦当劳另一边是肯德基。

商圈的成熟度和稳定度也非常重要。比如规划局说某条路要开,在什么地方设立地址,将来这里有可能成为成熟商圈,但肯德基一定要等到商圈成熟稳定后才进入,例如说这家店三年以后效益会多好,对现今没有帮助,这三年难道要亏损?肯德基投入一家店要花费好几百万,当然不冒这种险,一定是比较稳健的原则,保证开一家成功一家。

2. 聚客点的测算与选择

要确定这个商圈内,最主要的聚客点在哪。例如,北京西单是很成熟的商圈,但不可能西单任何位置都是聚客点,肯定有最主要的聚集客人的位置。肯德基开店的原则是:努力争取在最聚客的地方和其附近开店。

过去古语说"一步差三市"。开店地址差一步就有可能差三成的买卖。这跟人流动线(人流活动的线路)有关,可能有人走到这,该拐弯,则这个地方就是客人到不了的地方,差不了一个小胡同,但生意差很多。这些在选址时都要考虑进去。

人流动线是怎么样的,在这个区域里,人从地铁出来后是往哪个方向走等等。这些都派人去掐表,去测量,有一套完整的数据之后才能据此确定地址。比如,在店门前人流量的测定,是在计划开店的地点掐表记录经过的人流,测算单位时间内多少人经过该位置。除了该位置所在人行道上的人流外,还要测马路中间的和马路对面的人流量。马路中间的只算骑自行车的,开车的不算。是否算马路对面的人流量要看马路宽度,路较窄就算,路宽超过一定标准,一般就是隔离带,顾客就不可能再过来消费,就不算对面的人流量。

肯德基选址人员将采集来的人流数据输入专用的计算机软件,就可以测算出,在此地投资额不能超过多少,超过多少这家店就不能开。

同时,肯德基在选址时还会考虑人流的主要动线会不会被竞争对手截住。因为人们现在对品牌的忠诚度还没到说,我就吃肯德基看见麦当劳就烦。只要你在我跟前,我先进你这儿了。除非这里边人特别多,找不着座了我才往前挪挪。

思考讨论题:

1. 肯德基为什么对选址如此重视?

2. 除了本案例所提到的选址因素外,你认为还有哪些宏观或微观因素,对肯德基在中国的成功有帮助?

复习思考题

1. 什么是旅游市场营销环境?

2. 旅游市场营销环境的宏观和微观环境各包含哪些因素?

3. 论述什么是SWOT分析法,它对旅游营销活动具有什么意义?

主要参考文献

程林,朱生东.旅游市场营销[M].合肥:合肥工业大学出版社,2005.

郭英之.旅游市场营销[M].大连:东北财经大学出版社,2006.

于由.旅游市场营销学[M].杭州:浙江大学出版社,2005.

张俐俐.旅游市场营销[M].北京:清华大学出版社,2005.

张玉明,陈鸣.旅游市场营销[M].广州:华南理工大学出版社,2005.

第三章
旅游者购买行为

企业的经营活动必须以顾客需要的满足为导向，消费者在市场交换活动中的主体地位越来越明显。旅游企业在对旅游市场营销环境进行综合全面分析的同时，必须重视并研究旅游者作为购买主体在整个营销活动中体现出来的购买行为规律及其特征。旅游者的购买行为受多种因素的影响，认真研究和分析旅游者的购买行为特征，了解他们的购买模式和购买过程，对旅游企业有效地开展各种营销活动至关重要。

通过本章学习，了解旅游者购买行为的含义、分类及购买行为分析的意义；熟悉并能够分析旅游者购买行为的两种模式；掌握影响旅游者购买行为的主要因素，旅游者购买行为过程的不同阶段及其对旅游市场营销的意义。

第一节　旅游者购买行为

旅游者购买行为研究是指研究个人、团体和组织究竟怎样选择、购买、使用和处置商品、服务、创意或经验，以满足他们的需要和愿望。然而，由于各方面的原因，认识旅游者购买行为决不是一件轻而易举的事情。旅游者往往对他们的需要和欲望言行不一致，一般情况下他们不会暴露自己的内心世界，他们对环境的反应即使在最后一刻都会发生变化。

一、旅游者

旅游活动本身具有消费属性，旅游者是旅游产品最终的消费者，包括购买旅游产品的团体和个人。作为旅游产品的购买者和消费者，旅游者具备不同的特点、有着不同的购买目的。他们在整个旅游购买过程中扮演不同的角色。

发起者:首先提出购买某旅游产品或服务的人。

影响者:其建议与观点对旅游购买决策有影响的人。

决定者:最终作出购买决定的人。

购买者:实际购买旅游产品或服务的人。

使用者:消费或使用旅游产品或接受服务的人。

每个个体在整个购买过程中扮演不同的角色,起着不同的作用,但只有那些最终消费旅游产品的人才能称为真正的旅游者,也是我们要研究的主要对象。

二、旅游者购买行为的含义及分类

要研究旅游者的购买行为,首先要了解旅游者购买行为的含义及其分类。

(一)旅游者购买行为的含义

旅游者购买行为是指旅游者购买旅游产品的活动及与这种活动有关的的决策过程。旅游者购买行为是一个复杂、持续的过程,是旅游者个人特征、社会影响因素及环境影响因素共同作用的结果。个人客观条件和主观心理等构成了旅游者的个人特征,社会及环境的影响是复杂多样的,它们起到的作用较之个人特征具有更大程度的类似性。任何一个企业都希望通过满足消费者需求来获取相应的利润,旅游企业同样需要生产和销售旅游者喜欢的、愿意且能够购买的旅游产品来满足他们的需求,从而创造自已的利润,占有自己的市场。因此,作为旅游企业必须研究分析和把握旅游者的购买心理和购买行为,更好地设计产品、价格、销售渠道及促销渠道,以适应消费者的需要,参与激烈的市场竞争。

(二)旅游者购买行为的分类

1. 根据旅游者性格特点分类

模仿型:喜欢新事物,接受能力强,反应灵敏,一般缺乏创新的卓见和水平,具有很强的从众心理。对策:宜用示范、现身说法的手段唤起消费者的旅游需求心理。

想象型:借助于过去消费的经验去创造全新的消费模式。特征:具有很强的想象力和较强的个性。对策:不能就事论事,而要采用使人产生联想的形式和语言。

节制型：消费能力与实际需要不相吻合。(1)延期节制型：为获得较昂贵的消费品，有意克制现时消费，把现时消费能力延期。对策：投其所好。(2)习惯节制型：在艰苦环境中过惯了，传统的习惯驱使其节衣缩食，并非无支付能力。对策：讲求务实。(3)经济节制型：心有余而力不足者。对策：价格优惠。

放纵型：常常无限度地追求高档消费，不考虑自己的经济条件，自制能力较差，平时无开支计划，常常入不敷出。对策：强调品牌、个性化消费。

专一型：对日常消费品只维持一般水平，而对某一项消费却不惜代价，受一种强烈的目的或兴趣的支配而形成。对策：投其所好。

随意型：在生活上不太讲究，适应性强，重视现实消费水平。对策：讲求实惠。

2. 根据购买决策对象的不同分类

旅游者的购买行为可分为个体旅游者的购买行为和群体旅游者的购买行为。旅游者外出旅游时，有时是一个人单独出游，有时是和亲人朋友结伴出游，旅游者在这两种情况下的购买行为是不同的。作为个人的旅游者，它所检视的是个人如何从他最亲近的环境中收到信息，如何对这些信息学习、存储，形成自己对旅游产品的态度并作出购买决策。群体旅游购买者则存在一个"购买中心"，一般是集体决策，进行购买活动。

3. 根据旅游者参与程度的不同进行分类

旅游者对不同的产品具有不同的态度，根据产品品牌的差异程度和消费者的参与程度，可将旅游者购买行为划分为四种类型(表3-1)，旅游者购买不同种类的产品，其购买行为有简单的，也有复杂的，如购买一支牙膏与购买一辆汽车之间存在很大的购买决策差异。越昂贵的商品，购买过程越复杂，消费者考虑得越慎重，所涉及的参与者也越多。

表3-1 旅游者购买行为的四种类型

品牌差异程度 \ 购买介入程度	高	低
大	复杂的购买行为	多样性的购买行为
小	减少失调感的购买行为	习惯性的购买行为

(1)复杂的购买行为。这种购买行为发生在购买价格比较昂贵的、不经常性购买的且品牌差异较大的商品时。例如，消费者在购买汽车、住房等商品时会高度参与，全身心地投入购买。购买这类商品花钱多，购买的风险大，由于消费者缺乏相关的商品知识，需要有一个学习过程。消费者首先会广泛收集商品的信

息资料，详细了解各品牌商品之间的差异，分析比较不同品牌商品的优缺点，然后形成对某品牌商品的信念和态度，最后做出慎重的购买选择。如长途旅游的购买一般都是在多方收集信息，分析比较中形成的。对这类购买行为，营销人员要了解消费者获取信息资料的途径，通过多种媒介及时地向消费者传递商品信息，同时，还要帮助消费者来辨别各品牌间的差异以及本企业产品的优势，以影响消费者的品牌选择。

(2)减少失调感的购买行为。由于在购买前缺少学习，各品牌之间差异不明显，消费者往往只在价格、售后服务等方面进行比较，很快就会做出购买决策。购买商品以后，使用过程中可能会发现商品的某些缺陷，或者会了解到某种品牌商品的品质更好，此时，会感到自己的这次购买不够满意，心理会产生不平衡。此时，旅游者一般会主动收集与自己购买的商品有关的信息，试图证明自己当初的购买决策是正确的，以减轻、化解自己内心的不平衡。如旅游商品或因冲动购买的其他较昂贵的商品。

(3)多样性的购买行为。想体验新口味而转向买另外一种品牌，只是为了寻求口味上的变化，尝尝新鲜，而不是起因于对产品不满意。对这类购买行为，营销人员应采取经常做反复提醒式的广告，促使消费者形成习惯性的购买行为。对推出新产品的企业，其营销的重点是做强调新产品特色的广告、采取低价策略以及各种营业推广活动，来鼓励消费者选择新牌商品。

(4)习惯性的购买行为。这种购买行为发生在购买价格低、经常购买、品牌差异不大的商品时。因商品价格低，消费者购买时参与程度也低，只是被动接受信息，购买时不作学习，按照经验购买，购买只是出于一种习惯。对这类购买行为可采取低价、折扣等有效的营销手段进行刺激，同时用视觉标志和形象化构思给消费者留下深刻的品牌印象。在旅游产品中，人们对近距离的一日游倾向于此。

三、旅游者购买行为分析的意义

(一)旅游购买行为分析是了解市场的重要内容

旅游营销活动的目标是为了吸引和保持顾客与旅游企业之间长期的信赖与交换关系。市场将这样的交换变成现实，分析市场的购买行为，收集相关购买信息，是了解市场的重要内容。

（二）旅游购买行为分析是制定营销计划的基础

旅游购买者受环境、自身等各种因素的影响，产生不同的购买反应。营销人员只有不断适应营销环境，分析旅游者购买行为的特征制定营销方案，才能产生良好的营销效果。

第二节 旅游者购买行为的影响因素

旅游者购买行为是一个复杂、持续的过程，是旅游者个人特征、社会影响因素及环境影响因素共同作用的结果。影响旅游者购买行为的因素除了来自外部的政治法律、经济环境、社会文化、科学技术等因素，从旅游者的实际情况来看，对其影响最深的是社会、文化、个人和心理因素。

一、社会因素

旅游者都处在一定的社会环境中，其行为包括购买行为都会受到各种社会因素的影响，这些社会因素包括社会阶层、角色与地位、相关群体、家庭等。

（一）社会阶层

社会阶层是根据地位和声望、职业、收入、价值观以及生活方式等划分的较为持久稳定的群体层次。由于同一社会阶层的人的行为有着较大的相似性，所以处在同一社会阶层的旅游者的购买行为也存在着很大的相同之处。他们倾向于选择相同种类的产品及品牌，对旅游企业的营销活动也有基本一致的反应。对于旅游市场营销活动而言，受教育程度高，社会阶层较高的消费者比较开放和自信，对旅游的精神享受和文化体验了解深刻，喜欢旅游，态度积极；社会阶层较低的人一般较封闭，不愿冒险，对旅游活动没有太大热情，比较现实，持观望或无所谓的态度。

（二）角色与地位

人们往往以自己所处的社会阶层来判断各自在社会中占有的地位高低，即人们注重自己在社会中的角色与地位。地位是社会对人的肯定，角色是社会对人的期望。一个人一生中会加入许多团体，如家庭、单位、协会及各类俱乐部等各种组织。每个人在团体中都担任不同的角色并获得不同的地位。每一个角色都跟随着一种相应的地位,它反映社会对一个人的尊重。一个人所充当的每一个角色都要顾及周围人的要求和在各种场合中所期望的表现。这一点特别体现在对旅游消费品的选择上,旅游消费品在一定程度上具有很大的地位上的象征意义,比如住在不同档次的酒店,旅游者的个人心理体验是不同的。因此,人们在购买旅游商品时,常常会考虑到自己在社会中的角色和地位,其中甚至掺杂虚荣的成分。受这种心理的影响,很多人在外旅游时的消费可能远高于其预期的消费。作为旅游企业,要了解旅游消费品所象征的不同的角色和地位,以发掘旅游者不同的需求及由此产生的购买行为。

(三)相关群体

相关群体是指对一个人的态度、偏好和行为有直接或间接影响的群体,如家庭、邻居、亲友等,或因相似的生活环境、生活方式而形成的有某种购买需求倾向的群体。因相关群体的信息较为广泛与多样化,相关群体为消费者提供新的可供选择的生活方式和消费行为引起消费者的仿效欲望,从而影响他们的消费态度与购买行为,使人们的行为趋于一致化。

相关群体有不同的类型,人们在生活中随时受到各种相关群体的影响,但是,由于关系不同,受到影响的程度也有差别。关系比较密切的相关群体有家庭、亲戚、朋友、邻居和同事等;关系比较一般的群体有各种社会团体、协会、学会、商会和宗教组织等。此外,人们也会受到崇拜性群体的影响,如影视明星、体育明星、社会名流等。相关群体影响旅游者购买行为的表现,主要在于相关群体影响旅游者选择产品及品牌,促使旅游者在旅游消费中作出相近的选择,因为旅游者从相关群体中可以获得大量的购买经验和知识,在作购买决策时可减少失误。

(四)家　庭

家庭是由彼此有血缘、婚姻或抚养关系的人群组成。家庭对消费者的购买行为影响最大。每个家庭都有各自独特的家庭文化,这种文化主要体现在购买倾向、兴趣爱好、信仰价值观等方面。每个家庭成员的购买决策都会受到家庭文化的影响,特别是家庭中具有领袖作用的人,比如父母,父母的价值观、生活方式、行为准则对子女的影响是深远的,其意见起着示范性、主导性作用,子女在旅游购买的过程中往往会出现与父母一致的行为。

家庭生活周期对个人和家庭的购买行为有很大影响。一个人一生中一般会经历两种家庭:一是父母的家庭,也就是与生俱来的家庭;二是自己的家庭,也就是个人的衍生家庭。家庭具有明显的生活周期,家庭生活周期一般可分为四个阶段:经济独立的新婚夫妇阶段、有子女的阶段、空巢阶段、退休及年迈阶段。一般来说,处于不同生活周期阶段的家庭的经济能力、家庭负担有所不同,购买欲望及能力有很大差异,特别是对旅游产品的购买。因为旅游是在满足基本生活后的更高层次的精神需求。家庭在旅游产品的购买中参与人数较多,一般以家庭成员共同决策为主。

二、文化因素

文化是人类在社会历史发展过程中,不断继承、总结、改造、创新,并逐渐积累发展起来的物质和精神财富的总和。文化因素是一个国家或地区的民族特征、价值观念、伦理道德、风俗习惯、宗教信仰、语言文字、社会结构等的综合体现。文化对个人有暗示、提醒、制约的力量和潜移默化的作用,每个人都生活在一定的文化氛围中,并深受这一文化所含价值观念、行为准则和风俗习惯的影响,这一影响也延伸到了他们的购买行为。如在中国的传统文化里,以和为贵,尊老爱幼,逢年过节家庭团圆等。

每一种文化内部又包含若干亚文化群。所谓亚文化是指存在于一个较大的社会群体中的一些较小的社会群体所具有的特色文化,这种特色表现为语言、信念、价值观、风俗习惯的不同。主要可分为以下几类:一是民族亚文化群,每个国家都存在不同的民族,每个民族在漫长的历史发展过程中形成了独特的风俗习惯和文化传统;二是宗教亚文化群,每个国家都存在不同的宗教,每个宗教都存在自己的教规和戒律,影响着教徒的生活习惯和消费观念;三是种族亚文化群,一个国家可能有不同的种族,不同的种族有不同的生活习惯和文化传统;四是地理亚文化群,世界上处于不同地理位置的各个国家,同一国家内处于不同地理位置的各个省份和市县都有着不同的文化和生活习惯,例如,由于地理位置、气候、物产、经济发展水平、风俗习惯的差异,我国可明显地分出南方、北方,或东部沿海、中部、西部内陆区等亚文化群。不同地区人们的生活习惯有差异,旅游需求自然有别,例如北方旅游者向往清新自然的江南韵味,而南方旅游者则憧憬林海雪原的北国风光。

人们在不同的文化氛围中成长,形成了不同的价值观念、偏好及认识事物的方法等。这些因素又决定了一个人的行为方向和方式，从一定意义上也决定了一个人旅游购买的产品种类、购买及消费方式。旅游营销人员必须了解旅游者的文化背景、组织娱乐性、参与性和实用性强的旅游产品，同时要跟随文化的发展不断推出新产品和变换营销方式，满足旅游者的总体需要。

三、个人因素

旅游者的购买行为也受其个人因素的影响，包括年龄、性别、健康状况、受教育程度、个人经济状况、职业、生活方式、个性以及自我观念的影响。

(一)年　龄

年龄的差别往往意味着生理和心理状况、收入及购买经验的差别。因此不同年龄的旅游者在旅游产品、购买方式、购买时间等的选择上有很大区别。一般来讲，年轻人喜欢惊险刺激、冒险性强的旅游活动；老年人心理成熟，选择理性，同时有一定的积蓄，在选择上更倾向于安稳，舒适、享受，文化性比较强、怀古忆旧的旅游活动。

(二)性　别

性别的不同也意味着生理与心理的差异。男性和女性旅游者在感官功能如视觉、听觉及触觉方面的某些差异，使旅游者对旅游营销刺激的反应有差别；男性和女性在体力上也存在较大差异，男性往往比女性在体力上更充沛，运动速度更快，运动量更大，因此他们在选择旅游项目上也有区别。一般而言，女性旅游者在选择目的地的时候更注重旅游购物条件和安全条件，在线路及旅游项目的选择上更注重轻松舒适的感受，缺乏较强的冒险精神。

(三)健康状况

旅游者的健康状况是旅游购买行为的直接影响因素，因为任何一项旅游活动都要耗一定的体力和精力。身患重病的人很难进行旅游活动，身体状况差的也只能在体力许可的情况下选择旅程较短、耗时较少的旅游项目。另外，象西藏等高原地区，对人的健康状况要求更高，所以人们进行旅游活动时必须在自己的健康状况允许范围内选择旅游项目和旅游目的地，特别是老年旅游者更易受到健康状况的约束。

(四)受教育程度

受教育程度与职业对人的思维方式以及生活观念有很大的影响,在一定程度上影响旅游者的购买行为,旅游购买的积极程度往往与一个人的受教育程度成正比。受教育程度越高,对消费现象的了解更为深入,可能有意识地、主动地接受和消费某种旅游产品,以达到其期望的陶冶情操、开拓视野、教育后代的目的。反之,受教育程度较低的消费者可能对旅游购买不敢兴趣,或停留在相对较低的消费层次。

(五)个人经济状况

经济状况不仅包括个人可自由支配的收入,同时也包括个人对消费与储蓄的不同态度,这两点决定个人是否愿意并能够购买旅游产品。当人们有了旅游动机和闲暇时间之后,他的可自由支配收入越多,出游的可能性越大;反之则会受到限制,甚至无法实现。个人对储蓄比较重视,甚至谨慎保守,则会影响消费支出,对旅游的购买同样起制约作用。

(六)职　业

一个人的职业在很大程度上决定一个人的收入水平、闲暇时间,这两点是进行旅游活动的必要因素,是直接限制旅游购买的客观因素。职业本身也意味着购买者的工作性质和生活经历,不同职业的旅游者选择的旅游项目可能会有所不同,工作繁重,节奏快的人往往倾向于放松型的度假旅游。不同职业的人对旅游时间与旅游距离的选择上也有所差异。

(七)生活方式、个性及自我观念

生活方式是一个人在世界观上所表现的有关其活动、兴趣和看法的生活模式。个性是一个人所特有的心理特征,它导致一个人对其所处环境的相对一致和持续不断的反应。自我观点是指个体对自己身心状况的独特的看法。人们总是设法维护并力求提升自己的自我观念,人们对自己的看法会在很大程度上影响他们的购买行为。很多旅游者会在购买旅游产品时把他对自己的看法和产品的象征性结合在一起,因此,很多旅游者进行购买时可能会尽可能选择高档的豪华的产品来提升自己的自我形象。

个人因素直接影响旅游者的购买决策,作为成功的旅游企业应不断地将其市场营销活动与旅游者的个人特征联系起来,通过对旅游者个人因素的研究,更好地将产品信息传递给旅游者,从而打开市场,扩大销售。

四、心理因素

随着经济的发展和消费者收入的增加,市场上商品日益多样化和消费需求的多样化,心理因素对旅游者购买行为的影响越来越大。心理因素主要包括动机、知觉、学习以及信念和态度等四个方面。

(一)动　机

动机是驱动一个人实施某种行为的一种愿望或念头,它是由于人的某种需要没有得到满足而产生的紧张状态所引起的。马斯洛认为人的需要可以划分为五个不同的层次,依次为生理需要(衣食住行等生存需要)、安全需要(对受保护、稳定、安全的需要)、爱的需要(归属感、爱情、友情等的需要)、受尊重的需要(自尊、地位的需要)、自我实现的需要(自我价值的实现与发展的需要)。马斯洛认为,人们只有在低层次的需要得到满足后才会去追求更高层次的需要。在旅游活动中,旅游者的出游动机也是源于需要,人们的旅游需要是复杂的、多变的,人们的旅游动机也是多种多样的。如紧张工作之余渴望放松的身心方面的动机、渴望对异国他乡文化的深入了解探索的文化方面的动机、希望寻求尊重与自我满足的社会交际方面的动机等等。人们的出游动机有时可能仅仅缘于某一种需要,但更多的时候几种需要同时存在,旅游者也希望在旅游活动中满足自己的多重旅游需要,因此,作为旅游企业在进行旅游产品和服务的设计中应更多地关注消费者的不同需要。

(二)知　觉

知觉是指人对外部事物的信息筛选、加工和解释的过程。知觉会受到刺激物及感知者自身因素的影响,它在很大程度上影响着旅游者的购买行为。现代社会,人们每天面对大量的信息刺激,但同样的刺激对不同人却可能引起不同的感觉,其原因是人的感知是一个有选择性的心理活动过程。它表现在三个方面:一是选择性注意;二是选择性理解;三是选择性记忆。当人们遇到与其态度、价值观不一致的信息时,就会发生知觉扭曲过程。这时人们会改变信息的内容，夸大或缩小某些特征，使之与自身的要求相一致，进行选择性注意和理解。在记忆信息时也会进行选择性记忆，旅游者一般会记住与自己的需要、价值观和心理倾向相一致的信息，而忘掉其他信息。这就要求旅游营销人员在进行产品宣传时突出特色，鲜明地把产品的信息传递给旅游者，并给其留下深刻的印象。

（三）学　习

学习是指由于经验积累而引起个人行为的改变，从而使人们适应自身和周围环境变化的过程。旅游者购买决策过程本身就是一个学习的过程。当产品和服务能满足需要时，旅游者就倾向于再次购买，反之则购买减少。例如，旅游者如果在一个旅游企业获得了很好的旅游经历，他会认为此企业下次仍能让他感觉愉快，他将倾向于再次购买此企业产品，反之则不然。旅游者除了从经验中学习之外，接触信息的过程也是学习的过程。其获取信息的渠道比较广泛，一般来自于商业营销人员和家庭、亲朋好友等相关群体，因为后者沟通与交流的机会更多，且相互之间的亲密交往有强烈的信任感，所以起到的作用往往远大于前者。因此，企业应做好真实有效的市场沟通，最大限度地争取消费者。

（四）信念与态度

信念是指人们对事物所持有的认识。旅游者对产品的信念实际上就是产品在旅游者心目中的形象。旅游者对产品企业的信念一旦建立，往往很难改变。因此，旅游企业在创业期或推出一种新产品时，要注重设计好企业和产品的形象。

态度是指一个人对某些事物或观念长期持有的好与坏的认识上的评价、情感上的感受和行动倾向。态度由三部分组成：知识成分、情感成分和行为成分。知识成分是指人对于外界事物所持有的信念和观点；情感成分是指人对外界事物所作的情绪判断；行为成分是指人对外界事物作出赞同或反对的反应倾向。态度对人们的行为有决定性的影响，旅游者对旅游产品好与坏的态度，直接影响其购买行为。因此，旅游企业应当通过调查研究，了解不同旅游者对企业及产品的态度，提供与旅游者既有的态度相一致的产品或服务，更好地满足旅游者的需求。

综上所述，一个人的购买行为是政治、经济、文化、社会、个人和心理等因素综合影响和作用的结果。这些因素中，有些因素是难以控制的，而有些因素是可以加以利用的。企业营销人员应深入地分析这些影响因素，针对不同的旅游者采取相应的营销策略、方法和手段，使营销更有成效。

第三节　旅游者购买行为的模式

消费者购买行为是一个复杂综合的过程，对消费者购买行为规律的研究首先涉及到消费者购买行为的基本模式，探讨各种影响因素之间的关系，以及如何对旅游者购买行为发生作用。许多研究消费行为的专家曾设计出许多模型来研究和描述消费者购买决策的心理过程以及影响其购买行为的因素，最具代表性的是“刺激–反应”模式和“需要–动机–行为”模式。

一、“刺激–反应”模式

行为主义心理学认为，人的行为是外部刺激作用的结果。行为是刺激的反应，当行为的结果能满足人们需求时，在同样的刺激下，行为就倾向于重复；反之，行为则倾向于消退（如图3–1）。

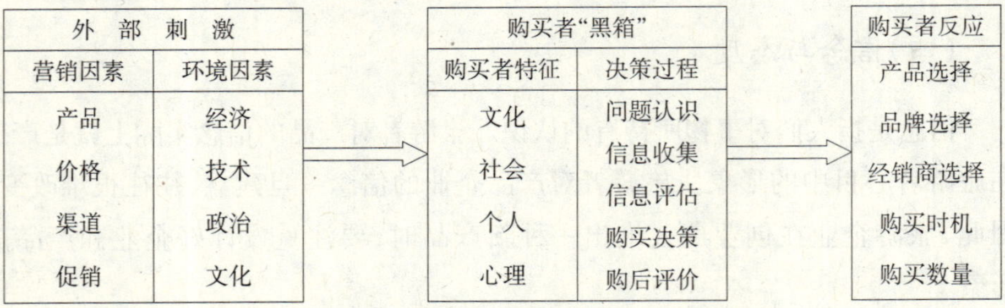

图3–1　旅游购买者行为模式

上图显示了外部刺激因素是怎样进入消费者“黑箱”并产生反应的过程。旅游者进行购买决策的心理过程及影响购买行为的因素是如何起作用的，就像藏在旅游者内心深处的一个“黑箱”，市场营销信息如广告、个人推销等手段以及市场环境因素成为旅游者购买的刺激因素，另外如朋友、家庭等相关群体也以自身对产品的看法和评价影响旅游者的购买决策，购买者根据个体的学习、知觉以及经验处理这些信息，通过加工的外部刺激同旅游者个体的态度等心理因素以及其他的文化、社会、经济等因素共同影响到旅游需要及动机，并最终促成购买行为的产生。这个“黑箱”是无法看到的，营销人员无法直接了解，但却可以通过多种外部刺激手段促使旅游者作出反应，然后根据旅游者的反应来推断出“黑箱”内部是如何发生变化的。旅游者的“黑箱”由两部分构成，一是旅游者的特征，它对旅游者如何对外部刺激作出反应有重大影响；二是旅游者购买决策过程，它影响旅游者的最终购买决定。

瑞典旅游业是仅次于本国林业的第二大产业，其振兴旅游业的首要秘决就是“扩大对公众的宣传”。瑞典全国共有400多个旅游业信息中心，除提供各种有关旅游的咨询外，还办理旅馆预订、交通票据预订和外汇兑换业务，在宣传促销、方便游客、提高旅游目的地声誉等方面发挥着重要作用。宣传的过程就是刺激的过程，理论和调查表明，消费者之所以对企业发出的有关商品信息遗忘，重要的一个原因是重复不够，即刺激-反应的过程不够。按心理学讲，重复，就是强化刺激。通过大量的宣传使消费者有更多的机会接受刺激，从而达到保持记忆的目的。

二、“需要–动机–行为”模式

旅游者的需要、动机以及行为构成了旅游购买活动的周期。当旅游者产生旅游需要而未被满足时，就会引起一定程度的心理紧张，当出现满足需要的目标时，需要就会转化为动机，动机推动旅游者进行旅游购买。当旅游者的需要通过旅游消费活动得到满足时，心理紧张感就会消失。购买及消费结果又会影响到新的需要的产生，一个新的循环过程又开始了（如图3-2）。

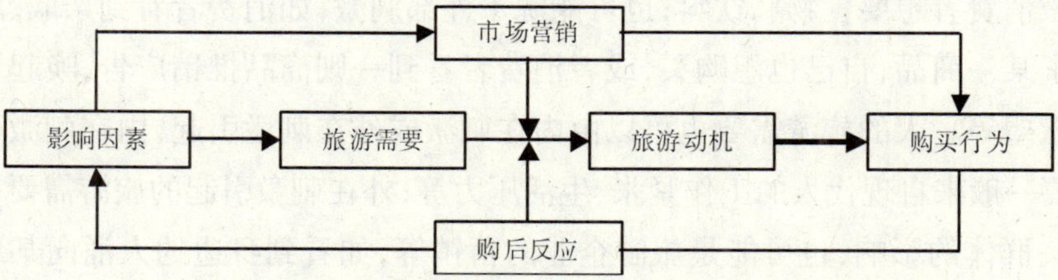

图3-2　旅游购买行为的“需要－动机－行为”模式

旅游购买行为产生于旅游需要和旅游购买动机。旅游者的旅游需要受社会因素（社会阶层、相关群体、家庭、地位与角色）、文化因素（文化、亚文化）、经济因素（经济周期、通货膨胀率、利率等）、外部宏观因素以及个人人口统计因素（年龄、健康状况、性别职业）等的影响。另外，社会文化和经济因素又对个人因素产生影响，从而间接地从更深层次上对旅游者的旅游需要产生影响。在从旅游动机到行为产生的过程中，旅游者会主动地搜寻相关信息，并同时接受来自旅游目的地及企业的营销信息，以供决策使用。这时，旅游活动的产生受到旅游营销活动的影响。旅游者的心理因素也影响着外界信息的输入与加工，最终形成旅游购买行为。最后，旅游购买行为会对旅游营销活动以及旅游者新的旅游需要的产生和旅游决策发生作用，影响着下一次旅游购买活动。

第四节 旅游者购买行为的过程

旅游者的购买行为是一个复杂的动态发展变化的过程，存在许多可变和随机因素，不同旅游者的购买过程因人而异，但也具有一般共性，旅游者一般经历的购买过程可分为五个阶段：确认需要、信息收集、可选方案评估、购买决策和购买后行（如图3-3）。

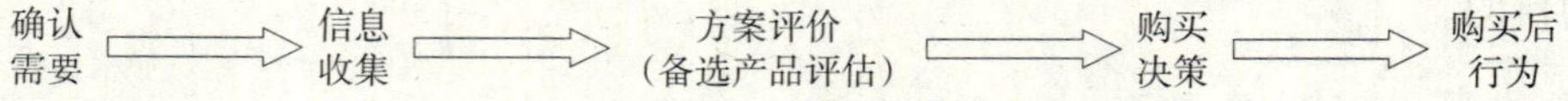

图3-3 旅游购买行为的过程

一、确认需要

需要是消费者购买决策过程的起点，当旅游者感觉到需要外出旅游，并且准备购买某种旅游产品以满足这种需要时，购买过程就开始了。人的需要是生理和心理状况引起的，可能源于内在刺激，如消费者生理上感到饥饿和口渴等，就会刺激消费者想要食物和饮料；也可能源于外部刺激，如消费者看到亲戚、朋友购买了某一商品，自己也想购买，或者消费者看到一则商品推销广告，唤起了购买的欲望等。人的旅游需要也可以由内在刺激或外在刺激引起，内在刺激引起的需要一般来自现代人的工作紧张、生活压力等；外在刺激引起的旅游需要可以是相关群体的影响，也可能是旅游企业的营销等，如看到身边的人涌向某地旅游、看到了一片描述某处优美风光的文章或者看到了旅游企业的广告宣传。

旅游企业营销应注重唤起或刺激旅游者的需要，努力了解旅游者产生需要的生理和心理状况以及旅游者所处的环境；了解并唤起旅游者的需要是促使其购买旅游产品的前提。

二、信息收集

旅游者的需要被唤起以后，有的不一定能立刻得到满足，这种尚未满足的需要会造成一种心理的紧张感,促使旅游者乐于接受想要的信息。消费者对能够满足需要的旅游产品信息变得较为敏感,会留心该产品的广告、别人对该产品的使用和评价等,甚至会主动寻找各种资料,打电话咨询旅游机构等。旅游者收集信息的途径是多样的,一般而言,旅游者的信息来源主要有以下四种:

(1)相关群体来源,来自家庭、朋友、邻居、同事。

(2)商业来源,来自旅游广告、营销人员的推荐、展销会等。

(3)公共来源,来自大众传播媒介、一些旅游组织及评审机构等。

(4)经验来源,来自旅游者自身的旅游经验等。

由于旅游产品种类和旅游者个人特征的不同,各类信息来源的影响力也不同。一般来说,商业来源通常起告知的作用,相关群体来源和公共来源则具有评价的作用,经验来源往往能起评判商品是否有价值的作用。旅游者接触最多的信息来源于商业来源,而对旅游者决策起重要作用的则是相关群体来源、公共来源和经验来源。

旅游企业营销应及时掌握旅游者搜集信息的过程和动向,了解各类信息源对他们的影响力,了解现有信息对企业和产品的评价,并设法扩大对企业和产品有利信息的传播。

三、方案评估

旅游者从各种信息来源获取资料后,将会进行整理、分析,对各种可能选择的多个目的地或产品品牌进行比较、评价,从而作出最佳选择。通常情况下,旅游者的评价行为会涉及到三个方面的内容。

一是产品属性,分析产品的性能和特点,特别是与其旅游需要密切相关的各种属性。在价格不变的情况下,旅游产品具有更多的性能会更能吸引旅游者购买,但企业的成本会加大。例如,对于旅游社线路产品而言,价格、线路设计、住宿、餐饮、交通、导游服务等都是这个产品的属性。

二是重要性权数,即产品属性的重要性程度,旅游者根据自己的需求,分析各种属性的重要性,排定考虑顺序。例如,面对产品A,不同的旅游者可能会看重它不同的属性,有人重视价格、有人看重导游服务等等。

三是品牌信念,指旅游者对某品牌优劣程度总的看法。每一个品牌都有一些属性,旅游者对每一属性实际达到了何种水准给予评价,然后将这些评价连贯起来,就构成他对该品牌优劣程度的总的看法,就是他对该品牌的信念。

旅游者会综合以上因素对某一旅游产品或品牌作总体评价,得出结论。旅游企业营销人员应了解旅游者对资料的处理过程和评价标准,以便掌握其购买意向。同时,营销人员可帮助旅游者比较评价各品牌之间的差异,发挥必要的参谋作用。作为旅游企业还要不断提高企业产品的形象,唤起旅游者对被忽视的属性的认识,从而增加自身的吸引力,争取客源,扩大市场。

四、购买决策

旅游者通过对商品反复的比较评价后,已形成指向某品牌产品的购买意图。购买意图如果不受其他相左意见和信息的干扰,就会演变为购买决策与购买行为。但有了购买意图不一定导致实际购买,因为旅游者的购买意图经常会受到他人态度和突发因素的干扰。

(一)他人的态度

其他人的态度会影响消费者的购买决策,其影响的程度取决于所持态度的强度及与旅游者之间关系的密切程度。一般说来,反对的态度越强烈,或与旅游者的关系越密切,其影响力就越大,旅游者改变购买意图的可能性也越大。

(二)突发因素

突发因素也可能使旅游者改变购买意图。突发因素可分为与产品相关的突发因素和与产品无关的突发因素。与产品相关的突发因素可能是旅游者突然发现了有关产品的不利信息,比如旅游目的地突变的社会政治环境使前往该地区的不安全因素增加、其他同类产品具备更有吸引力的产品要素。与产品无关的突发因素包括旅游者个人情况的改变,如收入减少、身体生病等。

因此,作为企业及企业营销人员应该不断提高产品质量和服务,增加产品的美誉度,同时减少与产品有关的突发因素带来的不利影响,尽可能地促成旅游者购买。

五、购买后行为

消费者购买商品以后,会根据实际使用情况和他人的评判来考虑自己的购买行为是否明智,商品的效用是否理想,从而形成购买后感受。旅游者在完成购买行为之后一般会有三种感受:满意、不满意以及疑虑。这些感受会影响到旅游者的下次购买和他人的购买决策，对企业的营销活动仍具有极其重要的意义。

(一)满意的感受

旅游者对所购旅游产品或接受的旅游服务感到满意。旅游者购买产品后的满意程度取决于两个因素，即产品的实际质量和顾客期望的产品质量之间的吻合度。如果产品和服务的实际质量与期望的产品和服务质量相符，旅游者就会满意，如果超出很多，还会达到满意加惊喜的程度。这种满意甚至是惊喜的感受会强化旅游者对所购产品品牌的信念，增加其重复购买的可能性，还会促使其向他人进行宣传，这样的宣传往往对相关群体成员的购买决策产生巨大的积极影响，有利于提高企业或产品的知名度和美誉度。

(二)不满意的感受

旅游者对所购旅游产品或接受的服务，通过使用而感到失望，此时产品和服务的实际效用小于旅游者的期望。这种感受可能导致旅游者以后不再购买此类旅游产品和服务，或者可能向旅游服务企业、旅游管理机构及旅游行业协会提出投诉，甚至将负面感受大力宣传。此时，将对企业的销售活动带来极大的不良影响。因此，旅游企业营销人员应重视顾客购后的满意程度，特别是妥善处理投诉，做好补偿服务，通过补偿服务可以使企业与顾客之间进行良好的沟通，为顾客提供新的满足。

(三)疑虑的感受

当旅游者体验不到满意感，又没有对产品出现明显不满时，就会出现购买后疑虑，又称购后失调，这种感受是介于满意与不满意之间，往往是在使用过程中遇到一些问题时，会怀疑自己的选择是否明智，如果改买其他品牌的商品会不会使自己更满意，于是产生一种不安的感受。这样的感受在旅游购物过程中出现较多，在听取他人的一再劝说或一时冲动后进行购买，经常会怀疑所购物品是否物有所值，感到不安或后悔。这种不安的感受，可能会引起旅游者对该品牌的怀疑甚至会作反面宣传。当然，很多旅游者也会在购买旅游产品后积极主动地去了解信息、充实相关知识，以确认自己的购买是值得的，进行心态的调整。

旅游营销人员要充分重视旅游者的购后感受，因为它不仅会影响到旅游者重复购买，还会影响到其他消费者购买。对旅游企业来说，要提供真实可靠的信息宣传，强化产品质量和服务水平，建立回访制度，及时与旅游者沟通，了解他们的购后感受，改进企业的营销活动，不断提高旅游者的购买满意度。针对旅游者可能出现的购后失调，旅游营销人员可以提供有关本产品的新的支持性资料或打电话问候等服务，帮助旅游者消除疑虑，从而使旅游者增大再次购买的可能。

假日饭店的启发

假日饭店的创建过程几乎尽人皆知。20世纪50年代初，威尔逊先生全家利用夏天的假期出游，可是他们住宿的路边旅馆往往既小又贵，设备落后，服务糟糕。威尔逊先生从自己的不快经历中得到了启发：随着生活水平的提高，尤其是随着联邦政府大规模修建州际公路计划的提出，美国旅游市场中存在着一种尚未得到满足的需求，即度假旅游者希望能够住进客房干净、感觉舒适的旅馆，价格合理。

威尔逊先生开始投资兴建假日饭店。饭店有制冰机和空调设备，每个房间有浴室，价位则相当合理。假日饭店迅速赢得客人的青睐。更重要的是，威尔逊先生首创在饭店业中引入经营特许权转让制度，从而使假日饭店迅速在全美建立起来。到1960年，美国几乎找不到一个不挂“假日”招牌的城市，也见不到一条高速公路旁没有假日饭店。20世纪60年代末，美图共有一千多家假日饭店，平均客房利用率为百分之八十。

可是，20世纪70年代以后，假日联号饭店集团一度陷入了困境。它以一般价格向一般旅游者提供标准产品（客房、餐饮），从这一意义上讲，假日饭店的目标市场是中档旅客。但是，时代发展到70年代，不同档次的旅游者已经开始对饭店和汽车旅馆提出不同的要求：一部分人追求豪华，他们愿意支付高价，但要求饭店设施齐全，服务优良；另一部分人则不是这样，他们外出旅游，一不追求在豪华饭店住宿，二不追求服务多么优良，只要干净、方便，“设施与服务过得去便行”——就像今天中国许多旅游者一样。

假日饭店集团在一段时间内没有注意到市场需求的这种重要变化。当市场不再统一，顾客需求不再雷同的时候，“假日”为旅游者提供的产品仍和以前一样，客房不分上下，服务不分优劣，价格不分高低。而正在这时，凯悦饭店集团推出了豪华饭店，从“假日”手中夺走了高档需求旅客；Mote1 6和Days Inns（戴斯客栈）则迎合低档需求旅客需要，推出仅满足基本需求的价格低廉的客房和餐饮，从“假日”手中抢走了低档需求客人。在这两类饭店之间，另有许多联号饭店专门接待商务旅游者、家庭旅游者或希望自己在客房内烧菜做饭的旅游者。假日饭店的地位受到全面冲击，客房出租率下降，饭店营业收入减少。随着竞争激化，一部分亏损的假日饭店不得不关门大吉。

20世纪80年代，假日饭店集团开始采取对策。原有的许多饭店重新装修，增添设施，提高档次，以适应高档旅游者的需要。与此同时，为满足不同层次旅游者的不同需求，公司大规模投资兴建新饭店，包括为高档次需求旅游者提供服务的皇冠假日（Crowne Plazas）、以低档次需求旅游者为目标市场的汉普顿旅馆（Hampton Inns）以及全套房“大使饭店”（Embassy Suites）。从此，“假日”又走上了红红火火的发展之路。

复习思考题

1. 旅游者购买行为的含义是什么?
2. 根据旅游者参与程度的不同,旅游者购买行为可分为哪几类?
3. 影响旅游者购买行为的社会因素主要有哪些?
4. 简述“刺激—反应”模式的内涵。
5. 旅游者购买行为的过程可分为哪几个阶段?

主要参考文献

谷惠敏.旅游市场营销[M].北京:旅游教育出版社,2003.
苟自钧.旅游市场营销学[M].郑州:郑州大学出版社,2002.
胡宇橙,王文君.饭店市场营销管理[M].北京:中国旅游出版社,2005.
钱炜.创造性思维与旅游业[M].北京:旅游教育出版社,1998.
李肇荣,陈学清,张显春.旅游市场营销[M].武汉:武汉大学出版社,2006.
林南枝.旅游市场学[M].天津:南开大学出版社,2000.
吴健安.市场营销学[M].北京:高等教育出版社,2000.

第四章 旅游市场营销信息

在现代日趋激烈的旅游市场营销活动中，市场调研和市场预测是很重要的一个环节，是旅游企业制定和实施市场营销战略的基础，是管理现代化的主要标志。因此，旅游营销活动的顺利进行，必须以市场营销信息为基础，掌握市场调研的方法。

通过本章学习，了解旅游市场营销信息及其信息系统的概念、构成；熟悉旅游市场调研的涵义、分类；掌握旅游市场调研的程序和方法。

第一节 旅游市场信息

旅游市场信息是旅游企业制定和实施科学的市场营销战略和策略的基础。旅游企业必须主动调研旅游信息，以前瞻性的眼光制定旅游营销战略和策略。

一、旅游市场信息

(一)旅游市场信息的含义

旅游市场信息是指与旅游企业的市场营销活动有关的各种信息、情况、资料、数据的总称。其内容主要包括三类：消息(与旅游有关的报道)、资料(消息的积累)、知识(对资料进行的加工和整理)。

(二)旅游市场信息的意义

1. 制定旅游企业营销战略的基础

旅游企业在制定营销战略前，必须了解有关的市场信息，尤其应该重视研究旅游者的需求和欲望。市场越发达,旅游信息也就会越复杂。旅游企业必须经常收集旅游市场的各种信息,不断调整营销战略,才能在激烈的市场竞争中生存和发展。现代的市场不止一次的证明,缺乏及时、准确的信息,盲目的制定营销战略,将会使企业蒙受无以估量的损失。

2. 提高旅游企业的市场竞争力

有人曾经说过,21世纪的市场竞争将集中的表现为市场营销的竞争。而市场营销的关键又在于信息。那么,自然地,谁获得的市场信息早,谁获得的市场信息多,便能够获得在竞争中取胜的重要砝码。因此,当今的旅游企业无一例外的都非常重视旅游信息的搜集、整理、分析工作,很多的大型旅游组织或企业还设置了专门的部门来进行此项工作,从而保证自己的企业能够在市场竞争中不至于被淘汰。

3. 加深对市场环境的了解

任何企业要制定自己的营销策略,一定是从自己所处的特定市场营销环境出发,要了解市场营销环境,单单靠主观臆断是不可能并且相当危险,必须是掌握与旅游市场营销环境有关的市场营销信息。因此,不管制定什么样的旅游营销策略,都要有计划、有步骤、有目的地搜集、整理、分析旅游营销信息。

4. 加强营销策略的适应性

旅游企业所面对的市场营销环境是不断变化的,其中有一些因素是旅游企业无法预料、难以控制的。因此,任何旅游企业在营销策略的执行中,根据营销环境的变化,必然会对原有的营销策略进行必要的调整。而要想保证调整后的营销策略仍有效,则必须以变化着的旅游市场信息为依据。

(三)旅游市场信息的特征

1. 准确性

旅游市场信息必须有可靠的来源,必须用科学客观的方法来处理,以保障旅游营销信息的准确性,为企业正确决策服务。

2. 及时性

旅游市场信息必须要在第一时间反映旅游市场的状况。信息传递的速度要快,频率要适宜。频率过低,无法及时反映市场信息;频率过高,将会给数据处理带来极大困难,造成工作效率低下。

3. 系统性

旅游市场信息必须是关乎旅游市场方面的信息在特定时间和空间上的系统集合。在时间上，应具有纵向连续性；在横向上，应具有横向贯通性。整个信息应该是完整的系统。

4. 广泛性

旅游是包括了吃、住、行、游、娱、购等方面的一个整体活动。因此，旅游市场信息可以说是包括了生活的方方面面。随着全球经济一体化进程的加快，旅游市场营销活动的领域将更为宽广，旅游营销信息具有明显的广泛性。

（四）旅游市场信息的来源

1. 旅游者

任何市场营销活动必然要以消费者作为起点和归宿。旅游市场营销也不例外。旅游企业的一切活动都要以旅游者的需求为根本的出发点，可以说，旅游者是旅游信息最本质、最重要的来源。营销人员一定要牢牢抓住旅游者的需求，通过调查、研究去获取各种市场信息。

2. 旅游中间商

旅游中间商是连接旅游消费者和企业的桥梁和纽带，正是由于中间商长期、大量地接触旅游消费者，所以能够掌握大量的第一手资料，而且中间商往往还具有较强的信息分析能力，因此，旅游企业可以借助中间商获取各种理想而有用的市场信息。

3. 专业市场媒介

这里的媒介包括广播、电视、报纸、杂志以及网络媒体等，这些媒介在信息传递上担任了双重角色，既是信息的吸收者，又是信息的传播者，他们的手上存在大量的信息，不过旅游企业对于这些信息要适当的“冷眼”分析，以确保所获信息的准确性与真实性。

4. 各类专业机构

包括国家政府机关、国家和地方的统计、交通、餐饮部门、各级旅游主管部门、旅游行业协会以及各类专业市场调研机构等，其信息在时间上可能存在一定的滞后性，但有一点可以肯定，其信息通常具有很强的权威性，值得旅游企业参考。

二、旅游市场信息系统

旅游企业建立旅游市场信息系统，目的是对企业调研获得的各种信息加以整理、储存、分析，为旅游企业的营销决策提供科学依据。

（一）旅游市场信息系统的含义

旅游市场信息系统是指一个由旅游企业人员、设施设备、程序构成的相互作用的综合体。它使旅游企业能够及时不断地收集、分类、分析、整理、评价和分配企业的内部和外部信息，供旅游企业营销决策使用。

（二）旅游市场信息系统的构成

旅游市场信息系统处于环境与旅游市场营销管理人员（信息使用者）之间。旅游市场营销资料由环境注入到旅游企业市场营销系统；旅游企业市场营销系统将这些资料加以转换，通过信息流程传送给旅游企业营销负责人，帮助他们制定营销计划，执行并控制计划；由此而形成的各种资料又通过沟通流程来影响环境。旅游市场信息系统通常由四个子系统构成（如图4-1）。

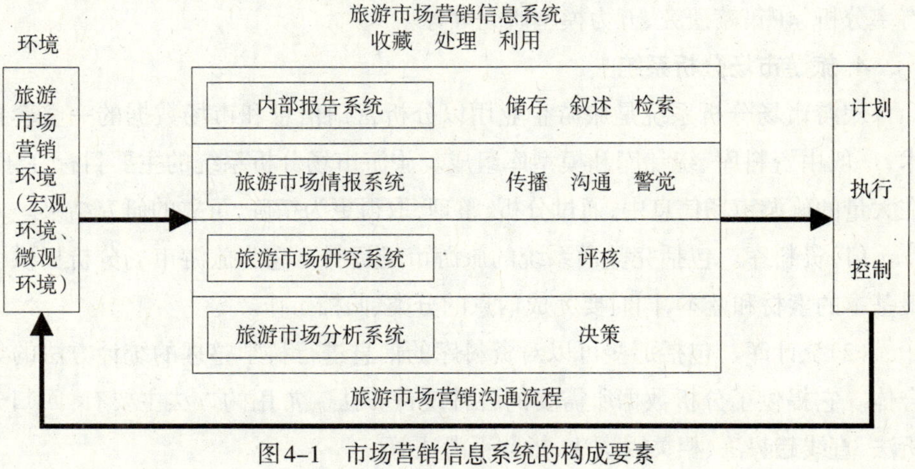

图4-1 市场营销信息系统的构成要素

1. 内部报告系统

内部报告系统是由旅游企业内部各个职能部门组成的一个内部信息传递系统。旅游企业的这些职能部门正是通过这个系统来进行部门彼此间的信息传递。旅游行业的涉及面非常广，需要大量的信息作为营销决策的依据。因此内部报告系统的这些信息对于旅游营销人员制定营销决策将会起到重要的作用。

例如：旅行社的预定、组团、反馈；饭店的预定率、入住率、客房的价格等。

内部报告系统提供的信息必须是准确、及时而充分的，只有如此，才可为旅游企业制定营销决策提供有力保障。但出于某些原因，企业各职能部门之间往往存在一些隔阂甚至彼此不配合的情况，这是所有旅游企业需要引起高度重视并着力克服的一个状况。

2. 旅游市场情报系统

借助旅游市场情报系统，旅游企业可以将环境最新发展的信息传递给有关管理人员，以保证他们能不断的收集到宏观环境及同行业的商业活动信息。该系统所搜集到的信息主要来源于旅游企业营销人员、销售人员、旅游中间商和信息中介机构。

3. 旅游市场研究系统

旅游市场研究系统是系统地设计、收集与旅游企业有关的某些特定旅游营销的信息，并报告研究结果的子系统。旅游企业除了从内部系统获得一些常规信息以外，还需要经常在某些时候对特定问题加以研究。如黄金周期间，旅游企业便需要对路线、交通、食宿进行特殊的研究，以求获得最大的利益。旅游市场研究系统需要对此进行设计、加主要包括：旅游市场潜力分析、销售分析、市场占有率分析、4P策略研究、五力模型研究等等。

4. 旅游市场分析系统

旅游市场分析系统是旅游企业用以分析营销信息和市场数据的一整套技术，一般由资料库、统计库和模型库组成。旅游市场分析系统的主要目标在于：在大量的旅游市场信息中，通过分析、整理，取得更为精确、可靠的研究结果。

(1)资料库。包括完整而系统的旅游市场资料。它为旅游市场分析提供了最基本的素材和蓝本，同时要完成信息的分类、归档工作。

(2)统计库。包括那些可以对资料库的信息进行科学整理的统计方法的集合体。它提供了分析数据所需要的各种统计方法。常用的方法主要有：回归分析法、直线趋势法、相关因素法、指数平滑法等。

(3)模型库。包括那些可以帮助营销人员进行决策的应用模型的集合体。模型大致分为描述性模型和决策性模型。它是借助于各种文字、符号、图形、公式，对社会经济现象进行模拟，是一种定量的、抽象的方法。一般的模型有：定价模型、预算模型、反应模型、市场率模型等。

(三)旅游信息系统的基本职能

1. 搜集信息

市场信息一定是要保证准确而及时,这就要求营销人员获得的信息必须具有时效性、真实性,而旅游信息系统能够迅速而及时的搜集市场信息,并能够满足营销决策人员的需要。

2. 整合信息

普通的市场信息是杂乱无章的,会不断地产生,而后又不断地消失,这便无法为营销人员提供有效而连续的支持。旅游企业信息系统能够将这种杂乱无章的信息进行科学而客观的加工、整理、合成,使其变成对营销决策有用的完整信息。

3. 传递信息

整合信息的目标就是要使其能够被加以利用,因此不难理解,整合好的信息必须被迅速地传递给营销人员和其他职能部门,以便于他们及时进行营销决策。

4. 储存信息

旅游信息系统应该具备储存功能,因为整合好的信息并非在一次决策中全部被利用,这就要求旅游信息系统对其加以保存,以备日后的需要,否则下次使用时还要进行整合,从而降低了工作效率。

第二节　旅游市场调研

旅游营销人员除了从旅游企业的内部报告子系统和营销情报子系统中获取关于内外部营销环境及营销活动的连续信息以外,还必须对一些特定的问题进行集中性的研究,这一过程就是旅游营销调研的过程。

一、旅游市场调研的含义

旅游市场调研是指运用科学的方法,有步骤、有目的、有计划、系统地收集、整理、分析、总结与旅游市场动向有关的各种旅游者的需求以及旅游营销活动的信息和资料,掌握旅游产品从企业到消费者的各种情况和趋势,以了解现实的和潜在的旅游市场,为旅游企业管理人员进行营销决策提供重要依据。

二、旅游市场调研的作用

(一)旅游市场调研能保持旅游企业的协调发展

进行旅游市场调研既能在旅游企业内部使得各职能部门有计划、按比例的协调发展,又能在外部保证旅游产品在市场上的供求平衡。

(二)旅游市场调研为营销决策的制定提供依据

旅游市场调研能及时掌握各种旅游者的需求以及旅游营销活动的信息和资料,从而为旅游企业编制经营计划,制定营销决策提供依据。

(三)旅游市场调研是有效促进营销活动的重要手段

由于整个市场以及市场环境不断地处于变化之中,因此,旅游企业在制定营销策略的时候,必须有效地加以控制和调整,以保证其能够适应这种变化。一旦出现了新情况、新问题,原策略便要加以调整。而这一切只有通过旅游市场调研获得的最新信息才能做出决断。

(四)旅游市场调研能够完善旅游市场信息系统

旅游企业通过旅游市场调研,系统、科学地收集来自市场方面的最新信息并输入到旅游市场信息系统的资料库中,使整个系统不断充实和完善,而这样完善的旅游市场信息系统对于旅游市场预测将会起到重要的作用。

三、旅游市场调研的分类

(一)根据旅游市场调研的性质及目的分类

1. 探测性调研

探测性调研是指旅游市场营销人员对于调查问题不太清楚时所采用的调研形式,调研的目的就在于把问题弄清楚,并初步确定问题的范围。

2. 描述性调研

描述性调研是指旅游市场营销人员对于调查问题比较清楚时所采用的调研形式。它是对市场现象的科学描述,主要是通过过去和现在收集到的资料来开展研究。一般来说,现实中的绝大多数调研均属于此。这种调研具有完备的设计要求,比探测性调研严密很多。

3. 因果关系调研

因果关系调研是为了发现旅游市场或旅游营销活动中出现的问题的原因所在,并进而探索这种原因的因果关系。这种研究通常是基于描述性研究的结果,对一个问题的产生,通过搜集资料并运用科学、客观的统计方法找出其因果关系,并找出因变量和自变量的变动关系。一般来说,旅游企业会把市场占有率、利润等看成因变量,而把产品、价格、促销等看成自变量。

4. 结果检测调研

结果检测调研是对市场营销策略实施的效果进行评估的调研,主要是调查企业市场营销策略的执行状况,找出问题,明确差距,提高营销活动效果。

(二)根据旅游市场的宏观环境分类

市场营销的一个关键因素就是市场环境,而在市场环境中,通常更关注不可控制的宏观环境。旅游企业也不例外,从宏观环境来看,旅游市场调研可以分为以下几种。

1. 政治环境调研

调研影响旅游市场的国内外政治形势以及国家各级旅游主管部门和其他部门的有关方针政策。

2. 经济环境调研

调研我国及主要客源国的经济特征和经济发展水平以及世界旅游经济的发展趋势,掌握旅游经济发展的新观点、新理论。

3. 法律环境调研

调研我国及主要客源国的有关法律法规。一般包括:旅游法、保险法、出入境管理法、环境保护法以及金融市场的相关法律等。

4. 科技环境调研

调研与旅游行业相关的科技发展水平及其在旅游业中的应用现状与趋势等。

5. 社会文化环境调研

调研旅游目的国和客源国消费者的价值观念、人口构成、人口文化水平、职业构成、民族分布、宗教信仰、文化习俗与禁忌、大众审美观念等。

6. 地理环境调研

调研包括气候条件、自然景观条件、季节条件、物产特产、区位条件等。

(三)根据旅游市场需求分类

需求调研是旅游市场营销调研的核心部分。旅游市场需求调研主要是对旅游需求进行量的分析,重点是旅游行业在市场上的现有的和潜在的销售量和需求量,以及本企业的产品在旅游市场上的最大销售量和需求量两个环节。具体可分为:

1. 旅游者特征及构成调研

具体有:旅游者的可自由支配收入及闲暇时间;旅游者的数量及消费构成;经济发展水平及人口构成。通过调研,要充分掌握现实和潜在的旅游者的数量、构成及特征(包括国籍、年龄、性别、职业、文化程度等),了解消费者在吃、住、行、游、娱、购等方面的消费比例,另外要及时获取旅游者对于旅游产品的反馈信息。

2. 旅游动机调研

旅游动机是指那些促使旅游者产生购买欲望,进而发生购买行为的内在动因。根据消费者行为理论,购买动机从大的方面来说可以分为感性和理性两大类。因此,在对于旅游动机的调研过程中,要从这两个方面着手,明确旅游动机的具体内容,并要分清实际动机和潜在动机。

3. 旅游行为调研

旅游行为是旅游动机的外显。旅游行为的调研一般包括旅游者何时旅游、到何地旅游、由谁决策旅游以及以什么样的方式旅游,即通常所说的when、where、who、how。

(四)根据旅游市场供给分类

旅游市场供给是指在一定时期内为旅游市场提供的旅游产品的总量。一般可从以下几个方面来进行。

1. 旅游设施调研

旅游设施是向旅游者提供服务所凭借的物质条件,分为服务性设施和基础性设施。

2. 旅游容量调研

旅游容量是进行景区规划的一个重要指标,对于避免环境恶化,维持景区总体生态质量具有重要的指导意义。其调研包括:旅游资源容量、旅游生态容量、当地经济发展容量、旅游基本空间标准等。

3. 可进入性调研

可进入性是指旅游者进入一个景点的方便程度。具体可体现在进入景点以及服务设施所需要的时间和费用。内容主要有:景点交通状况、人员工作效率、出入境程序、旅游线路的组织以及当地政府是否有政策倾斜等。

4. 旅游服务调研

旅游服务是旅游产品最核心的部分。进行调研的内容主要有:售前服务环节(包括咨询、保险、货币兑换等)、售中服务环节(旅游过程中的吃、住、行、游、娱、购等环节)、售后服务环节(包括离站服务、委托代办服务以及售后跟踪服务等)。

四、旅游调研资料的来源

(一)第一手资料

是指企业营销人员深入现场进行实地调查而搜集到的原始资料。一般来说,在调研中后期,为了保证调研目标的顺利实现、确保调研数据的真实性而需要的很多资料都来自于通过实地调查而获取的第一手资料。获取第一手资料的方法很多,主要有观察法、实验法、询问法等。

(二)第二手资料

在调研初期,通常会有一个称之为"案头调研"的时期,这主要是为了明确营销中存在的问题和调研目标而进行的。这个时期的资料大多来源于第二手资料。而所谓的第二手资料通常包括内部资料和外部资料。内部资料是指旅游信息系统中所储存的各种数据;外部资料主要是政府主管部门的各种出版物、报刊、杂志、书籍以及各类专业机构提供的数据等。

与第一手资料相比较而言,第二手资料很容易获得并且成本低廉,但第二手资料也存在着一些不可弥补的弊端:第一,二手资料的时效性不高,当你获得某个资料后,经常会发现它已经失去时效性而不能用来作为决策的依据;第二,第二手资料的准确性值得怀疑,除了政府的出版物具有较高的准确性以外,其他的资料不排除存在商业炒作或故意玩弄噱头的可能,从而容易造成营销决策的失误。因此,在大多数的企业里,第二手资料更多的是作为一种辅助手段,真正对决策起到决定作用的仍然是第一手资料。

五、旅游市场调研的程序

图4-2 旅游市场调研的程序

(一)调研准备阶段

在这一阶段,需要解决的是对调研目标、调研范围的确定以及对于调研活动的整体组织问题,大体包括以下几张。

1. 明确调研目标

在旅游企业内部召集相关人员进行座谈,并积极听取专家以及消费者的意见和看法,将需要调研的问题的范围逐步缩小,使问题集中,最后确定本次调研目标以及需要解决的问题。

2. 确定调研范围

确定调研范围即指确定搜集什么材料,向谁收集这些材料,在什么时间、什么地点来收集这些材料以及怎样收集这些材料,比如是抽查还是普查,是第一手资料还是第二手资料等。即要回答4w1h(what、who、when、where、how)的问题。

3. 制定调研计划

调研计划具体包括:明确调查目的、对象;预算调查费用;确定调查方法;确定调查地点、时间、人员等。

4. 调查表和抽样设计

进行原始资料的调查工作首先就是设计调查表。调查表设计要求既要有科学性,又要有艺术性,要简明扼要,让被调查者乐于填写,而不会感觉是一种负担。

市场调查一般都要采用抽样方法,因此企业实际调查前要确定抽样的范围和对象。

(二)调研实施阶段

1. 对调研人员进行培训

对调研人员进行培训能够有效的确保调研质量。培训的内容一般包括:明确调研计划、掌握调研技术、了解与调研相关的各种知识。

2. 实地调查

无论是一般访问，还是抽样调查，都必须深入实地进行调查，才能取得准确而及时的第一手资料，进而取得调研工作的成功。实地调查的质量取决于调研人员的素质、调查的方法以及组织、协调工作。

(三)调研结果处理阶段

1. 资料的整理与分析

调查得来的信息是杂乱无章的，企业要想充分利用这些信息，就必须对这些信息进行分类、编辑、统计，使之合理有序，才能对企业的营销决策有所帮助。之后还要对这些信息进行深层分析，透过表面信息了解市场的深层情况。

2. 提出调研报告

调研报告一般包括以下内容：导言、报告主体、建议事项和附件(图表及附录等)。

调研报告的类型一般有：一种是专业性报告，要求报告详尽具体，并需要介绍调查的全过程，说明采用何种方法对信息资料进行取舍，以及怎样得到调查结论。一种是一般性报告，这种报告要求重点突出，介绍情况客观、准确、简明扼要，避免使用晦涩术语。

3. 追踪与反馈

是指时刻追踪与反馈调研报告的结论和建议是否引起了重视、是否被采纳、采纳的程度以及采纳后的效果如何等等，以便积累经验，改进调研方法，提高调研质量。

六、旅游市场调研的方法

(一)座谈会

指由一个经过训练的主持人以一种无结构的自然的形式与一个小组的被访问者交谈，主持人负责组织讨论，从而获取对有关问题的深入了解。

优点：研究者在座谈进行时观看到当时的情况，可以将整个过程录制下来事后分析；温馨愉快的环境使参加者能畅所欲言；经验丰富的主持人启发参加者深入探讨问题。

缺点：参加者是否具有代表性；在发言时容易受其他人的影响，所说的话不一定代表每个参加者自己的意见。

(二)文献法

指通过找文献搜集有关市场信息,是一种间接的非介入式的市场调查方式。

优点:适用范围广,现存的文献资料种类多。省时、节省费用。

缺点:只能被动的搜集资料,文献资料对解决市场现实问题缺乏主动性与灵敏性。

(三)入户访问

指调查人员到被访者的家中进行访问,直接与被访者接触,利用结构式问卷逐个问题地询问,并记录下对方的回答,或是将问卷交给被访者,说明填写要求,等待对方填写完毕稍后再收取问卷的调查方式。

优点:直接与被访者接触,可以观察他(她)回答问题的态度。严格的抽样方法,使样本的代表性更强。能够得到较高的有效回答率。对于不符合填答要求的答案,可以在访问当时予以纠正。可由调查人员控制跳答题或开放式问题的追问。

缺点:人力、时间及费用消耗较大。可能出现调查人员错误理解的情况。对调查人员的要求较高,需要严格管理调查人员。

(四)拦截式访问

是指在一些固定场所(例如商业区、商场、街道、医院、公园、报摊、景区等)拦截行人或旅游者进行面访调查。

优点:整个项目的访问时间短。可以在访问进行时对问卷真实性及质量进行有效控制。可以节省抽样环节和费用。

缺点:由于在固定场所,容易流失掉不到该场所去的群体;不能耽误被访者太长时间;被访者中途拒答的情况可能发生。

(五)电话调查

指由调研人员通过电话向被访者询问问题、搜集信息的方法。

优点:整个项目的访问时间短,节省费用,可以解除被访者对陌生人的心理压力,问卷较简单,对调查员的要求相对较低。

缺点:无法访问到没有电话的单位或个人,只能得到简单的资料,无法深入了解情况,无法出示卡片、照片等相关资料,无法了解被访者当时的态度,难以辨别答案的真伪,拒访情况较多。

(六)邮寄调查

指将调查的问卷及相关资料寄给被访者,由被访者根据要求填写问卷并寄回的方法。

优点:扩大调查范围,增加样本量,减少了访问员的劳务费,免除了对访问员的管理,被访者能避免与陌生人接触而引起的情绪波动,被访者有充足的时间填答问卷,可以对较敏感问题进行调查。

缺点:问卷回收率较低,信息反馈周期长,影响收集资料的时效,要求被访者有较好的文字表达能力,问卷的内容和题型不能太困难,难以甄别被访者是否符合条件,调查内容要求易引起被访者兴趣。

(七)深度访谈

是一种无结构的、直接的、个人的访问。在访问过程中,一个掌握高级技巧的调查员深入地访谈一个调查者,以揭示对某一问题的潜在动机、信念、态度和感情。

优点:可以获得比较全面的资料,适合了解一些复杂的问题。

缺点:由于采用无结构访问,是否成功取决于访问员的技巧和经验,调查对象通常是一些特殊人群,因此较难联系。

(八)日记式/计帐式调查

指对固定样本发放登记簿或帐本,由被访者逐日逐项记录,再由访问员定期整理汇总的一种调查方法。

优点:因为与对方建立长期关系,问卷回收率较高,能够比较详实、细致的反映情况,可以减少由于调查双方交流产生的误差。

缺点:只能得到简单的资料,无法深入了解情况。

我国三大旅游市场分析及预测

在国内旅游市场迅猛增长的同时,我国迅速成为世界重要客源输出国并保持世界主要旅游接待国的地位,并有望成为世界最大的旅游市场。

一、我国三大旅游市场发展迅猛

据国家旅游局旅游促进与国际联络司司长祝善忠介绍,在入境旅游方面中国已成为全球最具生机活力和安全的旅游目的地之一。2006年中国共接待入境旅游者1.25亿人次,国际旅游收入339.5亿美元，同比增长15.9%，中国已成为全球第四大入境旅游接待国和第五大旅游创汇国。2007年前三季度，中国入境旅游继续快速发展，入境人数达9766万人次，同比增长6%；国际旅游外汇收入279亿美元，同比增长12%。

在国内旅游方面，人民生活水平的提高和“黄金周”制度的实行，推动了中国国内旅游的迅猛增长，并发展成为全球规模最大的国内旅游市场。2006年，中国国内旅游人数达13.9亿人次，同比增长15%；国内旅游收入达6229.7亿元人民币（约计823.3亿美元），同比增长17.9%，有力地拉动了内需，促进了消费，带动了相关产业发展。

在出境旅游方面，中国已成为亚洲最大的客源输出国。2006年，中国出境总人数达3452.4万人次，同比增长11.3%。2007年前三季度，出境总人数再创新高，达2996万人次，同比增长17%，其中因公出境444万人次，因私出境2552万人次，中国出境旅游增长速度大大高于世界平均水平。据悉，截至目前我国政府已批准132个国家和地区成为公民组团出境旅游目的地，正式实施的已达91个。

二、三大旅游市场发展空间巨大

联合国世界旅游组织预测，到2015年中国将成为世界第一大入境旅游接待国和第四大出境旅游客源国，成为世界第一大旅游市场。

在昆明举行的“2007中国未来旅游发展论坛”上，国家旅游局局长邵琪伟说，随着中国经济快速发展，中国入境旅游、出境旅游、国内旅游三大旅游市场将保持持续增长态势，至2015年中国入境旅游人数预计可达1亿人次，出境旅游人数可达1亿人次左右，国内旅游人数可达28亿人次，中国将出现30亿人次以上的游客市场。

旅游市场的持续增长将使旅游业对基础设施及相关设施的需求进一步增强。邵琪伟说，至2015年我国旅游市场乘飞机出游人数预计达4.5亿人次，我国现有1060多架飞机的运力难以满足市场需求，需增加1000多架飞机。

同时乘火车出游人数预计高达25亿人次，铁路客运运输量将在2006年全国铁路客运总运力基础上翻一番；且需增加海上、江河客运船舶1万艘。此外为满足旅游市场需求，我国需增加20万间宾馆客房，仅五星级宾馆饭店数量至2015年将增加至少700家。

亚太旅游协会2007–2008理事会主席布莱恩·狄森说，世界旅游组织每年都要评出国际上排名前10位的最受欢迎的旅游目的地，2004年中国已位居第四名，未来10年中国旅游市场还将有更大的发展空间，尤其是2008奥运会将给中国旅游业带来更大的发展机遇。根据亚太旅游协会的调查，20%的被访者表示将在此期间到中国感受奥运。

三、世界看好中国旅游市场

在2007中国国际旅游交易会上，中外旅游企业借此平台招徕了大量旅游客源，从中受益匪浅。国家旅游局旅游促进与国际联络司司长祝善忠介绍，据抽样统计，本届旅交会期间各展团平均接待来访者2.4万人次；达成组织1.8万个旅游团队的意向，组团人数预计达242万人次。本届旅交会参展国家与地区高达92个，参展团达222个，参展单位达3880余家，均比同样在昆明举行的2005国际旅交会有较大增幅。

每一位参加国际旅交会的人都深有同感，巨大的中国旅游市场带动了世界旅游界参与中国旅游及国际旅交会的热情。短短两天的专业洽谈日期间，各国、各类企业举办的各种旅游产品新闻发布会、推介会接二连三。在印度旅游推介会上，印度旅游部负责人透露，印度旅游部已建立了中文的印度旅游网站。由于中印旅游合作与交往日趋频繁，印度旅游部将于近期设立中国办事处，同时印度政府已决定在广州建立总领事馆，可以为中国人办理印度旅游签证提供更多方便。2006年，印度接待中国游客逾6.2万人次，比上年增长35%。印度旅游部负责人说："我们期盼有更多的中国人到印度旅游，了解印度。"

世界最大国际酒店管理公司英国洲际酒店集团向媒体介绍，2008年洲际酒店集团在华开设酒店将达125家。目前，中国已成为洲际酒店集团在全球的第三大市场，在它旗下有102家酒店在建，在建客房数达36884间，成为世界级酒店进军中国市场的"排头兵"。

特地从上海赶来国际旅交会参加媒体见面会的洲际酒店集团大中华区营运副总裁麦金信对记者说："中国旅游市场规模不断扩大，我们非常看好中国市场。"一定程度上，这代表了世界旅游界对中国旅游市场的共识。

复习思考题

1. 旅游市场调研的含义是什么？

2. 简要阐述旅游市场调研的程序与方法。

3. 简述各种调研方法的优缺点。

4. 请设计一份调查问卷，调查某景点旅游者对于旅游产品和服务的满意度。将调查来的信息进行分类统计，并据此调研信息写出调查报告。

主要参考文献

阿拉斯塔·莫里森.旅游服务营销[M].北京:电子工业出版社，2004.

唐·约翰逊.旅游业市场营销[M].北京:电子工业出版社，2004.

林南枝.旅游市场学[M].天津:南开大学出版社，2000.

刘德光.旅游市场营销学[M].北京:旅游教育出版社，2004.

刘伟平，陈秋华.旅游市场营销[M].北京:中国旅游出版社，2005.

马勇，王春雷.旅游市场营销管理[M].广州:广东旅游出版社，2002.

王成慧.市场营销理论的演讲逻辑与创新研究[M].北京:中国财政经济出版社，2003.

吴金林.旅游市场营销[M].北京:高等教育出版社，2005.

张俐俐.旅游市场营销[M].北京:清华大学出版社，2005.

第五章 旅游市场营销定位

面对竞争激烈的现代旅游市场，任何旅游企业都难以单一的旅游产品，适应不同国家或地区的各类互有差异的旅游者；同时也很难以自身有限的资源和力量，设计各种不同的旅游产品及其营销组合，全面满足各类旅游者的所有旅游需求。因此，旅游企业都力图在整体性的旅游市场上，充分发挥自身优势，找准对自己最富有吸引力的某一或某些客源市场，以最能适应这部分市场需求特征的旅游产品及其营销组合为之服务，也即专门经营目标市场，以此在激烈的市场竞争中赢得立足之地，求得企业更好地生存和发展。

通过本章学习，了解旅游市场细分的概念、作用、标准、原则；熟悉旅游市场细分方法、程序，旅游市场营销定位的程序；掌握旅游目标市场选择策略与旅游市场营销定位方法。

第一节 旅游市场细分

旅游市场细分是旅游市场营销定位工作系统过程中的首要环节，也是实现市场营销目标的基础与前提。只有对旅游市场细分的正确把握，旅游企业才能做好恰当的目标市场选择。

一、旅游市场细分的含义

市场细分思想由20世纪50年代美国市场营销学家温德尔·史密斯（Wendell R. Smith）提出。市场细分又称为市场分割，它是按照购买者的需要和欲望、购买态度、购买行为特征等不同因素，把一个市场划分为若干不同的购买者群体的过程。

市场细分在本质上并非是对整体市场的地域范围或数量规模进行简单划分,而是一种对不同顾客按照需求特征的差异性与相似性进行客观的分类。在细分后的整体市场中,不同细分市场之间顾客的需求欲望和对营销因素的反应具有明显差异;而在同一细分市场内部,顾客的需求特征又相对比较一致。因此,市场细分是以市场需求格局的差异性和相似性为客观基础。

由于旅游是一种综合性很强的高层次消费活动,因此旅游市场不言而喻属于典型的异质市场。随着社会经济文化的发展,旅游活动内容的增加,旅游市场的异质程度还将进一步提高。旅游市场的异质性特征表现出明显的集群偏好,这正是旅游市场细分的客观基础。

旅游市场细分是指旅游企业把需求者按一种或几种因素加以分类,使分类后的细分市场在某些方面具有相似的消费特征,以便对于不同子市场的需求特征使用相对应的营销组合。旅游市场细分具有以下几层含义:

第一,旅游市场细分的过程并非纯粹将旅游市场分解的过程,而是一个先分后合的过程。从纷繁复杂的消费者个体中找出相似的需求特征,加以分类,采取相应的营销措施,从而有效地了解与满足消费者的需求。

第二,旅游市场细分的标准是不同消费者的消费特征,诸如需求特征、购买动机、购买行为特征等,使市场消费者的消费特征更为鲜明,这样有利于对旅游市场制定合理有效的营销策略。

第三,旅游市场细分的最终目的是使旅游企业现有的生产能力、产品特征能够最大限度地满足消费者的需求,以此实现旅游企业市场经营的目标,维持和扩大旅游企业的市场占有率。

二、旅游市场细分的作用

(一)有利于选择目标市场和制定市场营销策略

在同一市场中,旅游者的需求即使有差别,但由于旅游吸引物属同一类型,游客对旅游过程中需要的产品和服务基本相同。例如同是会议旅游市场,其吸引物都是会议事件本身,所住的宾馆都需要有会议厅、电信设施,消费水平一般较高,同时会议之余常伴有游览观光活动。而在不同类型的细分市场中,旅游吸引物不同,游客需要的设施、服务也不尽相同。如探亲访友旅游者以亲友相聚为主要吸引物,他们对住宿条件要求不高,有些人就食住于亲友家中,而购物消费则相对要多。这就与会议旅游市场或体育旅游市场的需求存在明显的差别。通过市场细分后的子市场比较具体,比较容易反映旅游消费者的需求特点,旅游企业可以根据自己经营宗旨、特色以及服务营销能力,确定自己的服务对象,即目标市场。针对较小的目标市场,旅游企业便于制定特殊的营销策略。同时,在细分的目标市场上,信息容易被了解和反馈。一旦旅游者的需求发生变化,旅游企业可以迅速改变营销策略,制定相应的对策,以适应需求的变化,提高企业的应变能力和竞争力。

(二)有利于发掘市场机会,开拓新市场

市场上客观存在着尚未被满足或未被完全满足的旅游消费需求,这些需求的存在便可能构成旅游企业的市场机会。通过市场细分,旅游企业可以对每一个细分市场的购买潜力、满足程度、竞争情况等进行分析对比,探索出有利于本企业的市场机会,及时做出营销战略策略的调整,进行必要的产品服务创新,开拓新市场,以更好适应市场需要。

(三)有利于提高旅游企业的竞争能力

无论企业大小,都会有自身的优势和劣势,而且任何旅游企业在市场上所取得的优势都是相对的,而非永恒的,绝对的。成功经营的关键,是充分发挥优势,有效避开劣势。任何一个旅游企业既没有足够的接待服务能力,也没有足够的旅游吸引物面向所有顾客,满足他们各种各样的要求。例如一个宾馆,不可能同时经营不同星级的各类客房。因此,旅游企业应按旅游者不同的需求,细分为几个旅客群体,把需求基本相同的游客群看成一个细分市场,再根据自己供给条件的优势,从中选择自己的目标市场,针对目标市场的需求,制定有效的营销策略,做到扬长避短,在竞争中赢得优势。

三、旅游市场细分的标准

一般而言,只要能导致和反映旅游市场需求差异的任何因素都可作为旅游市场细分的标准。确定旅游市场细分的标准应从分析以下三方面情况入手:旅游者个体之间自然、社会、心理特征的差异影响到旅游需求特征的差异;旅游者对旅游市场营销因素反应的不同,直接地表现在旅游者购买行为的差异;旅游者

定居处地理环境的差异，一方面会直接导致其旅游需求特征的差异，另一方面也会反映出前两方面差异在不同地理区域上的结构性差异。由此决定了旅游市场的细分标准(表5-1)。

表5-1 旅游市场细分标准与因素

细分标准	具体细分变量因素列举
人口属性变量 (人口统计变量)	年龄* 性别* 种族 体型 血缘* 出生地 家庭生命周期* 家庭规模 收入* 职业* 受教育程度 国籍* 祖籍 民族 宗教信仰
心理图式变量	气质性格 生活方式 社会阶层*
购买行为变量	购买动机*(如观光、度假、经商、探索等) 利益追求*(如快速方便、舒适浪漫等) 购买时机*(如旺季、淡季、节假日等) 购买频率*(如很少旅游者、多次旅游者等) 购买形式*(按组织形式:如团队、散客等 按购买渠道:如旅行社、航空公司、所在单位等) 营销因素敏感度*(如对服务、价格、广告等敏感程度) 待购状态(如不知道者、感兴趣者、打算出游者等) 产品使用状态(如未乘坐过飞机者、初次乘机者、经常乘机者等) 品牌忠诚度(如专一者、摇摆者、转移者、无所谓者等) 对产品态度(如好感、冷淡、反感等)
地理环境变量	综合地理区域*(如洲别、国别、地区等) 空间位置*(如远程、近程等) 气候与自然地理环境*(如热、温、寒带,高山、高原气候区等) 聚落与人文地理环境(如人口密度、各类城市、各类乡村等) 经济地理环境(如发达国家、发展中国家等)

注:加"*"号的因素为旅游市场细分的常用基本变量因素

其中，人口属性变量包括消费者外在自然属性(如年龄、性别等)和社会属性(如职业、收入等)方面的因素，又称人口统计变量。心理图式变量直接反映消费者内在心理特征的因素包括其思想观念、生活方式和气质性格等。购买行为变量作为对市场营销因素的直接反应，这里的购买行为是泛指购前、购中与购后的各种消费者行为。地理环境变量包括消费者所在区域及其地理位置和自然、经济、人文等方面地理环境的因素。

以上四大类旅游市场细分标准包含的具体因素复杂多样，以下仅对细分旅游市场的主要变量因素加以综合分析介绍。

(一)年龄、性别与家庭生命周期

建立在人口最基本自然属性基础上的年龄、性别与家庭生命周期三个变量因素，不仅能从生命活动过程与生理上直接影响旅游需求，而且还能通过影响旅游者的收入和社会角色等因素间接影响旅游需求。

1. 人口年龄变量是细分旅游市场最主要的变量之一

据美国研究，20岁至64岁之间的人出游率最高，其中35岁至44岁之间的人最富有旅游的活力。按照人口年龄段，旅游市场可细分为老年人、中年人、青年人、少儿等四个细分市场。中年人旅游市场是当今人数最多，潜力最大的旅游市场。中年人年富力强，收入往往不菲，较讲究食宿和享乐条件，以观光、会议、商务旅游者居多，携家度假旅游的也不少。较看重与自己年龄与身份相称的游乐项目，是旅游业较理想的目标市场。老年人旅游市场也是比较引人注目的市场。老年人一般有经济积累，又很少再有子女负担，闲暇时间充裕（尤其退休者），无工作压力或压力小，旅游兴趣较浓，以观光休养、探亲访友者居多。随着世界人口老龄化趋向的发展，如何进一步开发老年人旅游市场已成为旅游业界广泛关注的课题。青年人旅游市场虽然总体消费水平不高，但仍是一个人数众多，不容忽视的市场。青年人精力、体力都处于最佳状态，无论时间和金钱上的障碍几乎都不能遏制其旅游的激情。少儿旅游市场也有其自身特点需要旅游营销者加以注意。少儿旅游一般须由学校组织或成人带领，通常选择具有教育性、游乐性的旅游项目，注重安全、卫生、近便等条件。

2. 旅游需求的性别差异明显

一般而言，男性游客独立性较强，更倾向知识性、运动性、刺激性较强的旅游活动，公务、体育旅游者较多，喜欢康乐消费等；女性游客更注重旅游目的地的选择，较喜欢结伴出游，注重自尊和人身与财产安全因素，喜好购物，对价格较敏感。近年随着妇女社会地位的提高，无论从工作需要、心理需求、经济能力等方面都为女性旅游市场注入了极大的活力，使包括公务旅游在内的女性游客人数迅速扩张，单身旅游也变得时髦。女性旅游市场的开发已受到旅游企业的关注。

3. 家庭是消费的基本单位

家庭结构、规模和总收入等状况都会直接影响旅游需求。这些状况又是随着家庭生命周期的不同阶段而变化的。其中家庭子女情况对旅游消费需求影响较大。

（二）收入、职业、受教育程度与社会阶层

由于家庭可自由支配收入是实现旅游活动最重要的限制性客观条件之一，而且其水平的高低直接影响旅游消费水平和消费构成。因此，以消费者收入水

平细分旅游市场,具有较为普遍的意义。据调查,美国最经常旅游的人家庭年收入大于25000美元,进行远距离旅游的人,家庭年收入至少50000美元。由于旅游是具有审美性质的高层次消费活动,因此消费者受教育程度与职业特征,直接影响到旅游需求的程度、层次、类型与内容。一般受教育程度越高,旅游需求层次越高、品味越高。职业特征对旅游需求的时机、类型影响较大,教师、学生一般只能利用寒暑假旅游,管理人员、技术人员和商务人员多公务旅游和商务旅游的需求。

收入、职业与受教育程度往往是相互关联的,尤其是在发达国家。管理人员大多受过高等教育,收入也较高,喜欢旅游,且具有较多公务旅游的机会、其旅游开支较大,要求也较高。综合收入、职业与受教育程度三方面因素,往往形成社会地位的差异,产生社会阶层的概念。社会阶层的划分,多以收入为基础,职业为代表,受教育程度作参考。每一阶层的成员具有相似的价值观、兴趣爱好和行为方式。社会阶层变量有时可代替人口属性变量作为细分旅游市场的标准。

(三)生活方式与性格气质

实现旅游活动的主观条件,根本上还在旅游动机,而个人的心理特征在形成旅游动机上起着首要作用。性格是决定一个人生活方式的基础性因素,也是影响旅游动机的重要因素之一。在不少研究性格与旅游需求关系模式中,较有代表性的是斯坦利·帕洛格的旅游者心理类型模式。此模式以"自我中心"和"多中心"两种极端性格类型为基础,将美国人的性格心理分为5种类型,不同类型的美国人旅游爱好各有差异(参见图5-1、表5-2),也可以以此类标准来细分旅游市场。

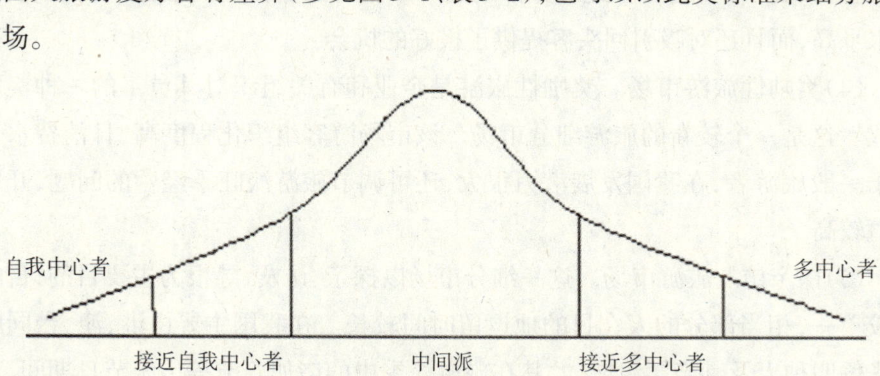

图5-1 美国人心理图式类别

表5-2 两类心理图式的美国人旅游偏好特征

自我中心者	多中心者
• 选择熟悉的旅游目的地 • 喜欢旅游目的地的一般活动 • 选择日光浴和有了场所，包括相当程度无拘无束的休息，活动量小 • 喜欢去能驱车前往的旅游点 • 喜欢正规的旅游设备，例如设备齐全的旅馆、家庭式的饭店，以及旅游商店 • 喜欢家庭式的气愤（例如出售汉堡包的小摊）、熟悉的娱乐活动，不喜欢外国的气氛 • 准备好齐全的旅行行装，全部日程都要事先安排妥当	• 选择非旅游地区 • 喜欢在别人来到该地区前享受新鲜经验和发现的喜悦 • 喜欢新奇的、不寻常的旅游场所，活动量大 • 喜欢坐飞机去旅游目的地 • 旅游设备只要包括一般或较好的旅馆和伙食，不一定要现代化的大型旅馆，不喜欢专门吸引旅游者的商店 • 愿意接触他们所不熟悉的文化或会见具有外国文化的居民 • 旅游的安排只包括最基本的项目（交通工具和旅馆），留有较大的余地和灵活性

（四）购买目的与营销因素敏感度

以购买目的（即旅游目的）细分旅游市场是一种非常基本的方法，它为旅游产品的开发设计和营销组合的制定提供了主要的依据，由此可确定旅游产品的主要类别。目前以此变量为标准，主要可细分出五个大的细分市场。

（1）度假旅游市场。这一市场以休养生息，保持身心健康为主要目的，约占国际旅游市场的20%左右，是日益重要的旅游市场。

（2）观光旅游市场。以寻求和了解异域风光、文化、风俗，增长见识为目的，是传统的旅游市场。

（3）会议、商务旅游市场。从国际旅游的发展趋势看，会议商务旅游每年以10%-20%的速度在递增，亚太地区尤为显著，正在成为旅游目的地国家日益重视的主体旅游市场之一。此细分市场是一个很有经营价值的细分市场，不仅消费水平高，而且还对吸引回头客提供了极好的机会。

（4）奖励性旅游市场。奖励性旅游是企业和有关组织对其员工的一种奖励方式。这是一个较新的旅游细分市场。该市场游客组织化程度高，日消费水平高于一般旅游者，在我国发展潜力很大，还可调节旅游淡旺季经营的问题，开发价值较高。

（5）探亲访友旅游市场。这一细分市场以探亲、访友、寻根为主要目的，目的地较单一，相当部分的人在目的地逗留时间较长。在我国主要由港、澳、台同胞和华侨四种人及其亲属组成，尤其在旅游淡季中的诸如春节等传统节日期间，其庞大的规模对我国旅游业的兴起和发展起了极为重要的作用。

由于旅游是通过服务产品来实现的综合性高层次消费活动,因此旅游者对旅游服务质量极为敏感,由此可细分出对安全性、舒适性、便捷性等因素分别特别敏感的细分市场;旅游营销者还可依据旅游者对旅游广告、旅游价格的敏感程度细分市场。如旅游价格的淡、平、旺季差别,就是针对不同旅游者细分市场对价格因素敏感程度的差异而制定。

(五)购买形式、购买时机与购买数量

根据旅游者购买过程中比较关键的行为特征,可细分出一些需求各异、具有综合性特征的重要旅游细分市场。

(1)购买形式是指旅游者购买旅游产品过程的组织形式和所通过的渠道形式。依据购买组织形式变量将旅游市场细分为团体市场和散客市场,是旅游市场最基本的细分形式之一。团体旅游具有省心、省事、省时,甚至节省费用,众人结伴旅游热情高,旅行安全系数大,语言障碍小等优点,但同时存在着个体适应性和过程灵活性较差的突出缺点。近年散客市场在世界范围内得到很大的发展,已成为世界旅游市场的主体。在这一市场中,游客的旅游形式发展也日益复杂各样,包括独自旅游、结伴同游、家庭旅游、小组旅游、驾车旅游、徒步旅游等。

(2)旅游活动的时间性、季节性非常突出,根据购买时机变量不仅可将旅游市场划分出旺季、淡季及平季等二至三个细分市场,而且还可细分出寒暑假市场,以及春节、国庆节、双休日等节假日市场。如我国周末度假旅游市场的发展引人关注。

(3)根据消费者购买旅游产品的数量与频率特征,可将其分为少量购买者和大量购买者,或称较少旅游者、多次旅游者和经常旅游者这样的细分市场。以此为起点,很有利于深入探析描述不同购买数量特征的旅游者群在人口属性与心理方面的不同待征,从而也有利于分析形成旅游者购买数量需求差异的深层原因。经常性旅游者通常在整体市场上所占的比重很小,但往往他们的旅游消费支出在整体市场上却占有很大的比重。

(六)地理区域、气候环境与空间位置

(1)地理区域变量是细分旅游市场最基本的变量,具体又可分为洲别、国别和地区等变量。例如,世界旅游组织(WTO)根据地区间在自然、经济、文化、交通以及旅游者流向流量等方面的联系。将世界旅游市场细分为六大旅游区域,

即欧洲市场、美洲市场、东亚及太平洋地区市场、南亚市场、中东市场和非洲市场。不同地理区域的地理位置、自然环境、经济环境与人文环境的综合差异,深刻影响制约着其消费者旅游需求的综合差异。一般而言,客源地与目的地在自然风光和人文风貌上差异越大,其旅游引力也越大;两地之间生活条件、生活方式以及价值观差异越大,其旅游障碍就越大。以此细分旅游市场有利于旅游目的地针对不同客源市场设计特色旅游产品与分销、促销策略。按国别细分旅游市场是旅游目的地国家或地区细分国际旅游市场最常用的形式。由于国界因素的强化,一国内部的消费需求往往有更多的相似性,而国与国之间则往往出现较多的差异性。按地理区域细分旅游市场,可分别根据其自然、经济、人文三大方面因素对旅游需求特征的不同影响来加以考虑。如我们可根据各国各地区的人均GDP值细分国际旅游市场;又如,根据宗教信仰对旅游需求的影响,我们可区分中东市场、南亚市场、东南亚市场旅游者的不同宗教信仰,分别开发相应的旅游产品和设计相应的营销方式。国际上还通行按不同客源国或地区旅游者流向某一目的地所占该目的地总接待人数的比例来细分市场。在一旅游目的地国家或地区总接待人数中,来访者占最大比例的两、三个客源国或地区(一般可共占40%-60%)可划为一级市场;来访者占相当比例的一些客源国或地区,可划为二级市场;来本目的地的人数很少,而出游人数日见增长的国家或地区,可划为机会市场(也叫边缘市场)。

(2)根据潜在客源地区与旅游目的地之间自然环境的差异,尤其是气候环境的差异细分旅游市场,也是极其有意义的。地形、气候、水体、生物等都是构成自然旅游资源的重要因素,其中起主导作用的是地形和气候两方面因素。气候对生物和水体的状态影响最大、最直接,且气候类型分布的规律较明显,以地质地貌为基础的旅游资源也往往需要有一定的气候条件相配合才更富有吸引力。因此,以气候为主导因素的自然旅游资源往往是很有利的旅游吸引物,尤其对于度假旅游是最重要的吸引物。如以“3S”(Sand、Sea、Sun)著称的地中海风光每年吸引欧洲80%以上的度假者前往该地,尤以北欧各国旅游者为盛。

(3)各地旅游者的旅游需求特征不仅与自身所在地理环境与目的地地理环境的差异大小有关,而且还与所在地相对目的地的空间位置有关。两地的空间距离是旅游活动的自然障碍因素,而两地间的交通条件又起着跨越这种障碍的作用。但无论如何旅游者所在地与目的地之间空间位置的差异,从旅行时间上和费用上都会构成旅游的障碍性因素。以此可将旅游市场细分为远程、中程、近程等旅游细分市场。远程旅游者数量虽然相对较小,但其多属中上层生活条件的游客,在目的地一般停留时间较长,消费水平高,其旅游支出往往高出邻国市场旅游者的几倍以上。随着现代交通工具的发展,远程旅游者有发展趋势。近程旅游市场,尤其是相邻地区旅游市场,不仅因为距离近、消耗小,而且也因为生活方式容易接近,邻国之间在入境手续上还可能提供方便,对于目的地国家而言,其客源挖掘潜力大,应是开拓国际旅游市场的重点对象。在全球旅游业发展最兴盛的欧洲旅游区,其区内旅游就占绝对优势。

四、旅游市场细分的原则

要使旅游市场细分能真正有效的发挥作用,必须符合以下原则。

(一)可衡量原则

可衡量原则即指要求各细分市场的需求特征、购买行为等要被明显的区分开来,各细分市场的规模和购买力大小等要能被具体测度。主要包括两重含义:一是细分的旅游市场所选择的标准要能被定量的测定,能明确的划分各细分市场的界线。例如旅游者的胆量、勇气等对旅游项目、交通工具的选择有较大影响,但这样的因素却难以衡量。二是所选择的标准要与旅游者的某种或某些旅游购买行为有必然的联系,这样才能使各细分市场的购买行为特征被明显的区分开来,为旅游营销者有效的针对不同的细分市场制定营销组合提供实际可能。这也是市场细分的根本意义所住。例如,旅游者出生地、旅游者的身高等变量虽然可以被确定,但与旅游者选择旅游项目的行为并无必然联系。

(二)可盈利原则

可盈利原则即指要求细分的市场在顾客人数和购买力上足以达到有利可图的程度,亦即要求细分的市场要有可开发的经济价值。这有三层含义:第一,虽然市场细分有使整体大市场小型化的趋向,但又绝不能过分细分到失去一定规模经济效益的程度。第二,要注意到某些细分市场的顾客数量虽然在整体市场中比重很小,但其绝对规模或购买力足以达到盈利的水平,甚至具有很大的开发价值。如老年人旅游市场和探险旅游市场,前者绝对规模大,后者探险者支付的费用多,各有其开发的价值。第三,当细分市场的顾客人数规模和购买力一定时,是否有利可图还与开发成本有关。当由于外界条件的变化或者通过主观努力而使开发成本得以降低时，就可能是一些原本无利可图的市场变为有利可图。

（三）可进入原则

可进入原则即指要求旅游产品和服务能够进入细分市场，从而占有一定的市场份额。它包括客观上要有接近的可能（可接近原则），主观上要有能开发的实力（可开发原则）。可接近原则是指营销者要有与客源市场进行有效信息沟通的可能，同时还要具有通畅可达的销售渠道。这对于具有异地性特征的旅游市场尤为重要。假如你的旅游广告根本无法让细分市场的旅游者看到或理解，或细分市场的旅游者受种种限制根本不可能到达旅游目的地，这样的细分市场即使开发潜力再大对旅游企业也没有任何价值。而可行动原则是指营销者要有吸引和服务于相关细分市场的实际能力，否则再有吸引力的细分市场对旅游企业也没有意义。

（四）稳定性原则

严格的旅游市场细分是一项复杂而又细致的工作，因此要求细分后的市场要相对稳定。如果细分的旅游市场变化太快，会使制定出来的营销策略很快失效，造成营销资源配置重新调整的损失，并形成旅游企业营销活动前后脱节和被动的局面。

五、旅游市场细分的步骤

旅游市场细分的步骤，通常是先确定细分的标准或依据，以此为基础分割市场，然后对分割后的市场进行分析，最后确定目标市场。市场细分的步骤依市场类型不同而有所差异。美国营销学家麦卡锡（E.J.McCarthy）提出细分市场的一整套程序，这一程序包括以下七个步骤。

（一）选定旅游产品市场范围

选定旅游产品市场范围，即确定进入何种类型市场，提供什么样的旅游产品。例如，本企业的旅游产品是以观光型为主，还是以温泉、沙滩疗养、休闲度假为主，所服务的对象是以高档市场为主，还是以中档、低档市场为主。旅游产品市场范围的确定，部分要依赖与旅游企业的资源禀赋特点（如南方的景区就很难开发滑雪项目),更主要的是应基于旅游者的需求特征。

(二)列举潜在的顾客的基本需求

在选定的市场范围的前提下,旅游企业可以从旅游动机、寻求利益、认可价格、偏好重点等方面,大致了解潜在顾客的基本需求。如对于休闲度假市场,旅游者的需求可能包括宁静的氛围、清新的空气、舒适的居住、轻松的娱乐活动、安全健康的绿色饮食等。

(三)了解潜在顾客的不同需求

对于基本的旅游需求,不同的顾客强调的侧重点可能会存在差异。如对于休闲的潜在顾客而言,轻松的娱乐活动可能是他们所共同追求的,但对偏好的活动项目可能大小不同,有些顾客喜欢划船钓鱼,有些顾客则偏好爬山,有些顾客喜欢露营野炊。通过这种差异性比较,旅游企业就可以初步识别出不同的顾客群体。

(四)排除潜在顾客的共同需求

潜在顾客的共同需求固然重要,但只能作为旅游企业设计营销组合的参考,不能作为市场细分的基础。因此,旅游企业必须排除这些共同需求,选择具有鲜明特征的需求作为细分标准。

(五)划分相应的顾客群

根据潜在顾客基本需求的差异性,旅游企业将其划分为不同的顾客群体或子市场,并赋予每一个顾客群体或子市场一定的名称。例如,某度假村就可将休闲旅游市场按照顾客需求特点划分为青年市场、老年市场、白领市场、专业会议市场等多个子市场,并据此采用不同的营销策略。

(六)分析细分市场的需求与购买行为特点

进一步分析各细分市场的需求与购买行为特点,并分析其原因,以便在此基础上决定是否可以对这些细分的市场进行合并,或进一步的市场细分。

(七)估计细分市场的规模

估计各细分市场的规模,即指在调查基础上,评估每一个细分市场的顾客数量、购买频率、平均每次的购买数量等，并对细分市场的产品竞争状况及发展趋势做出分析。如某旅行社的市场细分情况（表5-3）。

表5-3 某旅行社的市场细分情况

需求层面	顾客特征	细分市场名称
交通便利、舒适、安全、没有干扰、家庭乐趣、游乐（游戏场地、游泳池）、娱乐（游戏室、电影）、儿童活动中心、快餐	想体验家庭气氛，有孩子的夫妇或单亲家庭；年轻、好动、有活力	家庭度假者
舒适、社交、商店、近距离目的地、安全、方便的机场	参加全包价短途旅游的，希望享受到放松或放纵环境的老年夫妇或老年人	老年人、成年人
安全、经济（无附加费用），探险性与灵活性	年轻人；自费出国旅游的单身，只想找个地方简单过夜，然后继续旅行的人	节俭型旅游者、学生
舒适、特殊的交通、没有干扰、令人愉快的团体组合，娱乐、特殊的目的地和良好的餐厅	年轻的新婚夫妇，旅游时间为一周左右，希望得到一种独特的体验	蜜月度假者
舒适、安全，没有干扰，交通和翻译服务	逗留几周的个人或团体	海外旅游者
舒适、安全、没有干扰，放松（在高档餐厅用膳、矿泉浴）、吸引人的景观、乐趣、变化、信息	需求复杂的夫妇，有放松休假的时间，寻求适合成年人的娱乐；想显示自己的个性和收入较高的人	度假者

六、旅游市场细分的方法

旅游企业的市场细分变量因素复杂多样，必须根据具体旅游者的需求特征和企业要达到的目标加以选择运用。旅游市场的细分方式也即是如何选择或组合运用有关细分变量，进行市场细分的具体方法包括如下三种：

第一，单一变量细分法。也称为一元细分法，即根据影响旅游者需求的某一种因素进行旅游市场细分，这一变量一般是与旅游者需求差异相关的最重要的变量因素。例如，游乐园根据年龄变量可以细分为成人市场和儿童市场。这种单一变量细分旅游市场的方法一般只适用于产品及服务通用性较强、选择性较弱的市场。大多数情况下，它只是对旅游市场进行细分的起点，即先期用此方法对旅游市场做比较粗略的划分。把某项细分变量的细分程度加深以适应不同旅游者的需求，这种方法称为单一变量的深度细分法。例如，游乐园中儿童市场还可细分为1-3岁、3-6岁、6-10岁、10-15岁等子市场。

第二，综合变量细分法。又称为交叉细分法或多元细分法，即根据影响旅游者消费需求差异较强的两种或以上的并列变量对旅游市场进行细分的方法。例如，同时以旅游者的收入状况（高、中、低）、年龄（老年、中年、青年、儿童）、利益追求（观光度假、修学求知等）三个变量因素来对双休日市场进行细分、运用这种分析方法时要注意选择与一定旅游产品消费需求有关的并且影响突出的变量因素来综合分析，这样细分出来的市场比单一变量细分法对企业营销活动更有价值，它能有效地帮助企业选定最佳的市场机会。但使用此方法时要选准细分变量，避免变量过多造成细分的困难。

第三，系列变量细分法。即考虑与旅游需求差异相关的各种因素，将其按照一定的顺序对旅游产品市场依次进行细分的方法。此方法对旅游者需求差异较大而市场竞争又较激烈的旅游产品市场细分比较合适。其要点是在各变量之间充分把握它们在内涵的从属关系，进行合理排序。否则会造成细分工作混乱，增加成本。如表5-4所示的细分组合示意图就是用系列变量法研究旅游市场。

表5-4　系列变量细分法

年龄	性别	收入	教育	婚姻	个人兴趣	旅游动机
婴儿			小学		美术	美术
儿童	男	低	中学	单身	音乐	音乐
青年		中	大专	结婚	文学	文学
中年	女	高	大学	离婚	运动	运动
老年			研究院	鳏寡	自然科学	自然科学

第二节　旅游目标市场选择

市场细分揭示了旅游企业面临的各种可供选择的旅游市场，旅游企业需要对各个细分市场进行评估，决定将多少和哪些细分市场作为企业的目标市场。所谓目标市场（Target Market），就是旅游企业在市场细分的基础上，进行营销活动所要满足的顾客群体，亦即旅游企业的服务对象。

一、旅游目标市场的含义

目标市场营销（Target marketing）出现于“二战”以后，当时西方国家买方市场已经形成，迫使许多企业认识并接收了市场导向观念，开始在研究消费者需求差异的基础上实行目标市场营销,即选择一个或一个以上的细分市场作为企业的目标市场进行市场与产品定位,并制定出与选择的目标市场相适应的营销组合,以满足目标市场的需求。

旅游目标市场是指旅游企业在市场细分的基础上进行营销活动所要满足其需求的旅游消费者群体。这一类的消费者群体的市场需求成为旅游企业的主要经营对象。目标市场最主要的特点是针对性。这种目标市场只能针对特定的旅游市场营销企业。由于旅游市场营销竞争者的存在,相对于这一旅游企业是目标市场的消费群体,对另一旅游企业而言可能并非其目标市场。就算是众多旅游企业的同一目标市场,由于消费者需求的差异,也能促使各竞争者采取不同的策略。

市场细分与选择目标市场,两者既有联系又有区别。市场细分是按不同的消费影响因素划分消费群体的过程,选择目标市场则是在细分市场的基础上挑选少量细分的市场作为营销对象的决策过程。市场细分是目标市场选择的前提和基础,目标市场选择则成为市场细分的目的和归宿。科学合理的目标市场选择只有通过深入的市场细分才能产生。旅游企业在市场细分的基础上,结合企业自身的资源条件选择和确定目标市场,明确企业的具体服务对象,实施相应的目标市场策略,这是实现企业顺利运作、提高经济效益的重要途径和手段。

二、旅游细分市场的评估

选择目标市场的第一步是分析评估各细分市场。对各细分市场的规模和增长率,细分市场结构吸引力以及旅游企业营销目标和资源等方面予以准确评估,从而能把握最佳的市场机会,决定细分市场的取舍。

(一)细分市场的规模和增长率

旅游企业必须收集和分析各个细分市场的当前销售额、增长率和预期获利能力。旅游企业的兴趣在于那些有适当规模和增长特征的细分市场。但"适当的规模和增长率"是一个相对的说法。最大的、增长最快的细分市场并非对所有旅游企业都是最有吸引力的市场。一些小的企业没有足够的能力和资源去为大市场服务,会选择一些规模较小,但有一定吸引力,适宜这类企业发展的细分市场。

(二)细分市场的结构吸引力

一个细分市场可能在规模和增长速度上都很理想,但在利润方面却缺乏吸引力。旅游企业必须考察几个重要的、影响细分市场长期吸引力的结构性因素。著名的战略学家迈克尔·波特(Michael Porter)提出影响某一产业长期盈利的五个要素——现有竞争者的竞争程度、潜在进入威胁、卖者的侃价能力、买者的侃价能力、替代品的威胁。如果一个细分市场当中已经有许多强大的竞争者,且这些竞争者对于试图进入该市场的企业会大力反击,那么这个市场就没有吸引力;该市场中如果存在许多现实和潜在的替代品竞争者,那么该市场中旅游产品的价格弹性就比较高,从而影响从该市场所能得到的利润;购买者的相对购买实力也影响细分市场的吸引力,如果一个细分市场上的购买者比卖者拥有更强的议价能力,那么他们会试图压低价格,要求更高的质量和更多的服务,并挑起竞争者之间的竞争,从而导致卖者利润的减少。如大旅行社在购买酒店客房时,就能通过谈判压低房价;最后,如果一个细分市场中有几个强有力的能控制价格、减少订购产品数量或降低产品质量的大供应商,那么该市场也没有多少吸引力。

(三)旅游企业的目标和资源状况

即使某些细分市场具有一定规模和增长速度,也具备结构性吸引力,旅游企业仍然需要考虑其目标和资源状况是否能与该市场匹配。尽管这些细分市场本身很具有诱惑力,但它们很可能将企业的注意力和精力吸引到背离企业目标的轨道上。如果一个细分市场符合旅游企业的目标,还必须确定是否拥有足以使企业在该市场获得成功的资源。只有当旅游企业具备超过竞争对手的资源和实力,在细分市场上能够提供超过竞争者的价值,才可以进入该细分市场。

三、旅游目标市场模式选择

旅游企业评估细分市场后对目标市场的选择是“由面至线、由线至点”的战略,逐渐缩小目标市场的范围,最后确定旅游企业的目标市场。旅游企业在进行目标市场范围的选择时可以采取以下模式(如图5-2)。

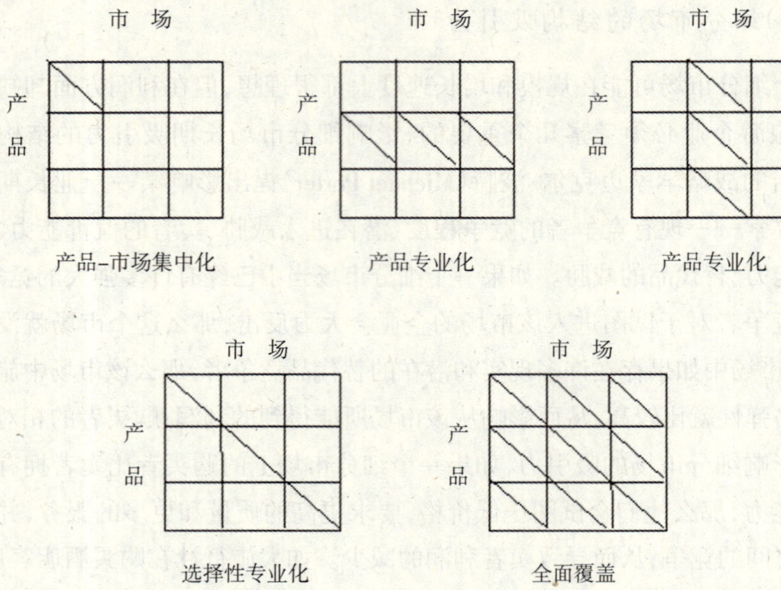

图5-2 旅游目标市场模式选择

(一)产品-市场集中化

也称密集单一市场，即企业的目标市场无论从市场或是从产品角度，都是集中于一个细分市场。这种策略意味着企业只有一种旅游产品，只供应某一游客群。较小的旅游企业通常采用这种策略。

(二)产品专业化

这是指旅游企业向各类旅游消费者群同时供应一种旅游产品。这一模式的前提在于旅游企业拥有优势的资源，并充分利用这一资源开发出不同档次的产品，以满足不同的细分市场需求，如旅游企业推出以饮食文化为特色的主题产品。当然，由于面对不同的消费群，旅游产品在档次、质量、功能及促销上可以有所不同，旅游企业通过这种战略可以在某个旅游产品方面树立起很高的声誉。

(三)市场专业化

这是指旅游企业向同一旅游消费者群供应性能有所区别的不同旅游产品。这一模式可以极大限度地满足该类消费者群体的需求，从而使企业在这个顾客群体中获得良好的声誉，它要求旅游企业有较强的产品开发能力，并且自身资源比较丰富。

（四）选择性专业化

这是指旅游企业决定有选择地进入几个不同的细分市场，为不同的旅游消费者群提供不同特征的产品。这种模式有利于旅游企业分散经营风险，即使某个细分市场失去吸引力，旅游企业还可以继续从其他细分市场获取利润，但是它有赖于旅游企业各细分市场的潜力、企业产品的竞争力及企业资源的合理配置。

（五）全面覆盖

即旅游企业决策全方位进入各个细分市场，为所有顾客提供他们所需要的特征不同的系列产品，这是企业为在市场上占据领导地位甚至力图垄断全部市场而采取的目标市场范围策略。例如，中国国际旅行社、中国青年旅行社、中国旅行社三大支柱旅行社采取的就是此种模式。

四、旅游目标市场策略选择

旅游企业在选择目标市场策略时，采取“由点至线、由线到面”的原则，稳扎稳打，步步为营，进而进入整个市场。具体营销策略有以下三种（如图5-3）。

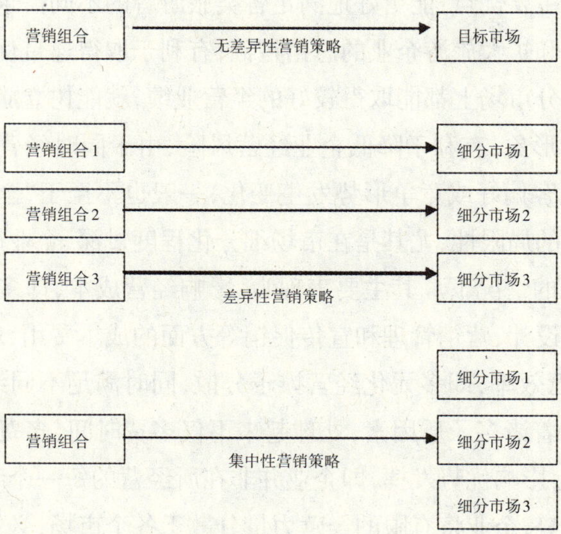

图5-3　旅游目标市场策略选择

（一）无差异目标市场策略

又称为整体市场营销策略。即企业可无视整体市场内部旅游者需求的差异性，求同存异，把整体性大市场作为目标市场，只推出一种旅游产品，运用一种统一的旅游营销组合，为满足其共同的需求服务。

这种策略突出的优点就是规模效应显著，容易形成名牌优势，如我国的长城、长江三峡等旅游产品就基本上是由此创出品牌。该策略的缺点是不能完全满足旅游者的差异性需求。因此，该策略主要适用于市场上供不应求或竞争较弱的旅游产品市场，如少数垄断性较强的旅游产品市场，初上市的旅游产品市场等等。事实上，随着旅游市场竞争的加剧，旅游企业采用该策略越来越少。

（二）差异性目标市场策略

采用这种策略就是要在旅游市场细分的基础上，旅游企业同时选择整体市场中几个或全部细分市场作为自己的目标市场。针对不同细分市场的需求特点，提供不同的旅游产品及制定不同的营销组合，为满足不同的细分市场的需求服务。如旅行社同时推出普通观光旅游、特殊兴趣旅游、探险旅游、豪华团旅游、经济团旅游等等产品及其营销组合；旅游饭店同时推出普通客房、商务客房、别墅式庭院等产品及其营销组合，都是为满足不同细分市场需要服务。

这种策略的主要优点：能更好地满足各类旅游者的不同需求，有利于提高旅游产品的竞争力和扩大旅游企业的总销售额；有利于取得连带优势，如果一个旅游企业在几个细分市场上都能取得较好的经营业绩，就能树立旅游者所信赖的、声誉很高的企业形象；有利于降低企业经营风险，由于同时经营数个细分市场，即使部分市场顾客偏好或竞争形势发生变化，一般也不至于“全军覆没”。这种策略也有其明显的局限性，尤其是在市场细分化程度过深，企业所经营的目标细分市场数量过多的情况下。其主要表现为：影响经营成本，即多元化、小批量经营必然增加营销设计、营销管理和宣传促销等方面的成本费用，难以形成规模经济效益；影响经营效率，即多元化经营摊子分散，同时满足不同细分市场的需求特征又总是存在着诸多矛盾因素，处理起来不仅多费时间、多费精力，而且有时还难以照顾周全，影响优势发挥，即企业并非在所经营的每一个细分市场上都具有同等的经营优势，企业将有限的经营力量分散于各个市场，必然影响某些优势的发挥。

(三)集中性目标市场策略

采用这种策略是指旅游企业在市场细分的基础上,只选择其中一个或少量细分市场作为目标市场,集中企业的全部营销力量实行高度的专业化经营,为充分满足其特定的需求服务。如有的旅行社专门为特色旅游或探险旅游服务,有的宾馆饭店主要接待度假旅游者或商务旅游者。这种策略尤其适合中小型旅游企业,以及旅游资源独具特色、能吸引一定类别旅游者前往的旅游地采用。这种策略所谋求的不是在整体市场上分散地占有较小的份额,而是力图在较小的市场范围内取得较高的市场占有率,目标市场营销的思想在这种策略中得到充分体现。

采取这种策略的突出特点在于,企业营销对象集中,能充分发挥企业的优势,使企业在特定市场上具有很强的竞争力。具体表现为:在单一化较小范围的市场上活动,占用资金相对少,且资金周转相对快,成本费用相对低,可实现一定的规模经济效益;经营范围针对性强,容易形成产品与经营特色,满足旅游者需求程度高,非常有利于促进和扩大在特定细分市场上企业和产品的知名度,以及由此带来的销售额。这种策略也有其缺点:过份依赖小部分市场而生存经营风险较大,一旦这部分市场情况发生变化,企业就会出现危机;如果所选定的目标市场是一个非常有利可图的较大细分市场,开发后竞争者极易追随而入。

五、旅游目标市场策略选择的影响因素

以上三方面策略都各有其优缺点,具体旅游企业在选择目标市场策略时,应考虑如下因素来加以确定。

(一)旅游企业自身实力条件

包括旅游企业的人、财、物、技术与信息资源,产品及营销组合设计能力、接待管理能力、招徕促销能力等。这些条件对于确定目标市场经营范围的大小有决定性影响。

(二)旅游产品特征

对于彼此之间性质相似程度较高,替代性很强的旅游产品,如航空客运服

务、标准间客房服务等，可在一定程度上采用无差异目标市场策略；而对于像特色旅游产品、旅游餐饮服务之类的性质差别较大的旅游产品，则宜采用差异性或集中性目标市场策略。

（三）旅游产品生命周期

对处在投入期和成长期的旅游新产品，宜采用无差异性目标市场策略进入和打开市场。一方面因为此时竞争者还没有或较少；另一方面也是为了探测市场需求和潜在顾客情况的需要。当旅游产品进入成熟期时，应采取差异性目标市场策略，以利于开拓新的目标细分市场，尽力延长产品生命周期。一旦进入衰退期时，则宜采用集中性目标市场策略，以便企业能集中力量经营少数有利可图的细分市场。

（四）旅游市场竞争状况

从竞争格局考虑，如本企业产品垄断性强，竞争者少或弱，则可采用无差异目标市场策略；竞争者多或强，则应采取差异性或集中性目标市场策略。从竞争对手的策略看，如竞争对手采用无差异目标市场策略，则本企业则可采用差异性或集中性目标市场策略；如竞争对手也采用差异性或集中性目标市场策略，本企业则可在更有效的市场细分基础上，实行更深一层次的差异性或集中性目标市场策略。

（五）旅游市场营销环境

旅游市场营销环境影响旅游市场的供求关系和旅游者消费行为，由此影响到旅游企业对目标市场策略的选择。一般来说，在供小于求的卖方市场上，可采用无差异目标市场策略，而在供大于求的买方市场上，则适宜采用差异性与集中性目标市场策略。

第三节 旅游市场定位

旅游企业在选定目标市场以后还应确定本企业旅游产品在目标市场上的竞争地位，即进行市场定位，才有可能制定出针对性强的旅游市场营销组合。旅游市场定位是制定旅游营销战略计划中的一个重要组成部分。

一、旅游市场定位概述

(一)市场定位的概念

市场定位(Market Positioning)是20世纪70年代由美国学者阿尔·顿斯提出的一个重要营销学概念,所谓市场定位:就是企业根据目标市场上同类产品竞争状况,针对顾客对该产品某些待征或属性的重视程度,为本企业产品塑造强有力的、与众不同的鲜明个性,并将其生动形象地传递给顾客以赢得顾客认同。市场定位的实质就是使本企业与其他企业严格区分开来,使顾客明显感觉和认识到这种差别,从而在顾客的心目中占据特殊的位置。

在西方市场营销学中,市场定位(Market Positioning)、产品定位(Product Positioning)、竞争性定位(Competitive Positioning)三个术语经常交替使用。市场定位强调的是企业在满足市场需要方面与竞争者比较,应处于什么位置,使顾客产生何种印象和认识;产品定位是针对企业的营销产品属性而言,企业与竞争者的现有的产品,应在目标市场上各处于什么地位;竞争性定位是指企业在目标市场上,与竞争者相比自己突出的企业形象和比较优势在何处。虽然这三个术语在表述上有细微的差别,但从本质上而言,它们是相通的,是从不同角度认识同一事物。

(二)旅游市场定位的含义

针对旅游业,美国营销学者戴维斯(Davies)从一个清晰的角度给市场定位下了一个定义:从根本上说,定位实际上是一种理念的表达,是消费者(旅游者)理念的感知凝固。在较理想的状况下,这种感知定位(实际上,区域旅游组织和企业很难控制)是定位策略(旅游组织和企业可以完全控制)作用的结果。但事实往往难以预料,因为人们理解和接受一个策略,要经过许多途径,所以实际发生的变化是很大的,这些变化体现在旅游产品的供给、价格结构、促销组合、广告等方面,其中最主要的是广告的变化。

旅游市场定位就是旅游企业或旅游地在全面了解,分析竞争对手在目标市场上的位置后,确定自身的旅游产品及营销组合如何接近和吸引旅游消费群的一种营销活动。其实质就是强化或放大某些产品因素,寻求建立某种产品的特色和树立某种独特的市场形象,以赢得旅游者的认同。

(三)旅游市场定位的核心内容

旅游市场定位的核心内容,即努力实现旅游产品差异化与旅游形象差异化。

第一,旅游产品差异化。旅游市场定位的出发点和根本要素在于确定旅游地或旅游企业的旅游产品特色,即旅游企业或旅游地必须在进行市场调研、了解竞争对手旅游市场定位的基础上,充分挖掘和创造自身的特色,避免与竞争对手定位的雷同。旅游产品的差异化主要体现在旅游产品设计中的价格、服务属性与利益等方面的差异。

第二,旅游形象差异化。旅游市场形象分为功能性形象和象征性形象。旅游市场的功能性形象是指由价格、服务内容与服务效果等方面所反映的旅游产品的实际功效形象;旅游市场的象征形象是指旅游企业塑造的旅游产品的人格化形象,如友好的形象、贵族化的形象等。旅游产品从整体产品上应重视象征形象的塑造,在单项产品上则应重视功能性形象的显示。

二、旅游市场定位的作用与意义

旅游市场定位对于旅游地与旅游企业的作用与意义表现在以下几方面。

(一)有利于旅游地与旅游企业有针对性开展营销活动

旅游市场定位的前提与基础是进行旅游市场的细分。经过科学、准确的市场细分,选择目标市场和旅游市场定位,旅游企业便可以通过各细分市场中旅游者的消费需求和市场竞争状况加以充分的比较,掌握各细分市场中旅游者的需求满足程度,以及自身的优势与劣势,采取有针对性的营销措施。

(二)有利于旅游地与旅游企业强化在旅游者心目中的地位

旅游市场定位是通过为旅游地或旅游企业的产品创立鲜明的特色或个性,从而塑造出独特的市场形象来实现的。旅游市场定位是一个持续性的过程,旅游者由产生兴趣与注意到深入认识了解旅游地与旅游企业的特色与形象这一系列活动,强化了旅游地与旅游企业在他们心中的地位。

(三)有利于旅游地与旅游企业拓展目标市场潜力

通过市场营销定位,旅游市场的范围更加清楚与明确,反馈变得迅速而敏捷,旅游地与旅游企业可以据此来开展集中有效的营销活动，并且可以充分发掘市场潜力。另一方面，旅游地与旅游企业可以充分合理地安排营销投入，避免由于过度开发而造成的人力、财力、物力浪费，也避免由于开发不足而失掉有效的市场。

三、旅游市场定位的方法

（一）根据旅游产品的属性定位

旅游产品本身所具有的属性往往决定了它在同类旅游产品中的不可替代性，从而确定了它在旅游消费者心目中的地位。比如，中国在西欧旅游市场上的定位形象是“一个文化性的观光目的地”；新加坡在国际旅游市场上的定位形象是“优雅、整洁的旅游环境和微笑服务”。

（二）根据价格定位

旅游产品的价格不同，会形成不同的市场定位。比如，饭店出售的不同价格的客房，其市场定位就截然不同。对于高价的客房，在旅游者心目中是豪华型客房；而对于价低的客房，则是旅游者心目中的经济型客房。

（三）根据可满足的需求定位

旅游产品使用价值的不同，或者说能够满足的旅游需求的种类不同，往往能形成不同的市场定位。比如，海南岛作为一个旅游目的地，它能满足游客向往热带风光的旅游需求，因而有“椰风海韵醉游人”的定位形象；哈尔滨作为一个旅游目的地，它能满足游客向往北国风光的旅游需求，因而有“冰雪童话世界”的定位形象。

（四）根据旅游者类别定位

旅游企业有时也把它的产品指引给适当的旅游者群或分市场，然后根据消费者对那个分市场的看法建立起该产品恰当的形象，这就是根据旅游者类别进行的产品定位。如荷兰推出旅游产品“属于你的时日”定位于国内在校学生；“难得的一日游”定位于德国、比利时、英国等邻国旅游市场；“欧洲之旅的一站”定位于欧洲以外的洲际旅游市场，这就是根据每一种旅游产品所指向的特定旅游者群的看法进行定位。

(五)根据竞争者定位

旅游产品还可以定位于与竞争对手产品直接有关的不同属性或利益上,从而争取到对竞争对手产品不感兴趣的那部分旅游者群或分市场。如荷兰旅游业围绕着"阿姆斯特丹、文化历史遗产、运河水系及低地"等王牌旅游产品,提出"我们是新的度假方式的理想目的地"的口号,旨在与比利时、奥地利、瑞士等邻国推出的传统旅游度假产品相竞争。

(六)根据旅游产品的档次定位

旅游产品通过和与其性质相似的另一种产品的档次对比,也可以进行成功的市场定位。如比利时在一定时期的宣传主题为"比利时有五个阿姆斯特丹",采取的就是这种定位方法。比利时将其旅游产品比作"五个阿姆斯特丹",旨在和荷兰的阿姆斯特丹进行对比,从而树立"比利时拥有更多的文化、历史遗迹"的定位形象。

此外,旅游产品还可采用以下定位方法:比附法(即跟随消费者心目中的领导者品牌,去塑造第二位品牌的定位法);逆向法(即主动占据消费者心目中的领导者品牌的对立面位置的定位法)和空隙法(即彻底脱离消费者心目中原有形象阶梯的束缚,全然建立一个新的形象阶梯的定位法)。一般来说,旅游企业在为其产品进行市场定位时,还须将产品特征、市场状况、企业本身条件及竞争者状况等方面结合起来综合考虑,从而选择出适合本企业产品的最为有效的定位方法。

四、旅游市场定位的步骤

(一)明确企业的竞争对手

旅游企业的竞争对手,也就是本企业产品的替代者,包括企业面对的现实的竞争对手,以及潜在的竞争对手。一般来说,企业的竞争对手应符合以下几个条件:地理位置相近;目标市场一致;产品和服务相同,产品档次相同或类似;价格相差一般不超过20%。

(二)对竞争对手产品进行分析

在确定竞争对手后,企业必须从静态和动态两个方面分析和比较竞争对手的情况，特别是竞争对手的产品种类、设备设施状况、服务质量及价格等情况，以了解本企业产品的优势及不足。

（三）确立产品特色

确立产品特色是市场定位的出发点。首先，要了解市场上竞争对手的定位情况，了解其产品有何特色。其次，要研究旅游者对产品各属性的重视程度，并在市场定位时突出强调旅游者所关心的产品属性。最后，要考虑企业自身的条件，有些产品属性，虽然是旅游者比较重视的，但如果企业力所不及，也不应成为市场定位的目标。综合考虑这几方面因素，企业可以明确自己所要确立的产品特色。

（四）树立市场形象

企业确立的产品特色是其有效参与市场竞争的优势，但这些优势不会自动地在市场上显示出来。要使这些优势发挥作用，影响旅游者的购买决策，需要以产品特色为基础树立鲜明的市场形象，通过积极主动而又巧妙地与旅游者沟通，引起旅游者的注意和兴趣，求得旅游者的认同。有效的市场定位并不取决于企业是怎么想的，关键在于旅游者是怎么看的。

（五）巩固市场形象

旅游者对企业的认识不是一成不变的。由于竞争者的干扰或沟通不畅，会导致市场形象模糊，旅游者对企业的理解出现偏差，态度发生反转等。所以，建立市场形象后，企业还应不断向旅游者提供新的论据和观点，及时矫正与市场定位不一致的行为，巩固市场形象，维持和强化旅游者对企业的看法和认识。

上海“小主人生日游”目标市场的成功定位

上海小主人报社和上海市长宁区旅游部门对15岁以下少年儿童这个细分市场创造出“小主人生日游”的独特品牌，取得了出乎意料的成功。“小主人生日游”原计划280个家庭、800多人参加，但报名者却有3000多人，大大超出主办者的预料，其后推出的“小主人欢乐总动员”主题活动大幅扩容，可以容纳1000多个家庭，3500人来参加，而在每一个双休日也能安排相关的节目。

上海有140万名15岁以下的少年儿童，如果都市旅游不为他们专门设计一些有意义，有吸引力的节目，肯定是市场规划上的一大缺憾。那么，140万名孩子都关心的节目是什么？

经筛选，最终确定为“小主人生日游”，一是因为上海每天约有4000名孩子过生日，市场操作起来比较方便，另外，他们也觉得孩子们现在过生日的方式吃吃喝喝太缺乏意义。他们要用自己精心准备的“生日菜单”努力营造一种富有意义的“生日环境”。在“小主人生日游”和“小主人欢乐总动员”的整体设计里，几乎每个小节目都有一定的教育意义，“这是这个旅游产品的特点所在”。据报名参加的家长和孩子表示，他们喜欢的正是这些活动既好玩又具有教育作用。还有“和绿色一起成长”、“和父母一起放风筝”等活动也让他们欢喜异常。“小主人游”这个产品今年完成了向市场化经营的转变。小主人报今年成立了小主人旅行社有限公司，该公司负责产品的策划、组织和运作。据陈上海已有二十多家知名旅行社参与了2004年“小主人欢乐总动员”等产品的推介工作。无锡、湖州等地也有旅行社主动来联系，要组织“孩子团队”来上海参加“小主人游”。此外，一些外国小朋友也参加了这一活动。“小主人游”主题活动也越来越丰富多彩。

案例思考题：

1.“小主人生日游”是针对哪些细分市场的？细分市场的依据是什么？

2.试分析“小主人生日游”产品成功定位的原因。

复习思考题

1. 什么是旅游市场细分？旅游市场细分的作用是什么？
2. 旅游市场细分的标准有哪些？
3. 选择旅游目标市场应遵循哪些原则？
4. 旅游目标市场的选择模式具体有哪些？
5. 旅游市场定位的含义是什么？旅游市场定位有哪些作用？
6. 旅游市场定位有哪些方法？
7. 旅游市场定位战略有哪些？

参考文献

菲利普·科特勒等.市场营销管理[M].谢彦军译.北京：中国旅游出版社，1999.

马勇，毕斗斗.旅游市场营销[M].汕头:汕头大学出版社，2003.

王晨光.旅游营销管理[M].北京:经济科学出版社，2004.

王成慧，陶红.旅游营销学[M].北京：高等教育出版社，2006.

赵毅，叶红.新编旅游市场营销学[M].北京：清华大学出版社，2006.

赵西萍.旅游市场营销学[M].北京:高等教育出版社，1998.

第六章
旅游市场营销战略

战略是企业为生存和发展而确定的企业目标与达到此目标所采用的各项措施的有机结合。市场营销战略起源于早期的西方管理理论，20世纪60年代以后，市场竞争日趋激烈，商业环境发生了巨大的变化，而社会、技术、经济和政治等环境因素变得越来越复杂和难以预测，这使得人们更加意识到营销战略对企业成功的重要意义。旅游市场营销战略的目的是旅游企业为实现自己的营销目标，适应不断变化的市场环境，并充分利用环境变化所带来的新的市场机会，保证企业的有效经营。

通过本章学习，了解旅游市场营销战略的涵义；熟悉旅游产品—矩阵战略、旅游竞争战略和旅游营销组合战略的涵义；掌握运用旅游市场营销战略的理论知识解释旅游市场营销实践。

第一节 旅游市场营销战略

从宏观上讲，旅游市场营销战略是指一个国家(或地区)在现代市场营销观念的指导下，为了实现该国家(或地区)发展旅游业的目标，为旅游业内各行业制定的在一个相当长的时期内市场营销发展的总体设想和规划。其目的是使该国家(或地区)旅游业的产业结构、资源规划和发展目标，与市场环境所提供的各种机会取得动态平衡。从微观上讲，旅游市场营销战略是指旅游企业在现代市场营销观念的指导下，为了谋求企业长期的生存和发展，根据外部环境和内部条件的变化，对旅游市场营销所做的具有长期性、全局性的计划和谋略，是企业在一个相当长的时期内市场营销发展的总体设想和规划。

一、产品–市场战略矩阵

产品–市场战略首先由美国加利福尼亚州美国国际大学的战略管理教授安索夫提出，他在讨论企业应采用多角化经营战略时，提出了“产品与市场配合”的概念。他认为，企业经营战略的四项要素（即现有产品、未来产品、现有市场、未来市场）有四种组合，即市场渗透（现有产品和现有市场的组合）、产品开发（现有市场与未来产品的组合）、市场开发（现有产品与未来市场的组合）和多角化经营（未来产品与未来市场的组合），具体见图6–1。

现有市场	市场渗透战略	产品发展战略
新市场	市场发展战略	多角化经营战略
	现有产品	新产品

图6–1 产品–市场战略2×2矩阵

对安索夫矩阵四种战略的研究表明，该矩阵并未完全包括企业创新开拓型发展战略的所有类型。传统的企业发展战略都只不过是渐进式增长战略，而不是创新开拓性战略。为了完整地表达企业全方位的发展战略，将安索夫2×2矩阵扩展为3×3矩阵，这样企业的产品–市场战略就由四种类型发展为九种类型（图6–2）。矩阵中的相关市场是指企业进入其他企业的目标市场，矩阵中的相关产品是指企业生产其他企业正在经营的产品。

现有市场	市场渗透战略	产品发展战略	产品革新战略
相关市场	市场发展战略	多角化经营战略	产品发明战略
新兴市场	市场转移战略	市场创造战略	全方位创造战略
	现有产品	相关产品	全新产品

图6–2 产品–市场战略3×3矩阵

二、市场渗透战略

市场渗透战略是由旅游企业现有产品和现有市场组合所产生的战略。旅游企业战略研究人员应该系统地考虑市场、产品及营销组合的策略，以促进市场渗透。在市场方面应如何扩大现有产品的销售量呢？一个企业要增加其产品的销售量取决于两个因素，即：销售量＝产品使用人的数量×每个使用人的使用频率。

首先，可以从扩大产品使用者的数量着手。旅游企业可通过努力把非使用人转变成为本企业产品的使用人。例如旅游饭店开发更多的适合于当地人使用的服务项目,以吸引当地居民在淡季时享用饭店的服务。

其次,可以从扩大产品使用人的使用频率着手。通过努力,说服旅游者增加使用次数、增加每次使用的使用量、增加产品的新用途。

另外,可以从改进产品特性着手,使其能吸引新用户和增加原有用户的使用量。其方法有:提高产品质量(即增加产品的功能特性);增加产品的特点,使本旅游产品具有更多的特色。

总之,市场渗透战略希望通过对现有旅游产品进行小的改进,从现有市场上赢得更多的顾客。这种战略风险最小,如果市场处于成长期,在短期内此战略可能会使企业利润有所增长,但是当市场日趋成熟时,企业必然会面临激烈的竞争,对使用渗透战略的企业最致命的打击是市场衰竭。

三、产品发展战略

产品发展战略是由企业原有市场和其他企业已经开发的而本企业正准备投入生产的新产品组合而产生的战略,即对企业现有市场投放新产品或利用新技术增加产品的种类,以扩大市场占有率和增加销售额的企业发展战略。从某种意义上来说,这一战略是企业发展战略的核心,因为对企业来说,市场毕竟是不可控制的因素,而产品开发是企业可以努力做到的可控制因素。

采用此战略的前提条件是:企业要对它原有顾客有透彻的了解,能够提供满足顾客需要的其他产品。这种战略具有一定程度的创新开拓性,新产品的开发鼓励企业从事新的探索,可以提高企业的适应能力。但是,这种战略仍然是企业束缚了自己,企业的潜能仅仅被用来在原有市场的顾客群中寻找新的投资机会,这可能会因为没有寻找到其他市场而导致较大的机会成本,因为其他市场,尤其是正在成长的新市场可能会比企业的现有市场更加有利可图。

四、市场发展战略

市场发展战略是由现有产品和相关市场组合而产生的战略。它是发展现有产品的新顾客或新的地域市场,从而扩大产品销售量的战略。

市场发展战略比市场渗透战略风险性大。这种战略迫使管理人员放开眼界,拓宽视野,重新确定营销组合,但此战略仍是一个短期战略,它仍然不能降低因客户减少而导致的风险性。

五、产品革新战略

这是企业在原有目标市场上推出了新一代产品,这种战略比传统的产品发展战略向前迈进了一步。企业的重点虽然仍是原有的目标市场,但产品性能有了显著的提高。例如,旅行社对现有旅游线路进行较大的改进。

六、产品发明战略

这种战略要求旅游企业发明别的企业从未推出过的新产品,并进入到别的企业已经成熟的市场,例如原来针对观光旅游市场的旅行社重新开辟一条全新的特种旅游线路,因而它具有创新开拓精神。这种战略体现了创新开拓型战略高风险——高收益的特征。当企业向一个其他企业已经形成的市场推出自己第一代新产品时,企业的风险来自两个方面:一是新产品不一定正好适合该市场顾客的需要;二是企业对新市场缺乏第一手资料和实践经验。当企业从事这种风险投资时,它就是在运用全方位创新战略上跨出了成功的第一步。

七、多角化经营战略

多角化经营战略是指旅游企业利用现有资源和优势,向不同行业的其他业务发展的营销战略。根据所利用的资源的不同,多角化战略可分为技术关系多角化、市场关系多角化和复合关系多角化三种类型。

(一)技术关系多角化

技术关系多角化是指以现有业务领域为基础,利用现有的产品线、技术、设备、经验、特长等,增加产品的种类,向行业的边缘业务发展的战略。例如,在获得许可的前提下,旅游车船企业可以从事车船检测、维修保养、水陆运输等业务;旅行社可以经营商业、贸易等;旅游饭店可以侧重食品加工、饮食服务、承接装潢装修工程、电器修理等。这种战略能充分发挥原有的技术优势,而且投资少、风险少、见效快,容易取得成功。

(二)市场关系多角化

市场关系多角化是针对现有目标市场的顾客的潜在需求,发展其他行业的有关业务的战略。例如,民航机场、火车站或汽车站增加为旅客服务的商店、旅社、餐馆及金融机构等。这种战略目标顾客集中,可以充分利用企业的声誉、销售对象、销售渠道、促销方法及知名度等方面的较强的市场关联性,使现有业务与新业务相辅相成,相互促进。

(三)复合关系多角化

复合关系多角化是利用企业的人才优势、资金优势或根据联合经营的需要,发展与原有业务无明显关系的新业务的发展战略。如中旅集团成立以后,除了经营长短线旅游线路以外,还从事商贸、信贷、快递、民航代理业务等,在商贸旅游领域积极拓展,经营实效显著。

这种战略的特点是:分散经营风险,具有"西方不亮东方亮"的特点;把多向开发新产品和多个目标市场有机地结合起来,多方面地长久地占领市场,提高了企业的应变能力。这种战略的产生是市场扩大化和竞争复杂化的结果。但是,多角化战略的运用也不能不顾自身条件盲目发展,一哄而上,而必须要依据一定的外部条件和内部条件。

运用多角化战略的外部条件为:社会需求的发展变化,给企业带来了新的发展机会;新技术革命提供了新的技术基础,为新业务的发展创造了条件;竞争局势的不断变化,要求企业以变应变,以求得企业的生存和发展。

运用多角化战略的内部条件为:企业资源未能充分利用;企业本身具有拓展业务的实力;企业高层领导富有开拓、创新精神。

八、市场转移战略

这种战略是指旅游企业将现有产品投入到别的企业尚未进入的、刚刚开始形成的处女市场,这种战略尤其适用于不发达国家和新兴国家。

市场转移战略最主要的优点是早期投资少,企业对现有产品无须做大的改进,就可以进入正在形成的新兴市场,如果市场前景看好,企业会进一步调整自己的市场营销组合以适应市场的特点。另外,也可以通过建立营销网络或与别的企业合作投资,进一步增强实力。

九、市场创造战略

这种战略是指企业在新兴市场上投放别的企业已经在成熟的市场上经营的产品。市场创造战略比市场转移战略风险更大。市场转移战略的风险是单方面的，因为企业向新兴市场提供的是企业原有产品，而市场创造战略的风险是双方面的，即企业对新兴市场和准备投放的产品是否都有经验。

某旅馆集团成功地运用了市场创造战略，该集团的管理层认为：由于飞机票飞涨和恐怖主义、交通不便等原因，今后将用电话会议取代面对面的会议。到1995年，美国很大一部分商务旅行被电话会议所取代，该集团的电话会议市场营销总额从之前的10亿美元上升到80亿美元。

十、全方位创新战略

这种战略是市场创造战略和产品发明战略的组合。当市场变化非常快时，企业只有运用该战略才能立于不败之地。这种战略是企业向一个新兴市场推出别的企业从没生产过的全新产品。

第二节 旅游市场竞争战略

旅游市场竞争战略是旅游企业根据竞争者分析和市场中的竞争地位分析而采取的相应战略。根据旅游企业在市场中的竞争地位，可以将企业分为市场主导者（处于支配地位）、市场跟随者（能坚守阵地或抵抗竞争）、市场挑战者（与支配者抗衡）和市场利基者（竞争力软弱但有机会改变处境）。

一、旅游市场竞争者地位分析

为了确定有效的竞争性市场营销战略，企业需要尽可能了解其竞争对手。企业必须经常将自己的产品、价格、分销渠道和促销与其主要竞争者进行比较，这样企业才能找到自己潜在的竞争优势，向竞争者发出更有力的挑战，同时，也对竞争者的攻势做出积极的反应。企业应当从下列方面了解其竞争对手。

（一）识别企业的竞争者

识别企业的竞争者常常被看作是一项简单的任务。但是，在识别竞争者时，很多企业做得并不是十分准确、全面，他们往往只注意到最接近的提供价格相当的相同产品和服务给消费者的竞争者，而忽略了潜在的竞争者。企业识别竞争者时，有两种不同的竞争观点。

(1)行业竞争观点。许多企业以行业竞争观点识别其竞争对手。一个行业是由一组生产相同产品或可替代同类产品的企业组成,任何企业若想在本行业卓有成效,就必须充分了解同行业的竞争伙伴。

(2)市场竞争观点。另外一些企业不是以行业竞争者观点去识别竞争者,而是遵循市场竞争观点,即企业不仅仅在行业内识别竞争者,而是把竞争看作是所有那些力求满足相同顾客需要或服务于同一顾客群的企业,甚至还有那些满足消费者不同需求的企业。此外,企业还应注意那些力图以更有吸引力的产品满足消费者不同需要的企业,它们有可能使消费者的消费倾向发生变化。

(二)确认竞争者的目标

在识别了主要竞争者之后,企业经营者接着要回答的问题是:每个竞争者在市场上寻找什么?什么是竞争者行动的动力?不同的企业对长期利益和短期利益各有侧重,有些竞争者更趋向于获得“满意”的利润而不是“最大利润”。尽管有时通过一些其他的战略可能使他们取得更多利润,但他们有自己的利润目标,只要达到既定目标就满足了。也就是说,竞争者往往不把利润作为唯一的或首要的目标,在利润目标的背后,竞争者的目标是一系列目标的组合,对这些目标竞争者各有侧重。所以,应该了解竞争者对目前盈利、市场占有率的增长、资金流动、技术领先、服务领先和其他目标所给予的重要性权数分别是多少。了解了竞争者的这种加权目标组合,就可以了解竞争者对各种类型的竞争性攻击会做出什么样的反应。

企业必须跟踪了解竞争者进入新的产品细分市场的目标。若发现竞争者开拓了一个新的细分市场,这对企业来说也可能是一个发展机遇;若企业发现竞争者开始进入本公司经营的细分市场,这意味着企业将面临新的竞争和挑战。对于这些市场竞争动态,企业若了如指掌,就可以争取主动,有备无患。

(三)判定竞争者的策略

一家企业的战略与另一家的越相似,他们之间的竞争就越激烈。通常在大多数行业,竞争者可以分为实行不同战略的群组,每个群组由那些实行相同或相似战略的企业组成。区别这些战略群组有其特殊的价值,企业必须认真考虑这些群组成员的实力与战略特征,以求突破障碍而进入。

虽然在同一战略群组内竞争最激烈,但是不同群组之间的抗衡也同样存在。首先,各群组之间的目标顾客群本身就有一些交叉;其次,顾客不会主动去分辨这些战略群组，在他们看来也许这些企业并无多大差别；再次，每个企业都想扩大自己的市场范围，所以，不同群组中的企业在实力相当、流动障碍较小的情况下，也会进行非常激烈的较量。因此，企业应该收集各个竞争者的更详尽的资料。

(四)评价竞争者的优势与劣势

是否所有的竞争者都能实行其战略，并且达到其目的，这主要取决于竞争者的资源与能力，企业需要进一步评价竞争者的优势与劣势。

企业首先要收集有关竞争者过去几年经营活动的重要数据，包括竞争者的目标、战略与业绩。企业可以进行顾客价值认知分析，即要求顾客按不同的属性及其重要性程度来评价本企业与竞争者提供的产品或服务的价值，从中可以看到竞争者的弱点，同时发现本企业的薄弱环节，这将有利于企业在竞争中取得主动地位。

在寻找竞争者的弱点时，企业应保持客观态度。在瞬息万变的市场上，竞争形势不可能一成不变。只有根据市场变化不断对竞争形势进行新的分析，企业才能做出较为准确的判断，而不至于盲目乐观。

(五)估计竞争者的反应模式

一个竞争者的目标、战略及其优势与劣势，还不能完全决定它的行动方式和它对企业的产品价格、促销或推出新产品等营销活动的反应模式。除了这些因素外，还应该注意到另一个重要因素，那就是每个竞争者都有它自己的经营哲学、企业文化和信条，这将对该竞争者的行动产生影响。因此，企业经营者要想估计竞争者的行动与反应，就需要深入了解竞争者的心理状态。由于面对其他企业的行动每个竞争者的心理状态可能不一样，企业反应模式也就各不相同。常见的反应模式有以下四种：

从容不迫型：竞争者对其他企业的行动不做出迅速反应或反应不强烈。

选择型：竞争者只对某些类型的供给做出反应，而不理睬其他类型的供给。

强烈型：竞争者对所有的攻击都做出迅速反应。

随机型：竞争者并不表现出固定的反应模式，即它对于其他企业的攻击行动可能做出反应，也可能不做出反应。

(六)选择要攻击和要回避的竞争者

各企业在事先确定了它的目标顾客群及营销组合以后,就大致上确定了它的竞争者。它进一步考虑的是在这些竞争者中,企业与哪个主要竞争者的竞争将最为激烈,这样,企业就能集中精力,有效作战。

(1)强竞争者与弱竞争者。大多数企业喜欢把目标瞄准实力较弱的竞争者,这种做法无须太多的时间和资源。但相应地,企业也不会有很大的成效。因此,企业也应当与实力强大的竞争者较量一番。一方面,企业若想与实力强大的竞争者相抗衡,就必须在很多方面努力提高,这将增强企业整体实力,使企业长期受益;另一方面,即使再强的竞争者也有弱点,只要企业策略选择与实施得当就能获得成功。

(2)近的竞争者与远的竞争者。大多数企业都会与那些跟它们极相似的竞争者竞争,但与此同时,企业应注意避免企图"摧毁"这些最接近的竞争者,因为即使"摧毁"了最接近的竞争者,还会引来更多更难对付的竞争者。

(3)"好的"竞争者与"坏的"竞争者。每个企业都需要竞争者并从竞争者那里获得利益,竞争者的存在带来了几方面的好处:可对增加总供给有所帮助;可以分担市场与产品开发的成本,并有助于推广新技术;可以为一些吸引力不大的细分市场服务或促使产品差异化等。

但并非所有的竞争者都会给企业带来益处,每个行业都含有"好的"和"坏的"竞争者。"好的"竞争者遵守行业规则:他们希望有一个稳定、健康的行业,合理定价,推动他们降低成本,促进差异化,接受他们认为合理的市场占有率和利润界限。"坏的"竞争者破坏行业规则:他们试图花钱购买而不是靠自己的努力去赢得市场占有率,冒大风险,超额投资等。总的来所,他们打破了行业的平衡。所以,一个明智的企业经营者应当支持"好的"竞争者,尽力使本行业成为由"好的"竞争者组成的健康行业,这将有利于行业内所有企业的发展。

在识别与评价主要竞争者之后,企业必须设计竞争性战略。应该说,没有哪一种战略对所有的企业都适合,不同的竞争战略对产品或服务有不同的要求。企业必须认清自己在本行业的竞争地位、企业的目标、发展机会和资源优势,并以此为基础制定有效的竞争战略。

根据各个企业在目标市场上所起的作用不同,将它们的竞争位置分为主导者、挑战者、跟随者和利基者四类。

二、市场主导者战略

占据统治或支配地位的企业是旅游市场的主导者。这类企业不仅能控制其他竞争者的行为,而且在营销战略上有较大自由。市场主导者营销战略通常有三个重点:开拓市场总需求,保护企业现有市场份额,扩大市场份额。

(一)开拓市场总需求的战略途径

如果市场总需求得以拓展,在市场上占主导地位的企业当然是最大受益者,这是市场主导者将拓展市场总需求列为营销战略重点之一的根本原因。

拓展市场总需求途径有三个:开发新的目标市场,开发现有旅游产品的新内涵、新用途、吸引回头客,增加特定旅游产品的使用次数。

(二)保持市场份额的战略途径

处于市场主导地位的企业,必须时刻防备竞争者的挑战,保卫自己的市场阵地。防御策略的目标就是减少受制的可能性,削弱竞争者攻势。以下六种防御策略可供选择:

(1)阵地防御(Position Defense)。阵地防御就是在现有阵地周围建立防线。这是一种静态的防御,是防御的基本形式。但是,如果将所有力量都投向这种防御,很可能最后导致失败,如法国当年的"马其诺防线"。这说明单纯采用消极的静态防御是绝对不够的。对营销者来说,只保卫自己目前的市场和产品是一种"营销近视症"。

(2)侧翼防御(Flanking Defense)。侧翼防御是指市场主导者除保卫自己的阵地外,还应建立某些辅助性的基地作为防御地,或必要时作为反攻基地。特别要注意保卫自己较弱的侧翼,防止对手乘虚而入。

(3)先发防御(Preemptive Defense)。这是一种"先发制人"式的防御,即在竞争者尚未进攻之前,先主动进攻他。具体做法是,当竞争者的市场占有率达到某一危险的程度时,就对他发动攻击,或者是对市场上的所有竞争者全面攻击,使人人自危。

(4)反攻防御(Counteroffensive Defense)。当市场主导者受到攻击时,一种有效的防御是反攻入侵者的主要市场阵地。

(5)运动防御(Mobile Defense)。市场主导者不仅防御目前现有的阵地,而且还要通过市场多角化和市场扩大化扩展到新的市场阵地，作为未来防御和进攻的中心。

(6)收缩防御(Contraction Defense)。在所有市场阵地上全面防御有时会得不偿失，在这种情况下，最好是实行战略收缩——收缩防御，即放弃疲软的市场阵地，把力量集中到主要的市场阵地上去。

(四)扩大市场份额的战略途径

市场主导者营销战略的第三个重点是设法扩大市场份额以增加企业利润。增加市场份额，不仅可以使企业获得更多的销售利润，而且可以提高企业的投资效益。

三、市场挑战者营销战略

在市场中排位第二名以后的旅游企业中，有些实力非常强大，有些实力一般。这些企业在市场竞争中有两种姿态或角色可供选择：一是攻击市场主导者及其他竞争者以夺取更多的市场份额，此为市场挑战者；二是参与竞争但不颠覆其他竞争者的市场地位，此为市场跟随者。

(一)选择战略目标和挑战对象

市场挑战者面临的首要问题是界定战略目标和对手。如前所述，大多数挑战者都将扩大市场份额列为主要战略目标。根据这一目标，多从下述三类企业中选择攻击对象：

(1)攻击市场主导者。这属风险大但吸引力也大的战略行动，特别是当被攻击对象在满足市场需求方面做得不太好，够不上真正的市场主导者时，这种战略行动更具有意义。攻击目标要选择用户需求未被充分满足的地方，通过创造新产品，从主导者手中夺取部分市场。

(2)攻击实力相当者。挑战者也可从实力相当的旅游企业中挑选经营不善或财务困难者作为进攻对象，直接夺取其市场份额。

(3)攻击地方性小企业。对一些当地小企业中经营不善或财务困难者，可夺取他们的顾客，甚至将其收购或兼并以获得其全部市场。

总之，无论在何种情况下，如果要发动攻势，进行挑战，就必须遵守军事上的一条原则：每项军事行动都必须指向一个明确的、肯定的且可以达到的目标。

(二)进攻战略选择

在进攻对象和战略目标均已确定的情况下,挑战者还需选择有效的进攻方式或进攻战术。通常可供选择的进攻战术有如下五种:

(1)正面进攻。集中优势兵力攻击对手的强项,在产品质量、价格、分销渠道和促销力量上全面压过对手。所以,正面进攻实质是攻守双方力量的全面对比。正面进攻的另一种策略是大量投入研究与开发经费,彻底改进产品、降低成本,进而与对手展开"价格战",在相持中战胜对手。

(2)侧翼进攻。集中优势力量攻击对手的市场弱点,如销售力量薄弱的地区或主导者尚未覆盖的细分市场。侧翼进攻最符合现代营销观念——发现需要并设法满足它,因此可视作最文明、有效的进攻方式。挑战者可采用"声东击西"策略,佯攻对手正面,实攻对手侧面或背面。

(3)围堵进攻。这是利用突然袭击方式夺取对手大片阵地的一种进攻战略。当挑战者拥有优于对手的资源,并确信围堵计划的完成足以打垮对手时,可采用这种战略。

(4)迂回进攻。这是最间接的一种进攻策略:完全避开对手现有市场,旨在争夺新市场。如发展与目前产品系列无关的产品,实现产品多元化;以现有产品进入新的领域,实现市场多角化;发展新产品、新技术取代现有产品;开辟新市场等。

(5)游击进攻。这是适用于实力较弱的小企业的一种进攻策略。由于小企业一般无力发动正面或有效的侧翼进攻,只有向大企业占据的某些市场角落发动小型、偷袭式的促销或价格攻势,才能逐渐削弱对手实力和占据某些立足点。

需要指出的是,上述五种进攻战术各有所长,挑战者不可能同时运用各种战术,但也很难靠某种战术取得成功。通常要设计一套组合策略,通过策略上的相互配合,保证进攻行动的成功。

四、市场跟随者营销战略

产品模仿可能像产品创新一样有利。因为新产品的开创者要花费大量投资才能取得成功,并获得市场主导者地位,而其他从事仿造或改良这种产品的厂商,虽然不能取代市场主导者,但他们无需花费大量投资,也可获得很高的利润,这些旅游企业为市场跟随者。市场跟随者与挑战者不同,它不是向市场主导者发动进攻图谋取而代之，而是跟随在主导者之后自觉地维持“共处”局面。这种“和平共处”情况普遍存在。在这种态势下的企业，通常是采取市场跟随策略，即效仿主导者为市场提供类似的产品和服务，因而竞争结构相当稳定。

但这并不是说市场跟随者就是无所谓策略，模仿和跟随也须讲究策略。一方面，跟随者要确保自己不丢掉某些方面已存在的竞争优势，这样才能保住现有市场和进入新市场。另一方面，跟随者常常是挑战者打击的主要目标，要想不被对手打垮，跟随者也必须注意保持相对低廉的制造成本和优质的产品服务。总之，跟随主导者不是指亦步亦趋地照搬主导者的一切做法和策略，而是以不引起竞争性报复为前提的企业成长战略。具体做法有以下三种。

(一)紧紧跟随

在尽可能多的细分市场及营销策略上均效仿市场主导者，但避免侵犯主导者敏感的领地，避免任何直接冲突。

(二)有距离跟随

在市场营销的各主要方面上跟随市场主导者，但又与其保持某些距离，这种做法易为主导者接受。

(三)有选择跟随

在某些方面紧紧跟随主导者，在另一些方面仍保持独立性。这类做法使企业学习竞争者的长处，同时发挥自身的创造力，有助于培养未来的挑战者。

五、市场利基者战略

市场利基者专心关注市场上被大企业忽略的某些细分部分，在这些小市场上通过专业化经营来获得最大限度的收益，也就是在大企业的市场缝隙中求得生存和发展。市场利基地位不仅对小企业有意义，而且对于某些大中型企业中的较小部门也有意义，他们也常设法寻求一个或几个这种既安全又有利的市场位置。获取有利市场位置的主要战略是专业化营销。

可供旅游企业选择的专业化战略有：按照旅游产品的最终使用者专业化，专门致力于为某类最终使用者服务；按客户规模专业化，专门为某一种规模(大、中、小)的客户服务，如有些小旅游企业专门为那些被大企业忽略的小客户服务；

按特定顾客专业化,只对一类或几类主要客户服务;按地理区域专业化,专为国内外某一地区或地点服务;按服务项目专业化,专门提供某一种或几种其他企业没有的服务项目;按分销渠道专业化,专门服务于某一类分销渠道,如专门生产适于小型旅游代理商销售的产品。在选择有利市场位置时,多重位置比单一位置更能减少风险。因此,通常选择两个或两个以上的有利位置,以确保企业的生存和发展。总之,只要营销者善于经营,小的旅游企业也有许多机会,可在获利的条件下更好地为顾客服务。

第三节 旅游市场营销组合战略

旅游企业或旅游区在选择目标市场和制定定位策略以后,营销规划的下一步应该是制定在选定的目标市场中具有竞争力的营销组合和开展营销传播活动。通过制定营销组合和开展营销传播活动来指导、协调各旅游企业或旅游区的发展,可以最大限度地挖掘其旅游潜力,保障旅游企业或旅游区的持续健康发展。

一、旅游市场营销组合的含义

市场营销组合战略,简称营销组合,是现代营销学理论的一个重要概念,是1964年由美国哈佛大学的鲍敦教授首先提出,此后受到学术界和企业界的普遍重视和广泛应用。

所谓营销组合,也就是企业的综合营销方案,即企业对自己可控制的各种营销因素(如产品质量、包装、价格、服务、广告、渠道和企业形象等)的优化组合和综合运用,使之协调配合、扬长避短、发挥优势,以便更好地实现营销目标。

旅游市场营销组合是指旅游企业的综合营销方案,即旅游企业为增强竞争力,针对目标市场的需要综合自己可控制的各种营销因素(旅游产品、价格、渠道、促销等),进行优化组合,以满足旅游目标市场的需要和保证旅游企业的营销目标顺利实现。

对旅游市场营销组合的概念,可以从以下几个方面来理解:

第一,旅游市场营销组合的实质是综合发挥旅游企业的整体优势,从多方面做到"适销对路",以满足旅游者的整体要求,从而提高企业效益和社会效益。

第二,旅游市场营销组合表现为在特定时期向特定旅游目标市场营销特定的旅游产品。

第三,旅游市场营销组合是旅游市场竞争策略的组合。

二、旅游市场营销组合的要素

企业可控制的营销因素很多,市场学有几种分类方法。根据传统的麦卡锡4P理论,可以将旅游区或旅游企业的可控制的营销组合要素概括为:旅游产品(product)、旅游定价(price)、旅游分销(place)、旅游促销(promotion),简称"4P"。其中各要素是又包含若干个小因素的复合结构。所谓营销组合,也就是这四个"P"的适当组合与搭配,它体现着现代市场营销观念指导下的整体营销思想。这四大要素的具体内容是:

(一)旅游产品要素

指旅游企业针对旅游目标市场制定营销计划时所考虑的与旅游产品有关的可控制因素,它包括旅游产品满足旅游者利益的程度、旅游产品设计的合理性、旅游产品的功能与特色、旅游产品的品牌信誉、旅游服务使顾客的满意程度、旅游售后服务、旅游产品质量保证等方面的内容。制定旅游产品政策时,必须重点考虑旅游消费者的需求,对旅游企业整体利润及安定性的贡献,以及竞争态势。

(二)旅游价格要素

指旅游企业针对旅游目标市场制定具有竞争力的价格策略时可控制的相关因素,它包括旅游产品的生产成本、旅游产品的营销与管理费用、旅游产品的定价政策、折扣价格、付款期限、信贷条件等方面的内容。旅游价格的制定必须符合旅游企业的目标,同时符合顾客的承受能力,有利于刺激和吸引旅游消费者的购买;另一方面,还要考虑目标市场的竞争状况,以避免引起激烈的价格竞争。

(三)旅游销售要素

指旅游产品通过何种有效的途径从生产者转移到旅游消费者手中的相关因素,它包括旅游批发商、旅游经销商、旅游零售商、销售网络、销售范围等方面的内容。旅游分销政策的目标是建立高效的分销系统,它需要事先决定诸如市场本质、利润需求、现有通路系统等以契合市场需求。

（四）旅游促销要素

指旅游企业为实现旅游产品向旅游消费者的转移，扩大销售量和提高市场占有率所采取的各种促进销售活动的相关因素，它包括广告信息、人员推销、营业推广、公共关系等方面的内容。旅游促销要注意赠品、手册、展销等传统促销工具与高科技促销手段的综合运用。

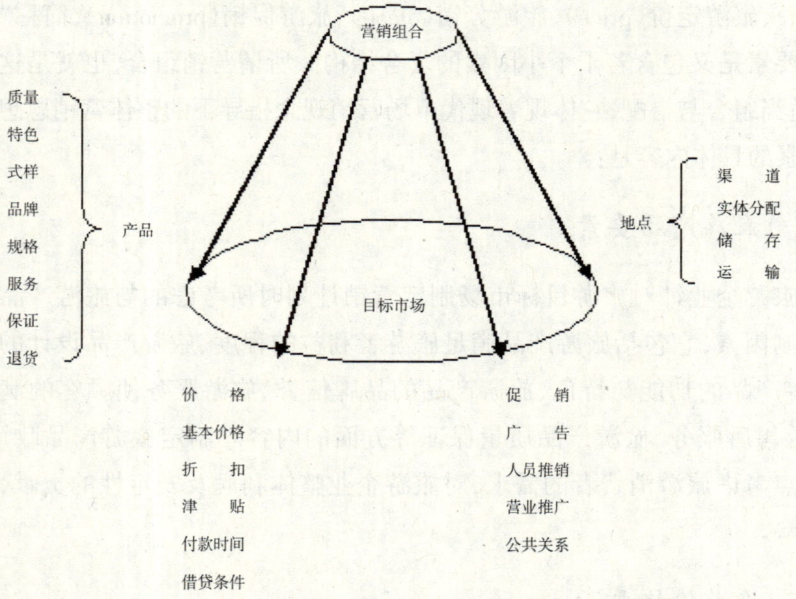

图6-3　营销策略组合示意图

三、旅游市场营销组合的特点

旅游市场营销组合的特点主要有可控性、整体性、动态性等。

（一）可控性

旅游市场营销组合要素对旅游企业来说都是可控因素。旅游企业可以根据目标市场的需要，制定相应的旅游产品政策、旅游价格政策、旅游分销政策、旅游促销政策等，以及协调运用以上政策，使之与不可控制的环境因素相适应。

（二）整体性

旅游市场营销组合是由各种因素组合而成的复合结构，同时各组合因素中还包括许多次组合因素,次组合因素还可以分解为更深一层的组合因素。因此,旅游市场营销组合的作用,不是其中每一个构成因素所发生作用简单相加的结果,而是由于各个因素的相互配合和相互协调作用产生整体效能的结果。

(三)动态性

旅游市场营销组合的各组合因素是不断发展变化的,同时相互作用、相互影响,因此,整个营销组合又是一个动态组合系统,它随着旅游企业战略调整以及竞争状况的变化而变化。

四、旅游市场营销组合运用的原则

旅游市场营销组合虽然没有一个适用于所有旅游企业或所有市场态势的固定模式,但要达到组合效果,运用时必须遵循以下原则:

(一)目标性原则

旅游市场营销组合首先要有目标性,即确定旅游市场营销组合时,要有明确的旅游目标市场,同时要求组合中各因素都围绕这个目标市场进行最优组合。

(二)协调性原则

指旅游市场营销组合中的各个因素要有机的联系和协调组合起来,以最佳的优化组合状态,为实现整体营销目标服务。要充分运用各因素的相互关联作用,如售价较高的旅游产品与耗资巨大的广告组合,就利用了较高的收入来弥补广告较多的耗费。

(三)经济性原则

经济性原则又称为组合的杠杆作用原则。此原则主要是考虑旅游市场营销组合中的各要素对销售的促进作用,例如广告费用对销售的影响,当广告费用增加时,销售影响不大,当广告费用增到某一点后,销售量增长较快,当广告费用增长到更高的某一点后,销售量趋于常数,因此,要发挥广告宣传对销售量的杠杆作用,在营销组合中应该考虑销售量和广告费用的关系。在销售量增长较快的这一阶段,应采用增加广告费用的组合;若销售量趋于常数,增加广告费用的效果甚微,则应考虑其它因素对销售量的影响作用。

(四)反馈性原则

旅游市场营销环境是不断变化的,市场营销组合也要随之不断进行调整修改,这就要求有不断及时反馈的市场信息为依靠,信息反馈及时,反馈效应好,旅游企业就可随营销环境的变化,及时重新对原市场营销组合进行分析和调整,进而确定新的适应市场和消费者需求的营销组合模式。

五、旅游市场营销组合的作用

对旅游企业经营管理来说,旅游市场营销组合具有以下作用。

(一)旅游市场营销组合是旅游企业制订营销战略的主要内容

一个旅游企业的营销战略是为实现其长期营销目标而设计的行动规划,本质上是企业经营管理的整体战略。它主要由企业的营销目标和营销组合的诸因素协调组成,是目标与手段的有机统一体。市场营销组合作为营销战略的主要内容,将各种因素综合运用,对营销战略起到重要的决定性的作用。

(二)旅游市场组合是协调旅游企业内部各部门工作的纽带

旅游企业内部各部门的工作要统一协调成为一个整体系统,彼此配合,分工协作,共同满足旅游目标市场的要求,达到旅游企业的既定目标。在旅游市场上,旅游消费者对于旅游产品和服务的需求,实际是一种整体需求。旅游需求者希望旅游企业能提供足够的信息,帮助他们在适当的时间、适当的地点,以适当的价格,买到符合他们期望的旅游产品。旅游企业要达到这样整体销售的目标需要各个部门的通力合作,而联结企业各部门工作的纽带,就是营销因素组合。实施营销组合策略,绝不只是营销部门的职责,而必然涉及企业的生产、财务、人力资源等各部门。因此,旅游市场营销组合是协调旅游企业内部各部门的重要纽带。企业各部门的管理人员,不仅要精通本部门的工作,而且要在一定程度上熟悉其他部门业务,通过这条纽带,形成一个灵活的销售组合,进行整体营销。

(三)旅游市场营销组合是旅游企业赢得市场竞争的有力手段

旅游市场竞争无所不在。在激烈的旅游市场竞争中,任何一个旅游企业都不可能具有全面的优势。一般情况下,竞争者之间都各有自己的优势和劣势。

旅游企业在制定营销组合策略时，要细致分析每一方面的因素，与竞争者相比较，充分认识自己的优势和劣势，扬长避短，有针对性地创造条件，使企业处于优势地位。在当今日益成熟的旅游市场中，企业之间的竞争仅仅着眼于价格因素，已不能适应市场竞争的发展态势，单纯的价格竞争，往往造成企业两败俱伤的结果。随着旅游企业行业管理水平的日益提高和企业之间的竞争日趋激烈，旅游市场营销组合中非价格因素的竞争日益显得重要，如产品因素、服务因素、包装因素、广告宣传因素、销售渠道因素等。因此，在制定旅游市场营销组合时，审慎研究各种因素，才能确切找出应付竞争的适当措施。

（四）旅游市场营销组合有利于旅游企业合理分配销售费用预算

旅游企业销售费用预算总额确定以后，如何将其在各有关因素之间进行科学、合理、有效地分配，使各因素所占据的预算额既能够被充分利用，又不致出现短缺；既能满足需要，又不出现浪费，这是十分复杂但具有相当难度的问题。但是，在市场营销组合的指导下，可以根据组合中各个因素所起的作用进行分配，使预算分配得以合理解决。

六、旅游市场营销组合的战略

旅游市场营销组合战略是有效地设计和实现各种营销手段的综合运用，即在组织其营销活动时，针对不同的旅游市场环境和内部条件，将以上因素进行最佳组合，使它们相互配合，产生协同作战的综合作用，而不是互不相关甚至是相互矛盾而抵消其作用。从某种意义上讲，现代旅游市场学基本上就是以旅游市场营销组合各因素的决策和以它们为核心的旅游市场营销战略为主要内容的，可见旅游市场营销组合战略的重要意义。

旅游市场营销组合是旅游企业可以控制的经营手段的组合，旅游企业可以根据自己的调研分析，设计旅游产品的特征、价格、质量、数量等，自由选择促销手段、销售方式和渠道，制定销售预算，形成自己的企业形象等。但是因为旅游企业处于不可控的营销环境中，种种不可控的外部因素仍会对旅游企业的营销组合产生制约和影响。因此，企业在进行营销组合时应善于适应外部不可控制的因素，以便灵活及时地调整内部可控因素。

复习思考题

1. 旅游市场营销战略的含义是什么?

2. 旅游市场营销战略的基本类型包括哪些?结合实例,说明旅游企业如何运用和实施这些基本战略?

3. 旅游企业面临的市场竞争者有哪些类型? 如何进行旅游企业市场竞争地位的评价?

4. 旅游企业在市场上可能处于哪几种竞争地位? 针对不同的市场竞争地位如何采取不同的竞争战略?

5. 什么是旅游市场营销组合战略?它有什么特点?

主要参考文献

陶卓民,胡静.旅游市场学[M].北京:高等教育出版社,2001.

赵西萍.旅游市场营销学[M].北京:高等教育出版社,1998.

第七章
旅游产品策略

旅游产品是旅游企业得以生存和发展的基础。成功的旅游市场营销活动,必须综合考虑旅游产品各方面的特点和属性,注重产品策略,以求保持长期的竞争力。

通过本章学习,了解旅游产品的含义、特点、分类;熟悉旅游产品生命周期策略、品牌策略、新产品策略以及产品组合策略;掌握旅游产品的构成、各种策略在不同市场营销环境下的具体运用。

第一节 旅游产品概述

旅游产品和其他产品不同,其构成区别于其他产品,除具有一般产品的普遍性特点之外,还具有自己的独特之处。

一、旅游产品的含义

从市场供给的角度看,产品是指向市场提供的能满足人们某种需要的一切物品和劳务,包括能满足购买者需求的物质实体及非物质形态的服务。按照中国国家技术监督局颁布的《中华人民共和国国家标准旅游服务基础术语》中的定义,旅游服务产品是由实物和服务综合构成的、向旅游者销售的旅游项目。也就是说,旅游产品是指旅游经营者为了满足旅游者在旅游活动过程中的各种需求,面向旅游市场提供的各种物质产品、精神产品和旅游服务的组合。

从市场需求的角度看,旅游产品是指旅游者支付一定的金钱、时间和精力所获得的整个旅游经历。

旅游产品有整体旅游产品和单项旅游产品之分。旅游产品是个整体概念,一般而言,由旅游市场提供的能够满足旅游消费者各种需求的一切物品和劳务,即涵盖旅游者旅游活动的全部经历的各种事物与现象的总和,是旅游产品整体概念的表述。如旅行社推出的一条线路、一个专项旅游项目等。单项旅游产品则是整体旅游产品的组成部分,指旅游企业分别提供的如住宿、交通、游览、娱乐等产品。

二、旅游产品的构成

旅游产品的整体概念,是旅游市场营销理论的重大发展,是以旅游消费者的需求为中心。这一点对于旅游经营者具有重大意义,也是真正贯彻消费者观念的体现。从现代营销理论的整体产品观念来看,旅游产品的整体概念包含三个层次的含义,即核心产品、形式产品和延伸产品。

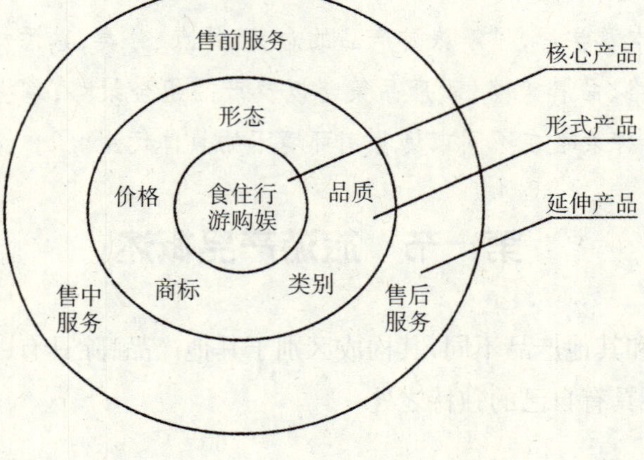

图7-1 旅游产品的构成

核心产品是旅游产品最基本的层次,是旅游消费者购买时追求的主要利益,是满足顾客需要的中心内容。旅游者购买某种旅游产品并非单纯是为了占有或获得该产品本身,而是为了获得能满足某种需要的效用和利益。由于旅游者需要不同,在购买和使用旅游产品时主观意识会参与其中,旅游者对核心产品的判定具有强烈的主观色彩和差异性,因此旅游营销者的任务在于找到隐藏在产品背后的真正需要,满足旅游者需要的真正利益。

形式产品是整体旅游产品中旅游者可以直接接触或感受到的那部分内容。如酒店的建筑、装潢、设备、布置风格,景区的景观、交通条件等。形式产品是旅游产品核心利益的载体,是整体旅游产品的重要组成部分,它在一定程度上影响着旅游者的购买决策。

延伸产品是指企业提供给旅游消费者的有关产品的各种附加利益或优惠条件,包括对该产品的质量保证、维护、使用指导及其他一些相关的服务项目。而作为提供服务为主的旅游产品,它的延伸产品这个层次主要是指"附加服务",包括售前服务、售中服务和售后服务。如饭店产品的延伸部分包括,为客人提供方便的预订服务、信息服务,对儿童和残疾人的照顾等。延伸部分通过为旅游者提供多种附加利益,能形成吸引旅游者的独特因素,创造其对产品和企业的忠诚,有助于旅游经营者保持和扩大市场,是旅游企业重要的竞争手段之一。

三、旅游产品的特点

旅游产品是一种以服务为主的综合性产品,除了具有价值、使用价值等产品的一般属性外,旅游产品还具有自己独特的产品特征。旅游产品具有五大突出特点,即无形性、生产与消费同步性、综合性、不可贮存性、后效性。

(一)无形性

旅游产品的无形性主要因为在旅游产品中占很大部分的内容是服务性产品的供应,如导游接待服务,旅游线路及行程的设计、编排等。同时,旅游产品的无形性还体现在旅游产品的价值和使用价值凝结在无形的服务中。只有当旅游者享受到旅游活动中的各项服务时才能感受到旅游产品使用价值的大小,旅游者不能看到服务,但能看到与服务有关的各种有形物。旅游产品的这一特点要求旅游企业在推销其旅游产品时,要把无形产品有形化,利用各种沟通手段,把旅游产品的无形部分转化成旅游者能看到或感受到的信息,对旅游产品的环境因素、设计因素、价格因素等有形属性进行管理,使旅游者认识到购买该项产品所能获得的利益,从而促进旅游者的购买行为。例如,饭店的建筑、色调、气氛、客房价格、员工仪表、广告等,在顾客心目中形成了他们想要得到怎样的服务。

(二)生产与消费的同步性

生产与消费的同步性是指旅游产品生产与消费同时发生。旅游产品的生产过程就是旅游服务的提供过程,是以旅游者到达旅游目的地(或旅游企业)消费为前提。旅游企业员工借助一定的旅游资源和旅游设施提供旅游服务,旅游者在消费的过程也参与了生产过程。这说明,旅游产品的生产和消费是同时进行的,一旦旅游者不再消费,旅游服务便不复存在。生产与消费同步的过程使得旅游企业员工和其他顾客成为某一旅游者旅游经历的组成部分,他们的态度和行为在很大程度上影响着该旅游者对旅游产品的满意度。此外,不同旅游者的需求、偏好、个性不同,他们对同一服务的满意程度也不同。因此,旅游产品生产与消费同步性特点构成了其与有形产品最核心的差别,并使其质量难以控制,生产过程的标准难以把握。这就要求旅游企业除了根据旅游者的不同需要有针对性地设计产品、提供个性化的服务之外,还有必要加强员工的态度、行为等管理。员工服务质量的好坏和营销水平的高低,都会成为旅游者决定是否重复购买及每次购买消费水准的重要前提。所以,旅游企业需要对员工进行认真选择、培训和管理,以提高旅游服务质量和对外营销效果。

(三)旅游产品的综合性

旅游产品的综合性,首先表现在它是一种由资源、设施、交通、服务、购物等构成的组合型产品;其次,还表现为生产旅游产品的部门和行业的广泛性。具体到旅游营销之中,即贯穿旅游活动的食、住、行、游、购、娱都可以成为旅游产品的具体内容。旅店、饮食业提供食宿服务,交通运输部门提供地区转移服务,旅行社提供信息、组织旅游等项服务,旅游景区则提供精神文化服务,商业则为满足旅游者对于各种商品的需要服务等等。尽管从性质、地区和时间上看,旅游服务的内容各不相同,但我们应该把提供旅游服务的过程看作是一个整体,保证这个过程的协调一致。这种旅游综合服务的实质就是向旅游者提供统一优质的旅游服务,其内容包括由旅游者定居地及运送游客的过程中和游客临时逗留的旅游地等向旅游者提供的上述各种服务。作为旅游企业,在营销时必须整体规划,使各组成部分保持质和量的一致,使与同一旅游产品相关的各个单位和部门在经营策略和营销实践上保持协调,避免因某一个部分脱节或某一要素的失误影响旅游者的整体感受,甚至导致旅游者对整个旅游经历的完全否定。

(四)不可贮存性

旅游产品的主体是旅游服务。旅游产品是通过服务来满足旅游者需要的,而服务是一种行为,不存在独立的"生产"过程,只有当顾客购买并现场消费时,旅游资源、设施等和服务相结合的旅游产品才得以存在,因此旅游产品是不可贮存的。虽然必要的设施、设备和劳力是可以事先准备的,但这些仅仅代表了旅游企业的生产能力和接待能力，而不是旅游服务本身。生产能力超过顾客需求量部分的价值会白白丧失，需求量超过了供应量时也没有储备的旅游产品可用。所以，旅游企业面临的一个重要任务是根据需求提供服务，同时要管理需求，使之与供给能力相适应。例如，酒店利用超额预订和最后时刻降价等方式来提高收益，餐厅可利用非营业高峰时间的价格优惠来分散客人的用餐时间。

（五）后效性

游客只有在消费过程完全结束后，才能对旅游产品质量作出全面的、准确的评价。旅游者对旅游产品质量的理解是其期望质量和经历质量相互作用的结果。期望质量是游客在实际购买之前，根据所获得的有关旅游产品的各种信息而对旅游产品的质量作出的预期判断；经历质量是旅游者以其实际获得的感受对旅游产品质量作出的判断。如果经历质量低于期望质量，旅游者会产生不满，就不会再重复购买，而且会对旅游企业或旅游产品进行不利的宣传。因此，对游客面对面服务的结束并不等于整个营销活动的终结。旅游营销是个连续不断的过程，必须进行市场跟踪调查，重视市场的反馈，及时发现旅游产品存在的问题，并根据旅游者的意见和建议对产品加以改进，与顾客保持长久的关系，以便取得营销的成功。

总之，旅游产品的特点对旅游市场营销有着重要意义，了解旅游产品的特点是做好旅游市场营销的基础。

四、旅游产品的分类

旅游产品可以从不同的角度划分为不同的类型。

（一）按劳动表现形式划分

按劳动表现形式划分可分为实物、劳务和吸引物。实体产品的主要表现形式是旅游设施和旅游购物品，是以物化劳动表现出来的，具有物质属性的实体存在物。它在整个旅游产品中处于相对次要的地位。旅游产品大量地表现为劳务，即旅游服务，主要蕴藏在服务人员的各种服务之中，贯穿在整个旅游活动的始终，其效用的发挥必须凭借旅游资源、旅游设施以及其他必需的劳动资料。吸引物包括自然吸引物和社会吸引物。自然吸引物不包括人类劳动的成分，如阳光、气候、山川、江海等自然生成物,是旅游产品不可缺少的自然基础。社会吸引物如古代建筑、文化遗址、园林景观、历史文物等,属于人类劳动结晶和文化沉淀物。自然吸引物和社会吸引物是产品组合中的基础成分。

(二)按照消费形式不同划分

按照消费形式不同划分,旅游产品可以分为食、住、行、游、购、娱六部分组成。食、住、行是基本的旅游产品,存在着消费的极限,增加消费的途径是增加服务内容、提高产品质量及进行多档次经营。游览和娱乐的消费弹性较大,可以加大投资、增加游乐项目来吸引游客,提高游客的参与。购物是消费弹性最大的环节,主要通过开发适销对路的产品来提高游客的消费。按消费层次进行划分,可以帮助旅游企业了解旅游者的选择与消费旅游产品中的消费结构和档次,有助于旅游目的地的经营者针对不同的旅游市场,提供不同内容层次的旅游产品,使之更好满足旅游者的需要。

(三)按旅游目的不同划分

随着旅游业的发展,旅游者的旅游需求呈现多样化的趋势,旅游产品的存在形式和表现类型也日益多样化。按旅游目的区分,旅游产品包括观光游览型产品、度假保健型产品、商务会议型产品、文化知识型产品、主题节目型产品等。观光游览型产品是指为满足旅游者观光游览之目的而开发的旅游产品。我国具有多样化的地形地貌,自然旅游资源丰富,在开发观光游览型旅游产品方面具有竞争优势。度假保健型产品是指为满足旅游者度假、保健、休养的需求而提供的旅游产品。商务会议型产品是指为满足公务旅游者的需求而提供的旅游产品。文化知识型产品是指为满足旅游者了解文化、增长知识的需求而开发的旅游产品。世界传统的文化旅游产品主要有博物馆旅游、艺术欣赏旅游、怀旧旅游。怀旧旅游是指专门为寻觅古代社会风情、古代建筑、古代生活用具、古代歌舞文化、古代名人故居或墓地等的旅游活动。其主要种类有怀古旅游、寻古旅游、寻根旅游、仿古旅游、古堡旅游等。主题节目型产品是指满足特定旅游需求的旅游产品。这类旅游产品一般都有一个明确的主题,整个旅游活动都是围绕这个主题来进行的。旅游目的地适时推出主题节目产品,是招徕旅游者、取得良好经济效益的良好途径。

第二节 旅游产品生命周期策略

旅游产品生命周期理论是旅游学的重要理论,对于旅游企业或有关部门在激烈的市场竞争中,根据现代旅游消费的特点,有效利用旅游资源,开发具有特色的旅游产品,制定营销策略,具有重要的指导意义。

一、旅游产品生命周期理论

产品生命周期是市场营销学中的一个重要概念,它是指一种产品从投入市场开始到被市场淘汰所经历的过程。20世纪80年代初,该理论被引入旅游研究领域,从而形成了旅游产品生命周期理论。

旅游产品生命周期理论认为,旅游产品的发展过程要经历投入、成长、成熟、衰退四个阶段。在投入阶段,旅游产品还未被广大消费者所认识,产品在旅游市场上知名度较低。通过修建旅游设施,改善交通条件,加强宣传促销,市场逐步打开,游客增加速度很快,从而进入成长阶段。在成熟阶段,游客增长速度趋于平稳,旅游旺季游客人数开始出现超过当地居民的趋势,旅游投入已开始产生良好的经济效益和社会效益。随着旅游产品的特色逐渐为更多的人所熟悉,其吸引力会随之逐渐下降,游客人数达到峰值后开始出现缓慢下降趋势,旅游企业或有关部门应进一步改善旅游设施,开发新旅游项目,扩大接待规模。在衰退阶段,旅游目的地的社会和环境承载力已达极限,由于市场竞争和新的旅游产品的吸引,加上环境和社会问题的出现,游客人数明显回落,特别是长线团队游客下降,一些旅游设施闲置和用作他用。这一阶段可采取延长游游产品生命周期策略或更新策略。

旅游产品生命周期是旅游产品一般的发展规律,并不是指所有旅游产品都具有相同的变化趋势或具有相同的生命周期。不同的产品其生命周期是不同的,其生命周期所经历的阶段也可能不同。一些自然景观、人文景观,由于其特定的文化内涵以及不可复制性等特点,其生命周期可能较长;而一些人造景观其生命周期可能相对较短;有些旅游产品、服务项目,由于种种原因,甚至未经历繁荣阶段就被淘汰。

二、影响旅游产品生命周期的主要因素

一种产品在市场上的发展变化，是受多种因素影响与制约的结果。旅游产品是综合性产品，其生命周期更容易受到主客观条件及宏观、微观因素的影响而出现变化。由于旅游产品在市场上的发展变化是由需求和供给共同作用的结果，因此，影响供需的所有因素都可能成为影响旅游产品生命周期的因素。在所有影响因素中，起主要作用的有以下几种：

（一）旅游产品的吸引力

即旅游吸引物的吸引力。一般来说，吸引力越大，其生命周期越长，一些具有深厚文化底蕴的人文景观和自然景观长盛不衰。如中国悠久的历史和秀丽的人文古迹、名山大川等对海内外游客具有很大吸引力，而一些近几年新建的“宫”、“庙”、“城”等中小型主题公园，由于雷同和缺乏特色，相互间地理位置相距太近等而门可罗雀。

（二）目的地的自然环境与社会环境

因为旅游产品的吸引力不仅来自于产品本身的吸引力，在更大程度上依赖于目的地的自然环境和社会环境，如居民的友好态度，优美的环境，安全、卫生的食宿条件，便捷的交通等。从这个意义上说，目的地政府必须树立大旅游的观念，用系统工程的方法来统一规划，在做好旅游目的地的自然环境和人文环境建设维护的同时，还要重视当地的物质文明建设，更要重视精神文明建设，这样才可能使本地区旅游业可持续地高速发展。

（三）消费需求的变化

旅游者的消费需求可能因时尚潮流的变化而发生兴趣转移，从而引起客源市场的变化，导致某地旅游资源吸引力的衰减。消费观念的变化、收入的增加、新的旅游景点的出现、目的地的环境污染或服务质量下降等都会影响消费需求的变化。

（四）经营策略和方针

在旅游业市场竞争日趋激烈的今天，要求旅游企业不断改变经营观念，加大

促销与宣传力度,实施正确的产品组合策略和市场细分战略,才能保持和扩展客源市场,延长旅游产品的生命周期。

三、旅游产品生命周期各阶段的特点及营销策略

旅游产品生命周期理论是一客观规律。任何一项旅游产品的吸引力都会随时间的推移而发生变化,其市场需求也会发生变化,都有一个发现与开发、成长与巩固、衰退和淘汰的过程,只不过这个过程所经历的时间长短不同而已。只有了解旅游产品生命周期的变化趋势,了解市场需求的变化,采取正确的策略和措施,才可能延长产品的生命周期。

研究旅游产品生命周期的目的主要有三个:一是在旅游产品生命周期的不同阶段采取不同的营销策略;二是研究改进旅游产品,延长旅游产品的生命周期;三是当衰退期不可避免到来时,开发旅游新产品,更好地适应旅游市场变化的需求。

(一)旅游产品的投入期

1. 投入期的特点

在这一阶段,旅游新产品正式推向市场,具体表现为新的旅游景点的开发,新的旅游饭店和旅游娱乐设施的建成,新的旅游线路的开通,新的旅游项目、旅游服务的推出等。产品刚刚投放市场,尚未被消费者了解和接受,旅游目的地或旅游企业的接待量很小,因而销售量较小且增长缓慢;对外宣传、广告费用较高,产品的销售费用很大,旅游企业利润率较低;旅游产品设计尚未定型,质量尚不稳定,旅游企业通常采取试销态度,旅游者购买也多是尝试性的,几乎没有重复购买。处在这一阶段,市场上竞争者较少。

2. 投入期的营销策略

对于处于投入期的产品,旅游经营者应尽量缩短投入期持续的时间,以求迅速进入和占领市场。企业应根据试销的结果改进产品,力求产品尽快定型,同时注重此产品质量的稳定,以扩大知名度。考虑到市场类型与特点,采用合理的定价策略,吸引消费者,参与市场竞争。要综合运用广告、人员推销、销售促进等各种促销手段,强调产品给旅游者带来的利益,使旅游者尽快认识产品,同时采用全方位销售渠道,从而迅速打开销路。

(二)旅游产品的成长期

1. 成长期的特点

在成长期内,旅游景点、旅游设施建设已初具规模,新的旅游产品逐渐定型并形成一定特色,因而日渐被旅游者所接受,拥有一定的知名度。产品销售量迅速提高,广告费用降低,销售成本大幅度下降,利润迅速上升。其他旅游企业看到有利可图,可能组合相同的旅游产品进入,市场上竞争者增多。

2. 成长期的营销策略

这一阶段旅游企业应注重提高旅游产品质量,根据投入期的销售情况发现和弥补不足,进一步完善和改进产品,创立企业的名牌产品或拳头产品;对产品价格进行适当调整,以合理的、有竞争力的价格减少竞争者进入市场。成长期的广告宣传也应由原来单纯的产品宣传转变为树立企业形象,提高企业声誉,争取潜在顾客和增强旅游消费者对企业和产品的信任感,为以后开发系列产品做准备。同时选择合适的中间渠道,给选定的中间商一定的优惠。

(三)旅游产品的成熟期

1. 成熟期的特点

这一时期是旅游产品的销售高峰期。旅游市场已趋饱和,销售量达到最高点,名牌产品形成,但仿制品、替代品不断出现,企业竞争日趋激烈。随着成熟期延续的需要,成本将逐渐上升,利润出现逐渐下降的趋势,特定旅游企业的销售增长率趋减。

2. 成熟期的营销策略

应集中改进现有产品,提高产品质量,增加产品的附加价值,通过差异化的产品来赢得竞争优势;根据市场变化趋势设计和生产新产品,开创新市场;运用灵活的定价策略、多种定价技巧,实行优惠价格。此阶段通常需要采取集中促销以维持和扩大市场,加强销售改进、公关等促销活动,力保名优产品的核心地位。

(四)旅游产品的衰退期

1. 衰退期的特点

这是旅游产品老化、逐渐被市场淘汰的阶段。一方面,新替代旅游产品出现,老产品失去原有吸引力,旅游消费者兴趣转移,原有产品中除少数名牌产品外,销售量出现大滑坡。另一方面,价格竞争激烈,价格被迫不断下跌,同时促销费用增加,成本上升,因而利润下降,甚至出现亏损。此时,许多旅游企业在市场竞争中被淘汰而退出市场,竞争淡化。

2. 衰退期的营销策略

在此期间,旅游经营者应适当保留尚有利润的项目,或对产品重新进行市场定位,同时积极进行产品的更新换代。一旦老产品的销售量和利润下滑到最低限度时,应果断决定撤出市场,不再生产原有的旅游产品。价格上或保持原价使之自然退出市场,或以降价来争取游客。缓解销售量下降的趋势。促销集中到最有利润的市场面或销售渠道上。精简销售渠道,保留最忠诚的中间商,同时做些旅游新产品的分销计划。

四、延长旅游产品生命周期策略

旅游产品生命周期是客观存在的,但不是固定不变的,人们可以通过开发新的旅游项目、更新改善旅游设施、扩大宣传促销的范围,重新包装产品、开拓新的市场来延长旅游产品的生命周期,一些旅游名胜长盛不衰的奥秘就在于此。旅游产品更新换代主要对策:

(一)塑造与提升产品品牌

不是改变原有的品牌形象,而是寻求一种突破,要在此基础上勇于探索、敢于创新,根据市场的需求形式适时调整产品策略,整合优势,在原有品牌基础上更上一层楼,亮出自己的特色。

(二)挖掘与彰显产品内涵

在对产品进行功能追加、重新包装、提高质量的同时,增强产品的参与性功能显得特别重要,如可以通过智力投入的方式对产品内涵进行扩展。要想改变原来那种导游简单介绍和客人仅仅拍照的形式,可以考虑使静态观赏变动态参与,多开展一些动态参与性的活动,提高游人的兴趣,有效延长其逗留时间。

(三)契合与融合产品地格

对于任何旅游目的地而言,其产品的开发、优化、创新都离不开对当地旅游资源本身及其周围环境要素的分析，即地格（包括地方的文脉与地脉）分析。任何一个旅游目的地的产品都会深深打上了当地的地脉和文脉的烙印，在对旅游产品创新时，也应尽量使其与当地的文脉和地脉和谐与融合。

（四）延伸与创新产品主题

对于传统旅游目的地而言，根据旅游产品生命周期的指导原则，抓住旅游者消费心理，把握未来消费时尚与潮流，前瞻性地推出全新的旅游产品，创新带动需求，引导消费，从而在激烈的市场竞争中领先。但是要注意主题的理性延伸，合理创新，达到一种"既在情理之中、又在意料之外"的境界。

第三节 旅游产品品牌策略

品牌策略是企业整个产品管理的一个主要方面，品牌可以增加产品的价值。越来越多的消费者在选择产品时，把产品的品牌作为购买决策考虑的依据。旅游产品是以游客经历为核心的产品，主要体现为旅游服务，无法像有形产品那样提供样品使消费者事先感受，因此品牌的诱导就起着十分重要的作用，是吸引旅游者重复购买的一个主要因素。作为旅游企业应注重旅游产品品牌的塑造，把本企业的旅游产品和服务与其他企业区分开来。

一、旅游产品品牌的含义

（一）品牌的含义

品牌，即"商品及牌子"的统称，是用以识别某个销售者或某群销售者的产品或服务，并使之与竞争对手的产品或服务相区别，通常由文字、标记、符号、图案和颜色等要素或这些要素的组合构成。品牌就其实质来说，代表着销售者对交付给消费者的产品特征、利益和服务的一贯性承诺。

品牌与商标都是用以识别不同生产经营者，不同种类、不同品质产品的商业名称及标志。但品牌和商标不完全等同。商标其实是注册后的一个品牌，是品牌的一个法律名称，是受法律保护的一个品牌或一个品牌的一部分，是获得专用权的品牌。

(二)旅游产品品牌

旅游产品品牌是指用以识别某旅游产品的名称、术语、标记、符号、图案或它们的组合。旅游产品品牌实质上是传递一种市场信息，是让顾客在瞬间以简单的形象识别联想到旅游企业提供的区别于其他旅游企业产品的内在信息。

二、品牌的特征

品牌作为区别产品或服务的商业名称和标志，具有以下特征：

(一)品牌是企业的无形资产

品牌是有价值的，可为企业带来收益，但品牌是企业的无形资产，需要通过文字、图案和符号等一系列的物质载体来表现，使品牌有形化。没有物质载体，品牌就无法表现出来，更不可能达到品牌的整体传播效果。品牌体现了产品服务、知名度、美誉度、市场占有率，著名品牌的价值有时会远远超过企业有形资产的价值。

(二)品牌具有文化性

品牌是一种口碑，一种品位，一种格调。品牌出自特定的文化氛围，赋予每个产品以文化特色。文化特征决定品牌的外在形式，它是品牌的核心，强调的是品牌的档次、名声、美誉和给人的好感等。

(三)品牌具有专有性

品牌是用以识别生产或销售者的产品或服务的。品牌一旦经过法律程序的认定，就享有品牌的专有权，有权要求其他企业或个人不能仿冒、伪造。这一点也是指品牌的排他性。

(四)品牌以消费者为中心

品牌具有一定的知名度与美誉度，是因为它所代表的企业和产品能给消费者带来实际利益，给社会创造价值。同时，企业和产品品牌的建立又来源于消费者的认知和肯定，因此，企业的品牌必须考虑到以消费者为中心，充分考虑消费者利益。

品牌具有识别功能,代表一种产品、一个企业,企业可以利用这一优点展示品牌对市场的开拓能力,还可以帮助企业利用品牌资本进行扩张。

三、旅游产品品牌的作用

(一)有利于树立良好的旅游企业形象,提升市场竞争力

品牌旅游产品从消费者的角度出发,开展有针对性的个性化服务,提高服务水平以换取旅游消费者的认可,从而树立良好的企业形象。

品牌旅游产品强调的是产品的品质差异。不同品牌的产品差别化程度越强,消费者就会对某些品牌形成一定的偏爱,使不同品牌旅游产品之间形成稳定的消费群体,这样就会排斥非品牌产品供给者的进入,潜在竞争者的进入障碍就更大,从而形成品牌产品的竞争优势。

(二)有利于旅游企业增加销售,扩大市场

企业或产品成为名牌,拥有了较高的知名度,特别是较高的美誉度后,会在消费者心目中树立起极高的威望,表现出对品牌的极度忠诚,反复购买、重复使用,并对其不断宣传。其他品牌产品的使用者也会在名牌产品的吸引下开始使用此产品,并可能同样成为此品牌的忠实消费者。这样,品牌实力进一步巩固,形成了品牌的良性循环,就会吸引更多的消费者购买,从而增加销售,并可趁机扩大生产。

(三)有利于旅游企业实行网络化、集团化经营

名牌企业或产品在资源方面会获得社会的认可,社会的资本、人才、管理经验甚至政策都会倾向名牌企业或产品,使企业聚合了人、财、物等资源,形成并很好地发挥名牌的聚合效应。名牌积累了足够的资源,就会不断创造出新的产品和服务,旅游企业可以借助于成功品牌对新产品或服务进行品牌延伸,扩大产品组合或延伸产品线,扩大企业经营。网络化、集团化经营的前提是以品牌延伸为依托,所以,品牌开发有利于企业走网络化、集团化经营之路。

四、旅游产品品牌策略

企业在经营过程中,科学而合理地制定品牌策略是其主要工作。依据品牌

运营的主要环节，品牌策略主要包括品牌有无、品牌统分、品牌归属、品牌扩展和品牌重新定位等内容。

(一)品牌有无策略

尽管品牌能够为品牌持有者、品牌使用者带来好处，但并不是所有的产品都必须有品牌，要根据品牌运营的投入产出测算而定。有的经营者对品牌认识不足，缺乏品牌意识或是为了节约成本等，采用无品牌策略。旅游企业可以在无品牌与有品牌之间作出选择。当前，我国旅游企业采取品牌策略势在必行，因为品牌是强化旅游产品差异化的有力手段，可以体现旅游企业的竞争优势；品牌有助于发展旅游企业与顾客的牢固关系，形成顾客的品牌忠诚；品牌可以提高旅游产品附加值，能给旅游企业带来可观的经济效益。

我国从20世纪90年代开始，业内有识之士已经开始探索旅游业品牌经营之路。"华侨城"、"白天鹅"、中央电视台无锡影视城、北京大观园等旅游企业树立了自己的品牌形象；八达岭长城、北京故宫、西安兵马俑、黄山、杭州西湖、苏州园林、桂林山水、长江三峡、张家界、南岳衡山、九寨沟、平遥古城、丽江古城等景区(点)旅游品牌影响深远。

(二)品牌归属策略

确定产品应该有品牌之后，就涉及到品牌归属问题。一般企业有三种选择：一是使用属于自己的品牌，这种品牌叫做企业品牌或生产者品牌；二是将其产品出售给中间商，由中间商使用他自己的品牌把产品转卖出去，这种品牌叫做中间商品牌；三是企业对部分产品使用自己的品牌，而对另一部分产品使用中间商品牌。在旅游企业中，饭店一般使用自己的品牌，而一些旅游零售商一般使用批发商或生产者品牌。特别是旅游产品打入新的市场时，以自己的品牌难以快速得到市场认可，可先使用口碑较好的中间商品牌，或部分采用中间商品牌。

(三)品牌统分策略

品牌统分策略主要是考虑企业是大部分产品或全部产品都使用同一品牌，还是各种产品分别使用不同品牌。旅游企业也可以在统一品牌与个别品牌之间作出选择。

1. 统一品牌策略

所谓统一品牌策略，就是旅游企业所有产品均使用一种品牌。比如希尔顿、香格里拉等公司通常采取统一品牌策略，将内部质量和服务标准延伸到许多细分市场上。旅游企业使用统一品牌有以下优点：(1)有利于新产品的推出，如果品牌已经具有一定的市场地位，新产品的推出无须过多宣传便会让消费者产生认知；(2)所有产品共用一个品牌，可以节省传播费用，对一个品牌宣传的同时可以惠泽所有产品；(3)充分显示出企业经营产品品类齐全的实力。其缺点是：(1)如果一次推出的新产品不成功，有可能影响整个企业声誉；(2)如果企业经营多种在性能、品质、价格档次上相差甚远的产品，用同一品牌反而会模糊产品形象。

2. 个别品牌

个别品牌是指旅游企业为每种不同的产品规定不同的品牌。旅游企业采用个别品牌的优点是：(1)能更贴切地表现产品特征；(2)尽管每次推出新产品的费用较多，风险较大，但如果新产品在市场上销路不畅，不至影响原产品的品牌声誉；(3)有助于帮助消费者识别产品。

此外，品牌统分策略还包括“分类品牌”和“企业名称加个别品牌”。

(四)品牌扩展策略

品牌扩展策略是指企业利用其成功的品牌名称的声誉来推出改良产品或新产品，包括新的包装规格、香味和式样等。

品牌扩展策略具有多种优势。著名的品牌名称可使新产品迅速得到市场的承认与接受，从而有助于公司经营新的产品类别。品牌扩展可节省用于促销新品牌所需要的大量费用，并且使消费者迅速了解新产品。因此，企业在产品的成熟期时，要对名牌商标进行深度开发和综合利用，要对已成功的品牌进行有效的延伸和塑造，要加强品牌的联想，要树立品牌的优势，把品牌定位于设计、技术、产品、质量和服务的高水平。

与品牌扩展策略相关的风险包括：(1)一旦新产品不能令人满意，就可能影响消费者对同一品牌名称的其他产品的态度；(2)品牌过分扩展将导致已经有的品牌名称丧失其在消费者心目中的特殊定位。这种某一品牌名称不再使消费者立即联想到特定产品或类似产品的情况叫做品牌淡化。

因此，旅游企业在利用成功品牌的荣誉不断推出改良产品和新产品同时，应慎重考虑，做好研究评价工作。

(五)多品牌策略

指企业同时为一种产品设计两种或两种以上相互竞争的品牌的做法。多个品牌既相互独立,又存在一定的关联。作为世界酒店巨子之一的“万豪”偏向于使用多品牌策略来满足不同细分市场的需求,针对不同的细分市场成功推出了一系列品牌:fairfield(公平),courtyard(庭院)、marriott(万豪)以及marriott marquis(万豪伯爵)等等。在国外的一个城市中曾出现过几十家万豪酒店同时存在的现象,它们彼此之间既独立又互补。经过多年的发展和演化,万豪酒店现在一共管理着八个品牌,其业务已经遍及世界各地。

多品牌战略的实施有两个特点:一是不同的品牌针对不同的目标市场;二是品牌的经营具有相对的独立性。实施多品牌战略可以最大限度地占有市场,对消费者实施交叉覆盖,且降低企业经营的风险,即使一个品牌失败,对其它的品牌也没有多大的影响。

但是,多品牌战略有其重要的局限性:一是成本高,需要足够的高质量的品牌管理人才;二是要有完善的跨部门管理协调体制;三是要有一定规模的品牌建设资源。从这个角度来说,多品牌战略只适用那些具一定实力的企业。

五、实施旅游产品品牌策略的主要措施

(一)在建立品牌旅游产品过程中,充分注重整体产品观念

对于旅游产品而言,从整体产品观念来看,应包括核心产品、形式产品和延伸产品。旅游产品更加注重的是其形式产品和延伸产品部分,旅游消费者更为注重的是旅游过程中的信用和服务过程。对于旅游产品而言,旅游服务贯穿于整个旅游产品交易的全部过程。因此,在实施旅游产品品牌策略时应充分注重旅游前、中、后期的整个过程,注重产品的整体观念。

(二)提供品牌旅游产品,尤其要注重旅游企业形象

旅游企业形象是公众对旅游企业的综合评价,是企业的表现与特征在公众心目中的反映,是公众对旅游企业的发展史、创始人、主管人员、员工、团结气氛、行为准则、物质条件、产品、服务、旅游企业名称等的总体认知,反映了公众对旅游企业的整体特点、总的精神的了解和情感倾向。这种印象不仅来自于有形的、

看得见摸得着 的外显事物,同时也来自于长期为公众所感知和记忆的旅游企业的行为和表现的内在精神。旅游企业形象作为一种“无形的经营资源”,在品牌旅游产品的经营过程中,是传递沟通联络的工具。

建立品牌旅游产品应从旅游企业的角度出发,为了诱发顾客的消费行为和启发适合旅游企业预期的顾客偏好,旅游企业要加强与顾客的联络。再者,良好的企业形象能够引导和影响旅游员工的行为,这是塑造产品品牌过程中重要的一环。

(三)在建立品牌旅游产品过程中,要充分注意品牌旅游产品的文化特征

在现代旅游市场中,由于激烈的竞争,旅游产品的更新换代很快。从品牌旅游产品的生产者角度来看,每一件品牌旅游产品的生命周期都不一样,如何有效地延长品牌旅游产品的生命周期,文化内涵是其关键所在。我国是一个拥有几千年灿烂文化的文明古国,具有悠久的历史文化,国外大多数的旅游者对中国的传统文化、民族风情有着极大的兴趣,认为是人类文化的精品、旅游资源的瑰宝,因而愿意接受价格较高的中国文化旅游产品。

随着旅游市场营销的不断发展,品牌营销已成为旅游企业必不可少的营销手段之一,品牌已经成为企业综合实力的象征。在进行品牌营销的过程中,只有充分考虑到以上各个方面,企业品牌才能深入人心,品牌旅游产品才能真正成为企业竞争的核心,旅游企业才可能在市场竞争中立于不败之地。

第四节 旅游新产品策略

旅游产品经历一段时间的市场竞争后,如果不加以改进,就很难适应不断变化的市场需求,最终为市场淘汰,因此不断开发新产品对企业的生存和发展极为重要。

一、旅游新产品的含义和类型

旅游新产品是相对于旅游老产品而言具有新的特色,且能适应旅游者新的文化精神需求及其它需求的产品。它既包括能适应旅游者新的文化精神需求及其它需求的全新产品,也包括对现有旅游产品中的任何一部分的改革或创新以

满足潜在消费需求的产品。

旅游新产品的类型,可按其产品新颖程度划分为全新旅游产品、换代型旅游新产品、改进型旅游新产品和仿制型旅游新产品等四种类型。

全新旅游产品是指市场上以前从没生产或销售过的新产品,主要针对核心产品部分进行创新,如新开辟一条旅游线路、新开发的旅游景点等。它体现的是一种新的理念,满足的是旅游者新的需求。全新旅游产品开发周期比较长,投资和风险比较大。

换代型旅游新产品指在现有基础上对产品进行较大改革设计后所生产出的产品。如由原先的观光旅游产品升级为观光度假产品。

改进型旅游新产品是指对原有旅游产品不进行重大革新,只对它进行局部形式上的改变。可通过增加旅游活动内容、变化旅游活动线路而生产出来。

仿制型旅游新产品指对市场上已经存在的产品进行模仿,或者是进行局部的改进和创新。如各类仿造的历史古城等。

二、旅游新产品开发的意义

(一)开发旅游新产品是旅游企业生存发展的需要

随着经济的发展,市场需求逐渐多样化、复杂化,单一陈旧的产品已经无法满足不断变化着的消费需求,必须在改革创新的基础上寻求顾客新的满足点;同时,旅游产品的生命周期规律也告诉我们,旅游产品有投入到衰退的过程,只有不断开发新产品,才能在市场上求得长久的生存和发展。

(二)开发新产品是旅游企业获得竞争优势的关键

目前在旅游产品中同质化程度严重,替代性很强,缺乏独特的竞争力,使得大多数旅游产品大多只有一次性消费价值。此时,根据市场需求对产品内涵的系统挖掘以及注重产品开发的创意与系列化,不断开发、推出新产品就成为企业获得竞争优势的关键。

(三)开发旅游新产品是旅游企业提高经济效益的源泉

企业推出新产品可以提高其在市场上的竞争力和知名度,提高企业的信誉和地位,促进产品销售,使得企业利润稳定增长。因此,保持竞争优势和提高经济效益的最有效的途径是产品创新。

三、开发旅游新产品的要求

开发旅游新产品应符合下列要求。

(一)要适应国内外旅游市场需求变化的趋势

在进行新产品开发之前,首先要了解市场需求变化趋势,进行市场调查与分析、市场评估。只有准确把握国内外的市场需求状况,针对性地去开发产品,才能开发出旅游者真正需要的、适销对路的产品。

(二)要突出特色

在旅游产品的开发中要做到"人无我有、人有我新、人新我特"。特色能明显体现出产品的差异性,在一定时间或空间内具有唯一性,满足旅游者的个性化需要,从而吸引消费者购买,形成竞争优势。

(三)要讲究经济效益

旅游企业要根据自身的经济实力和新产品的特点充分利用资源,有计划、有步骤地合理开发建设,争取以最小的投资获得最大限度的经济收益;同时,旅游企业在考虑自身发展的同时,也要注重企业经营活动的社会效益与生态效益。

(四)要注意保护旅游资源

地球环境的污染和破坏给人们带来了很多灾难,给世界各国敲响了警钟,人们对环境的保护意识日益增强。这就要求企业在追求经济利益的同时,应考虑到环境的保护,考虑到资源的可持续利用;应在合理适度的限度内进行新产品开发与建设,特别是旅游景区景点,应充分考虑旅游资源的承载容量,避免盲目开发造成破坏。

四、旅游新产品开发的程序

旅游新产品的开发是一个有计划、有目的、连续、系统的过程,一般要经过七个程序。

(一)旅游新产品的构思阶段

旅游新产品的构思,是指开发一种旅游新产品的设想。进行新产品的构思是新产品开发的首要阶段,是创意的收集过程。旅游新产品的构思来源主要有旅游者、旅游企业员工、中间商、竞争对手以及科研机构、大专院校、行业顾问、广告公司等。

前四类来源是最主要的构思来源。旅游业得以生存和发展的基本条件就是满足旅游者需要,旅游经营者要高度重视旅游者的意见和建议,通过市场调查、函询、座谈等途径通常能获得较为可靠、直接的信息;旅游企业员工在生产与销售过程中与消费者接触密切,最了解消费者的需求,对产品也有着比外人更多的了解,容易发现问题;中间商掌握着消费者需求的第一手资料,同时又掌握着大量的供给信息,对市场信息把握比较全面,他们提出的建议有较高的开发价值;竞争对手的创意会给经营者带来很好的提示,竞争者的新产品可能会成为企业附加型新产品构思的间接来源。同时,旅游经营者还要善于借助科研机构、大专院校、行业顾问、广告公司等了解市场行情,寻找被忽略的市场机会,发挥他们智慧潜力,集思广益,收集对新产品的创意灵感。

(二)旅游新产品构思方案的评估、筛选阶段

这一阶段运用一系列评价标准,对各种构思进行判断,以选择最佳方案。对新产品构思方案评估、筛选可以权衡各种创新项目所需费用、潜在效益与风险,找出最有可能成功的构思;筛选,的过程也有助于对原有构思作出修改与完善。在此阶段,应坚持可行性原则、效益性原则和适应性原则,以保证新产品构思顺利实施。

在筛选构思方案的过程中,为尽量减少误选和漏选的可能,旅游企业一般会成立筛选小组,小组成员会涉及到企业的高层管理人员、各部门经验丰富的代表、基层员工和行业专家等。筛选小组可以根据自己的经验来判断构思与企业的经营目标、生产技术、财务能力、销售能力是否相适应,进行评估、筛选,常用的还有评分筛选。评分模型涉及到四个基本要素:评分因素、评分等级、权重及评分人员。筛选人员根据评分模式对各构思加权计分,再依据其分值决定取舍,选出下一步开发的对象。

(三)旅游产品概念的发展与测试

产品构思不是一个具体产品,只是经营者希望提供给市场的一个可能产品的设想,而新产品概念是经营者从消费者的角度对产品构思进行的详尽描述,包括对产品的名称、质量、特征、功能、价格等构成因素的完整描述,是产品构思的具体化。旅游产品概念的测试,是通过对旅游者的调查或提问来了解他们对旅游产品的购买意图,以便确定对目标市场吸引力最大的产品概念。

(四)商业分析

所谓商业分析,就是要预测一种产品概念的销售量、成本、利润及收益率,预测开发和投入产品的资金风险和机会成本,预测环境及竞争形式的变化对产品发展潜力的影响,预测市场规模,分析消费者购买行为。商业分析要求旅游企业进行深入细致的旅游市场调查和预测,广泛收集各种数据,比筛选的工作更为复杂,要求的精确度更高。在这一阶段,还必须作出关于营销战略的初步决策,如目标市场定位、营销目标、主要的促销决策等。

(五)旅游新产品的研制、开发

如果产品概念通过了商业测试,就可以进行新产品的研制和开发了。旅游新产品的研制、开发是指根据新产品的开发方案进行资金筹集、新产品设计、人员安排及新产品实体或项目等具体工作,使抽象的新产品变成具体的新产品。在进行产品的设计与开发时,要考虑到新产品的功能及质量两方面的决策。功能决策包括新产品的使用功能、外观功能及地位功能的决策;质量决策需要注重新产品的适应性及经济性。新产品在研制过程中应反复测试,使其完善。

(六)旅游新产品试销阶段

旅游新产品试销是把一种产品小批量地投放到经过挑选的具有代表性的小型市场范围内进行试验销售,以检查旅游者可能作出的反应,从而使新产品失败的风险达到最小化。通过试销可以确定新产品主要的市场所在及构成,了解新产品在正常的营销环境下可能的销售量和利润额,发现新产品的缺陷及时加以改进,估计新产品的开发效果。

(七)旅游新产品正式投放市场

新产品通过试销取得成功后,就可以全面投入市场,产品即进入产品生命周期的投入期阶段。在这一阶段,旅游经营者应制定一个新产品引入市场的实施计划,确定新产品的规格、质量标准、价格构成、促销方式及销售渠道等,注意投入新产品的时间、目标市场、销售渠道等方面的决策,即何时、何地、用什么方法投入什么市场的问题。新产品投入市场后,还要及时收集市场的反馈意见,为进一步改进产品和市场营销策略提供依据。

第五节 旅游产品组合策略

旅游企业在生产经营过程中,为分散风险的需要,不应只经营单一的旅游线路和单一的旅游产品,而应经营多个品种。同时,在各产品间保持一个最优的组合结构,以取得最佳的盈利效果。

一、旅游产品组合

旅游产品组合,是指旅游企业经营的全部产品线的组合方式。它可以从旅游产品线的广度、深度和相关度上反映出自己的特征。产品线是指密切相关的、满足同一类需求的一组产品。

一个企业所拥有的产品线的数量称为产品线的广度,又称产品线的宽度。产品线的数量越多,宽度越大。如某旅行社同时经营观光旅游、修学旅游。旅游产品线的宽度越宽,越有利于企业充分利用资源,拓宽市场,增强应变能力,降低经营风险。

同一产品线所包含的产品种类的多少称为产品线的深度。如观光产品中有文化古迹游、自然风光游等。深产品线有利于企业在市场细分的基础上满足不同消费者的需求,增大市场份额。浅产品线有利于企业集中力量发挥专长,创造名牌产品,增加产品销售量,创造效益。

相关度是旅游企业在进行各种旅游产品的生产时,对旅游饭店、交通、景点、娱乐、购物等方面的一致性。一致性程度高则产品相关度就大,可使企业精于专业,提高经营管理水平。

二、旅游产品组合策略

旅游产品组合策略是指旅游企业根据其经营目标、资源条件、市场需求和竞争状况，对旅游产品线的广度、深度和相关度制定的组成方式或调整方法。旅游企业拓展其产品线广度，加深其深度以及加强其相关度，都可能产生促进销售，增加利润的效果。一般常见的旅游产品组合策略有以下几种类型。

(一)全线全面型组合策略

指增加产品线的宽度，经营多种旅游产品以满足多个市场的需要。这种策略着眼于向全体顾客提供他们所需要的一切产品和服务。此策略的前提条件是企业有能力满足整个旅游市场的需要。一般来说，采用全线全面型组合策略的大多是大型或超大型企业，目标是推出尽可能多的产品捕捉市场机会，促进企业发展壮大。但这种策略容易造成资源分散，难以实现规模经营，同时导致品牌形象不明晰，使企业很难在某个细分市场或某种产品上形成竞争优势，因此旅游企业在实际经营中很少采用这种策略。

(二)市场专业型组合策略

此策略是指企业面临同一市场生产不同产品，以满足其多样化及细致化的需求。采用此种组合策略的旅游企业面对同一市场，比较了解自己的顾客，便于发挥优势，提供令顾客满意的产品和服务。但由于目标市场单一，在一定程度上也限制了企业规模的发展，如遇市场变化，承担的经营风险也较大。

(三)产品专业型组合策略

指旅游目的地或企业专门经营某一类型的旅游产品来满足多个目标市场的同一类需要。采用此策略的旅游企业专注于某一类产品的生产，并将其产品推销给多类顾客。由于产品线单一，便于旅游企业根据自己的专长进行管理，重点集中，降低成本，也有利于产品线的深度开发，易于为目的地或企业树立鲜明的形象，有助于使该企业成为该旅游产品线中的优势企业。

(四)特殊产品专业型组合策略

采用这种产品组合策略的旅游企业是凭借所拥有的特殊优势和条件，提供能满足旅游市场需要的某些特殊产品。如针对青少年市场进行寓教于乐的夏令营活动；针对老年市场提供休养度假的旅游产品等。采用该策略的企业能针对性地满足不同目标市场，提供的产品独具特点、个性化强，竞争压力小，有利于占领市场扩大销售。但在产品开发前期需要进行周密的市场调研，开发和销售成本较高，投资较大。

三、最佳旅游产品组合的评价及选择

最佳旅游产品组合是指能给旅游企业带来最大长期盈利的产品组合方式。旅游经营者必须经常分析自己产品组合的状况和结构，根据市场环境的变化调整产品组合，在变动的形势中寻求产品组合的最佳化。最佳产品组合评价法有四象限评价法、产品获利能力评价法、产品系列平衡法等，其中四象限评价法最为常用。

四象限评价法是美国波士顿公司于20世纪70年代首创，亦称波士顿矩阵法（BCG）。它是指根据市场占有率和销售增长率对产品组合进行分析、评价并实现优化的方法。其步骤如下：

（1）作出四象限坐标图；

（2）把旅游产品根据市场占有率和销售增长率的大小，分别列入各个象限；

（3）确定对策。

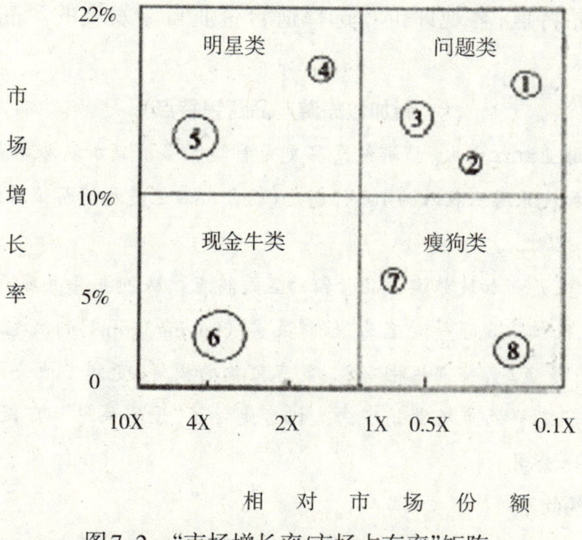

图7-2　“市场增长率/市场占有率”矩阵

一般把旅游产品分为四种，分别列入四个象限。

处于第Ⅰ象限的是明星产品。此类产品销售增长率和市场占有率高，说明该类产品市场潜力可观，属于成长期阶段。企业应给予积极支持，全力开发，在资源分配上应优先保证，力保其现有的地位和将来的发展。

处于第Ⅱ象限的是金牛产品。金牛产品虽然销售增长率不高，但市场占有率相当高，能给企业带来较多利润，一般处于成熟期。对该类产品，若其销售增长率下降，则应努力改进产品和销售，延长其生命周期。若销售增长率有所提高，应设法稳定现状和采取增加盈利的对策。

处于第Ⅲ象限的是问题产品。问题产品一般销售增长率高，而相对市场占有率低。这类旅游产品很有发展前途，可能因产品质量或促销原因，此时未形成优势，带有一定的风险。它或者向明星产品转变，或者失败退出市场，所以称为问题产品或风险产品。因此，旅游经营者应该集中精力进行市场调研，对把握较大的问题产品应予以发展；对近期内需求不大、但远景看好的产品，应采取维持策略；对有生命力的产品，要积极扶持；对市场占有率很低、风险较大的产品，应慎重对待。

处于第Ⅳ象限的是瘦狗类产品。此类产品市场占有率和销售增长率都很低，是衰退产品或失败产品。对这种产品，应有计划地予以淘汰，开发新产品，开拓新市场。

旅游企业要想长期保持竞争优势，规避风险，就必须能够不断研究消费者需求和自身的产品特点，客观评价和选择适合企业自身发展的产品组合策略。

新加坡旅游产品营销特点

新加坡的旅游业红红火火，旅游纪念品更是种类繁多。新加坡旅游局有一项专门调查显示，2006年，新加坡旅游业收入为108亿新元(约合68.8亿美元)，而旅游纪念品的销售收入占旅游收入的50%以上。

产品注重创意，是新加坡旅游产品营销的显著特点。从2006年年底开始，新加坡各个旅游景点的商店里，陆续出现了一种名为“乐宾莱恩”(Luving Lionel)的绒毛玩具。它的上半身是狮子头，下半身是鱼尾，一副彬彬有礼、笑容可掬的模样，受到当地公众及海外游客的青睐。这其中蕴含了怎样的市场营销理念？记者走访了“乐宾莱恩”的“诞生地”——新加坡RDP产品研发有限公司。

为卡通形象编故事

公司研发经理裴秀莲告诉记者，开发“乐宾莱恩”的起因是日本有Kitty猫，美国有米老鼠，那么新加坡有什么代表性的卡通人物吗？由于“鱼尾狮”是新加坡的象征性标志之一，因此公司就想到应从传统的“鱼尾狮”造型中汲取灵感,设计出一个最能代表新加坡的卡通人物,“乐宾莱恩”就这样诞生了。

“由于标准的‘鱼尾狮’造型比较庄重、威严,没有亲近、可爱的感觉,因而设计者们就将其拟人化,并推出一系列可以展现新加坡日常生活的角色和故事,人们在听故事的同时,也忍不住将故事中的角色带回了家。”

故事中,有一对“鱼尾狮”情侣——“乐宾莱恩”和“俏丽索尼娅”。莱恩是新加坡金融区的白领人士,他的名字(Lionel)取自英文中狮子(Lion)的谐音,他的英文全名是“Luving Lionel”,“Luv”是“Love”的变通写法。“乐宾”,顾名思义是取“让来宾快乐”之意;索尼娅是莱恩的女朋友,在时尚界工作,酷爱各种时尚文化。

“猛男阿明”和“食评螃蟹”是莱恩和索尼娅的好朋友,他们的造型一个是人猿,一个是螃蟹。这两个人物的设计灵感来自新加坡动物园和新加坡的美食文化:新加坡动物园里有一只家喻户晓的人猿,名字就叫“阿明”,是动物园里的动物大使;当地一道著名的美食就是“辣椒螃蟹”。人物齐全后,精彩的故事就上演了。

借助卡通推广文化

记者注意到,“乐宾莱恩”身上精致的衣着时常会发生变化,一会儿是婚礼装,一会儿是休闲装;一会儿穿着传统华人服饰,一会儿又透着马来风格。针对新加坡的多元种族特性,公司还推出身着马来西亚族、印度族和西方礼服的造型,推出特别限量版的“乐宾莱恩”。

在圣淘沙旅游定点商店,记者看到一名来自新西兰、约20岁左右的女孩。她怀里抱着身穿沙滩装的乐宾莱恩、索尼娅及两个“死党”——阿明和螃蟹,但又舍不得穿婚礼装及潜水装的莱恩。最后,她拿起相机将其他的莱恩们拍摄下来,准备回家展示给朋友们。

除绒毛玩具外,同时推出的“乐宾莱恩”产品还包括手提包、手机链、钥匙圈、瓷器等,印有“乐宾莱恩”图像的T恤衫也将面市。可见,“乐宾莱恩”是一个全方位发展的形象产品。裴秀莲说,她的理想是将“乐宾莱恩”变成新加坡代表,这一造型不只是玩具,也是推广新加坡身份及文化的形象大使。

为了让“乐宾莱恩”推广新加坡传统文化,公司与当地老字号饼店合作,为其重新设计包装,将“乐宾莱恩”的形象印在饼盒上,既让本地年轻人了解传统文化,又能让外地旅客体验到新加坡的传统糕点美食。

2008桂林山水文化旅游节

以“桂林是我家,我想去桂林”为活动主题2008桂林山水文化旅游节的活动由旅游、文化、体育、美食、网络、展销、演艺等七大板块16项主题活动组成,时间从11月8日至16日。在此期间,桂林将举行“我想去桂林”网络互动大赛、桂林精品旅游线路推介会、文化精品演出、中国山水画双年展、艺术巡游等丰富多彩的活动。

2008桂林山水文化旅游节主题鲜明,地方特色浓郁,16项活动绝大多数都是围绕桂林的地方特色来设计和展开；互动性、趣味性和参与性强，各项活动都能让桂林的各行各业广泛参与，使桂林城市在白天与晚上都活跃起来，各县区活动贯穿其中，专业人士、普通游客和市民积极加入；品牌意识突出，此次旅游节组委会从主题、形象口号、标识等着手，对旅游节进行了整体策划和包装，使之成为推介桂林旅游、对外宣传桂林的拳头产品和知名品牌，成为推动招商引资、促进经济发展的催化剂和助推器，真正产生出办节的社会效益和经济效益。

《魅力山水和谐桂林》文艺晚会以"时代气派、和谐盛世、欢乐节日、桂林特色"为主基调，集歌舞、音乐、杂技及民间艺术等多种艺术元素于一体，将桂林的历史文化、山水文化、民族民俗文化以及现代成就等综合展现在世人的面前，凸显桂林作为中国山水旅游名城与历史文化名城形象，张扬桂林民间民俗文化底蕴。

复习思考题

1. 什么叫旅游产品？
2. 旅游产品有哪些主要特点？
3. 旅游产品生命周期各阶段的特点及营销策略有哪些？
4. 旅游产品品牌策略有哪些形式？
5. 实施旅游产品品牌策略的主要措施有哪些？
6. 在旅游新产品开发中应注意哪些问题？
7. 简述旅游新产品的开发程序。
8. 常见的旅游产品组合策略有哪几种类型？

主要参考文献

荀自钧.旅游市场营销学[M].郑州:郑州大学出版社,2002.

谷惠敏.旅游市场营销[M].北京:旅游教育出版社,2003.

胡宇橙,王文君.饭店市场营销管理[M].北京:中国旅游出版社,2005.

孙丽萍.旅游产品更新换代刍议[J].合作经济与科技,2005,(9).

李肇荣,陈学清,张显春.旅游市场营销[M].武汉:武汉大学出版社,2006.

林南枝.旅游市场学[M].天津:南开大学出版社,2000.

吴健安.市场营销学[M].北京:高等教育出版社,2000.

第八章 旅游产品定价策略

旅游产品价格策略是旅游产品营销组合中非常关键的一项内容，价格因素影响到旅游产品营销策略的运用，也直接关系到旅游交易行为的最后发生。由于旅游产品与一般有形产品相比，具有特殊性，因而其定价受到旅游市场环境、旅游产品等特殊因素的影响，具体的定价方法、定价策略也表现出不同的特征。

通过本章学习，了解旅游产品定价的影响因素；熟悉旅游产品的定价步骤；掌握旅游产品的定价策略、技巧和方法。

第一节 旅游产品定价的影响因素

旅游服务提供者的旅游服务主要表现为各类单项服务以及综合服务。由于季节、时间、特殊事件等因素的不同影响，旅游活动的参与者在规模、消费方式等方面存在不同的特征，使得旅游消费的实际购买状况需要根据旅游活动的具体状态而定，而旅游活动主要表现为旅游者在旅游过程中的吃、住、行、游、购、娱等活动内容的综合。各种单项活动的提供者各自不同，旅游者对各种单项旅游活动的组合选择也不同，使得因不同单项旅游活动组合而呈现出的旅游产品在价格方面存在差异，这种差异受到多方面因素的影响。旅游产品定价一般需要考虑以下几种因素。

一、旅游产品成本

旅游产品表现为旅游服务，各类旅游服务来自于不同的提供者，主要有交通部门、住宿部门、餐饮部门、景区景点部门、娱乐部门、购物部门等，这些部门是相对独立的,各自有自己的定价目标、原则与定价策略。但对于旅游者而言,其购买的旅游产品有两种情形:一是来自于不同单项服务提供部门的服务组合;二是某单项旅游服务。无论那种情形,旅游服务的提供者都付出了物质和人力资本,形成为单项或综合旅游产品的成本,是构成旅游产品价值的主要组成部分,其必须从市场交换中得以置换,才能维持与扩大旅游企业再生产。如果成本都无法实现,就更不用谈实现利润了,因而旅游产品定价首先受到成本因素的影响,成本是旅游价格制定最基本、最直接的影响因素。成本高,意味着旅游产品价格相对高;成本低,意味着旅游产品价格相对低或者可调节的弹性大。

二、旅游市场竞争关系

竞争因素是任何企业制定产品价格时必然会考虑到的问题,根据竞争对手、竞争状况与自身的竞争实力调整产品价格,才能保证在市场上的产品赢得顾客。在不同的市场竞争状况下,旅游企业可以采取不同的价格对策。若本企业的旅游产品与竞争对手的产品相似,如同样是四星级饭店,市场环境与旅游者需求都相似,同行的价格则可以作为自己的参考,以市场价为基准制定产品价格。若本企业的旅游产品比较独特,市场竞争能力强,如某条独具特色的线路、某种有特色品牌的服务形式等,则可以通过高价获得高利润。总之,旅游企业竞争关系是旅游企业制定产品价格时考虑的一个主要因素。

三、旅游企业发展战略与营销目标

旅游企业在不同发展阶段根据所处市场竞争环境、自身实力等因素采取不同的经营发展战略与营销目标,相应的价格策略也会有所不同。若旅游企业意图迅速占领市场,则可以考虑采取密集性的发展战略,通过降价方式赢得市场;或者改进旅游服务质量,相应提高价格,也可占领市场。若旅游企业采取一体化战略,与服务供应商等销售渠道保持密切联系与一体化销售关系,则可以通过低价赢得渠道支持。若旅游企业采取多元化发展战略,则可以在发展早期通过稳定的价格稳固市场,待多元化战略逐步得到有效实施后,可以通过降价等方式调整发展策略。

另一方面,企业的营销目标不同也会使得旅游企业在制定价格时根据具体的目标进行调整。价格是旅游产品市场营销组合中很重要的一个环节,也是达到营销目标的工具。相反,营销目标变化,具体的价格策略也会相应调整。若旅游企业的营销目标是迅速占领市场，则可以采取低价等措施达到目的。若旅游企业的营销目标是迅速回收投资，则可以考虑采取高价达到目的。

四、旅游者需求

旅游者对于旅游产品的需求状况影响旅游产品的供给，进而影响其价格。对于旅游者而言，旅游产品表现为一系列旅游体验。而旅游者是否愿意进行旅游体验以及进行何种程度的体验受到诸如时间、金钱、身体健康状况、学历、个性、旅游企业宣传等因素的影响，旅游需求也表现出不同的特征。旅游者对于某项旅游产品的需求增加，会刺激旅游产品的供给，进而影响旅游产品的定价。而旅游需求的下降，通过供求关系的作用，市场旅游产品价格则可能出现下调的情形。旅游产品弹性存在差异，如餐饮、住宿、交通、景区等部门所提供的服务是旅游者在旅游过程中必须会涉及到的，弹性小，其价格变动对旅游需求不会产生太大的影响；而对于娱乐、购物等服务并非是旅游者必须消费的，弹性大，其价格变动往往对旅游需求产生较大的影响。这就使得对于弹性大的旅游产品，旅游企业可以通过降价来刺激旅游消费，而对于弹性小的旅游产品，旅游企业改变价格对旅游需求的影响相对不会起到很大作用，旅游企业可以通过其他途径影响需求。

五、非价格因素

旅游者的旅游体验，是通过有形旅游消费与无形旅游消费共同组成的。其中有形消费表现为旅游交通、住宿、餐饮、景区景点等具体单项旅游消费，而无形消费则表现为旅游者从一开始接触旅游企业开始，到旅游活动最终结束整个环节中的对旅游服务质量、旅游环境等的感受。旅游者对于旅游服务质量、旅游环境的感知程度也影响着旅游者的决策。在旅游市场竞争中，赢得旅游者青睐的旅游产品并不一定是价格方面最优惠的产品，其中涉及众多非价格因素。由于旅游产品的特殊性，旅游者更加关注的是旅游服务质量的好坏、旅游环境的优劣。同时，这也意味着旅游企业为了在竞争中处于优势地位，并不是一定要通过低价等策略获胜，适当时候制定高价，并通过提供优质的服务等非价格方式提高旅游者的购买信心，一样可以获得较好的竞争效果。因此，非价格因素越来越成为影响旅游企业产品价格制定的重要因素。

六、政策因素与法律法规

一个国家的旅游价格政策对旅游产品定价起着一定的约束作用。由于旅游业涉及到国家社会经济文化发展、国际交往、环境保护与建设等内容,旅游政策也就起到保护与约束作用。如为了控制旅游者数量、减少环境破坏、实现旅游业可持续发展,有些国家和地区采取高价政策以控制客流压力。而有些国家和地区为了扩大对外交往,吸引旅游者进入,刺激旅游消费,采取旅游低价政策。这些都对旅游企业产品定价起着一定的影响作用。政策与法规是旅游企业制定产品价格的一种强力约束,旅游企业必须严格理解并执行国家或地区旅游发展政策与法规,才能保证经营。

第二节 旅游产品定价方法

旅游企业在制定产品价格时会分析很多相关因素,但产品成本、产品市场需求、竞争状况等是旅游企业考虑的主要因素。根据市场需求状况调整产品价格,根据产品成本再加目标利益制定最终产品价格,根据竞争者的情况制定并调整产品价格,都是旅游企业产品定价时所考虑到的主要方面。因此,可以将旅游产品定价方法划分为以下三种主要的形式:成本导向定价法、需求导向定价法与竞争导向定价法。

一、成本导向定价法

成本导向定价法是指在旅游产品成本的基础上加上一定比例的利润,进而确定该项旅游产品价格的方法。由于旅游产品成本形态有多种类型,以及不同企业在成本基础上所加的利润比例不同,成本导向定价法又可以分为成本加成定价法、边际贡献定价法、目标效益定价法等具体形式。

(一)成本加成定价法

此种方法是指在旅游产品成本的基础上加上按照特定比例计算出的利润额所得出的产品销售价格。按照此种方法计算旅游产品的价格,使得旅游企业的利润能够得到保证,进而保证旅游企业的利益,但按照此种方法计算产品价格,首先必须要能够核算出产品的各项成本,同时对于所加的利润比例也是根据旅游企业自身的考虑来制定，因而较多地考虑旅游企业自身的情况而忽视市场，旅游者未必一定会接受，这就给旅游企业的市场竞争造成一定的压力。但由于此种方法比较简单，因而也是许多旅游企业最常用的一种定价方法，特别对于旅行社产品、饭店产品、餐饮产品等旅游产品，此种定价方法较受青睐。成本加成定价法的基本计算公式为：

单位产品价格＝单位产品成本总额×（1＋利润率）

其中，由于成本又可分为变动成本与总成本，旅游企业根据基础成本的类型不同，按照成本加成法计算产品价格，又可分为变动成本加成定价法与总成本加成定价法，即将上述公式中的产品成本总额换成单位变动成本或者单位总成本，分别计算即可。

（二）目标效益定价法

目标效益定价法，即旅游企业事先估算出目标利润额，加上旅游企业的总成本，再除以总销售量，便可得出单位旅游产品的价格。按照此种计算方法，旅游企业的目标利润被分摊到每个单位旅游产品中，待按照计算出的价格将产品销售后，投资回报便可以实现。此种定价法的计算公式为：

单位产品价格＝（总成本＋目标利润）÷预期销售量

＝（总固定成本＋总变动成本＋目标利润）÷预期销售量

例：某旅行社组织了一个50人的一日游旅游团队，按照旅行社的服务内容，计算出该50人的旅游团队总成本为3000元。根据经验，一般此种旅游团总共可获得500元的利润。按照目标效益定价法计算，每个团员应收的旅游价格为：

（3000＋500）÷50＝70（元）

（三）边际贡献定价法

一般来说，在不同的情况下，旅游企业所获取的利润是不同的，因而制定的产品价格也会有所差异。其中，在单位成本的基础上，旅游企业产品所获得的边际收益是不一样的，但必然包含于旅游产品价格中。即每一项旅游产品价格中应该包括边际贡献。故旅游产品价格制定还有一种方法就是边际贡献定价法，根据旅游产品的边际贡献多少制定价格，在不同的情况下，也可调整边际贡献以调整整体价格。

例：某旅行社推出郊区一日游团体包价旅游产品，每位游客的交通费用为

60元，餐费50元，门票费40元，外加导游服务费20元，共计170元。由于旅游有淡旺季之分，不同的阶段旅游需求不同，市场竞争态势也会有所变化。比如在淡季时，该旅行社如果仍然推出170元的旅游价格，旅游者有可能不愿意接受。所以淡季旅行社可以调整价格。一般情况下交通费、餐费、门票费不会怎么变化，旅行社可以调整的只有导游服务费，故如果将导游费下调为10元，则旅游价格即为160元，即便此种情况下，旅行社仍可获得边际贡献10元。这种定价方法即为边际贡献定价法。

二、需求导向定价法

需求导向定价法是指以旅游者需求为研究基础，以市场为根基，制定或调整旅游产品价格的定价方法。

(一)旅游者认知价值定价法

此种方法是指旅游企业根据旅游者对产品价值的认知程度来制定价格，使产品价格让旅游者接受与满意。具体是指旅游企业征询本企业一些忠实客户的意见，对于某一项旅游产品在客户心目中的价值进行探讨，根据客户的理解制定出满意的价格。另一种认知价值定价可以理解为旅游企业将自己的产品进行包装宣传，使得旅游者对旅游产品形成一种心理感知，良好的宣传能够提升旅游产品在旅游者心目中的价值，进而有助于旅游企业制定出较高的价格。按照旅游者认知价值定价法制定的价格一般会被旅游者接受。

(二)需求差别定价法

旅游产品具有季节性，旅游者的需求也具有时间性，这些使得旅游者在不同的情况下对于旅游产品的需求程度存在差别。对于旅游者狂热追求的旅游产品，再高的价格，旅游者也愿意接受，而对于旅游者不太热衷的旅游项目，高价格往往拒旅游者于千里之外。故需求差别定价法就是指根据旅游者旅游需求的差异性，分别制定有差别的价格，刺激旅游者，并在适当的时候获取应得利润。

(三)需求弹性定价法

旅游产品有各单项旅游产品、组合旅游产品之分。而旅游者旅游活动包括吃、住、行、游、购、娱六种类型，其中吃、住、行以及游玩中的门票是旅游者必须要消费的项目,弹性比较小,一般价格都不能有过多过繁的变化。而对于购物和娱乐项目,因为并不是所有旅游者在旅游过程中必然会涉及到的项目,即便消费,旅游者愿意接受的价位也是有差别的,所以弹性比较大。对于弹性小的旅游服务项目,即使价格下调,旅游者人数也不会因价格下降而大幅度增加,相反,价格上调,旅游者人数也不会有明显的下降。因此,旅游企业为了保证利润,一般会稳定价格或者稍微根据形势上调价格。而对于弹性比较大的旅游服务项目,如果价格过高,旅游者完全可以选择不消费,因为本身并不是旅游者必须要选择的消费项目。若价格是旅游者能够接受的,则旅游者有可能会选择该项产品。故对于此类产品,可以在适当的时期降低价格或采取优惠价格的形式,吸引旅游者,通过旅游者人数的增加来提高销售额与销售利润。

三、竞争导向定价法

与上述两种定价方法不同之处在于竞争导向定价法以竞争对手的价格为基础,根据竞争者的情况或者旅游企业在市场中的竞争地位来制定或者调整旅游产品的价格。由于在市场中,旅游企业一般有行业领导者、行业追随者等不同的角色,不同的角色要求旅游企业在制定本企业产品价格时采取不同的对策。具体来说,可以分为以下两种类型。

(一)价格领袖定价法

该种定价方法主要是针对于旅游企业在行业中处于价格领袖地位的情形下,旅游企业往往因为自身的服务或者产品比较独特或者在行业中暂时独一无二,比同行先制定出价格,对外报价也比同行要早,进而处于领先地位。该种领先地位有助于旅游企业迅速在市场中得到回报,获得较高的利润。

(二)随行就市定价法

该种方法主要是针对于旅游企业在市场中处于行业追随者角色的情形下,旅游企业根据竞争对手的价格制定或者调整本企业产品的价格。按照此种定价方法,旅游企业一般保持与竞争对手一致的态度,选择跟竞争者相当的价格,这样既不会有所损失,也不会在竞争中处于不利地位。

第三节 旅游产品定价策略

旅游企业的定价策略就是在充分考虑多种要素的基础上，根据市场实况以及企业实力，以一定的企业目标为方向，采用多种灵活的定价方法，适应旅游者以及市场竞争的态势，进而达到旅游企业的营销目标。一般而言，旅游产品定价策略主要有：撇脂定价策略、渗透定价策略、心理定价策略、折扣定价策略等。

一、撇脂定价策略

撇脂定价策略是高价策略。一般情况下，一项新的旅游产品在刚刚进入市场时，由于别的竞争对手还没有构成较强的竞争态势，旅游者由于好奇、企业宣传等因素一般对该项产品需求程度比较高。在这种情况下，该项旅游产品的企业为了在产品刚上市时快速地回收成本，制定较高的价格，以期在较短的时间内就可以获得利润。由于是新产品，旅游者对价格也能理解和接受。如刚入世的电脑、手机、数码产品等价格也非常高，由于独特或者新颖，吸引了大量消费者。

对于撇脂定价策略，旅游企业必须具有一定的条件：

一是该项旅游产品与市场上其他产品相比，必须具有某种独特性，在短时间内别的竞争者暂时还没有实力模仿。

二是市场上旅游者愿意购买此项旅游产品，而且对于此项高价格的旅游产品有较强的货币支付能力，这样，旅游企业的高价意图才能实现。

三是要保持撇脂定价策略，就必须不断地进行产品更新，因为撇脂定价策略具有短期效应。旅游产品没有绝对的难以模仿的技术难度，一般市场欢迎度高的产品很快也会被仿效。

不管何种条件，撇脂定价策略在特定时期对旅游企业还是有优势的。在初期，旅游企业可以通过此种策略迅速地回收利润，并获得一定的市场欢迎度。而随着市场吸引力的慢慢下降，或者别的竞争者增加，旅游企业可以通过适当降价，一方面赢得部分潜在消费者，另一方面挽留部分已经获悉此产品价格信息的旅游者，对企业有一定帮助作用。

二、渗透定价策略

与撇脂定价策略相反，“低价”是渗透定价策略的主要特征。有些旅游产品并没有很强的独特性，但企业为了推出该项旅游产品或者迅速占领市场、获得销售渠道的支持，将价格定得较低，通过低价获得市场效应。其目的是旅游企业通过低价来吸引旅游者，进入市场，并获得相关合作伙伴的支持，进而达到该企业的营销目标。

由于低价，有些产品在进入市场后很长时间不能回收成本，加上竞争者抵抗、阻碍等因素，旅游企业有时并不能得到希望的效果。所以，渗透定价策略也是需要一定条件：

一是旅游者对于市场上同类旅游产品的价格比较敏感，低价格易受其欢迎。

二是能够通过相关措施和策略抵制或者消弱竞争者的阻碍，在一定程度上延缓或阻滞竞争者进入的意图。如此一来，旅游企业便可以在一段时间内，在市场上占据优势地位。

三是旅游企业具有相关能力控制产品成本，才不至于底气不足。

三、心理定价策略

顾名思义，心理定价策略就是利用旅游者的心理活动调整或制定符合旅游者心理需求的价格，进而吸引旅游者。心理定价是现今众多企业经常采用的营销手段，通过符合旅游者心理需求的价格，刺激旅游者的心理感知，强化其购买欲望，达到销售效果。由于旅游者的心理需求不同，该种定价策略包括多种具体的策略，如吉祥尾数定价策略、整数定价策略、组合定价策略、声望定价策略等。

（一）吉祥尾数定价策略

由于民族习惯、传统习俗、观念的影响，旅游者心中总会对某些事物、某些数字比较喜爱、比较敏感或忌讳。例如，在我国传统观念中，有将“9”理解为“天长地久”、“8”理解为“发”、将“6”理解为“顺”、将“4”理解为“死”、“5”理解为“捂”等。消费者对不同数字的喜爱或者憎恶，影响着旅游企业对产品的定价。因为价格终究用不同的数字反映出来，合适的价格数码，往往能吸引消费者，获得意想不到的收获。如98元、48元、38元、128元、66元等，旅游者比较喜爱这些吉祥数字，内心暗示其去关注并有可能选择购买此类产品。另一方面，人们总感觉整数价格往往比零数价格要高许多，哪怕就高一元人民币，如人们理解99元的产品要比100元的产品便宜实惠许多，1000元要比999、998元贵很多，价格只要下调一点点，往往就能获得很好的效果。旅游企业利用人们的这种心理特征定价，一定程度上起着营销宣传作用。

（二）整数定价策略

与吉祥尾数定价策略不同的是，对于部分消费者来说，对于产品质量的追求大于对实惠价格的追求，以至在购买产品时对于整数价格，产生“货真价实”的心理感觉。对于那些产品质量比较上档次的旅游产品如星级客房、豪华团体旅游价格，1000元、800元、500元、400元等整数价格比较受旅游者欢迎，本来价格就不可能便宜，旅游者既然选择购买，就说明对此种高价格能够接受。此时，整数价格比零数价格更加受欢迎。例如：同样是星级客房房费，500元让宾客感觉服务上档次，而价格下调为498元，就容易让宾客感觉该客房价格带有促销意味在内，可能价格还能更低，进而置疑服务质量。此种情形下，整数定价更加有效果，不仅如此，整数定价也容易计算，对于旅游企业与旅游者来说都比较方便。

（三）组合定价策略

组合定价策略是指旅游企业推出一组旅游产品，各自价格水平不同，有低价，也有高价，但在低价吸引旅游者的同时，也刺激旅游者注意并选择购买部分高价产品，进而达到连带促销作用。这就如同超市产品定价一样，有的产品价格高，有些产品价格则低，在低价格赢得顾客信赖并吸引其前来购物时，顾客会接触到其他产品，产品的宣传促销往往会吸引顾客购买其他类型产品。对于企业来说，组合定价策略有利于企业在价格落差中获得利润，并且此种高低价格搭配可以充当营销工具，达到营销目标。

（四）声望定价策略

旅游者对产品的追求一般比较看重产品的质量，而高价格很多时候意味着产品质量有保证，买得放心。所以，对于有一定经济基础的旅游者来说，价格高低对其够不成刺激作用，其更加看重的是产品价格背后的质量。高价格代表一种承诺，一种保证，更是一种信誉。同时，高价格也是购买者声望的体现。例如购买一模一样的两瓶化妆品，一瓶14元，一瓶16元，消费者一般会买14元的产品，而一瓶14元，一瓶26元，消费者就会感觉14元的化妆品可能质量有问题，要不然怎么可能比26元的低将近一半呢。26元的定价就是声望定价。有可能中间销售渠道折扣多等原因，14元的价格也能买到质量较好的化妆品，但从消费者心理角度理解,这种低价有可能出现问题。利用这种心理特征,制定声望价格,往往可以让企业名誉与利润均能获得,但价格具体定多高需要考虑市场接受程度,价格高得比较离谱,就会失去声望价格的作用。

四、折扣定价策略

折扣定价法是市场上众多企业采用的促销方式,通过对价格的折扣,将一部分利润返还给消费者,进而刺激消费者购买欲望。旅游产品同样如此。旅游者对于产品打折扣容易产生能够从中获得意想不到的额外收入的感觉,进而心理容易强化对该产品的追求。一般情况下,消费者会感觉消费同样的钱买到更多的产品或者花较少的钱买到同样的产品,得到很多实惠。

(一)数量折扣

数量折扣是指旅游企业在销售一定数量旅游产品时,对旅游者所承诺的购买量达到一定数额,即给予游客在数量基础上的折扣。诸如旅行社团体游客数超过50人,减免一人的旅游费用;饭店餐厅顾客点8道菜便赠送一道汤;景点20人免一人门票等等,均是旅游企业数量折扣的体现。数量折扣能够让旅游者产生"买多实惠多"的感觉,进而鼓励旅游者消费。

(二)现金折扣

现金折扣是指旅游者在购买旅游产品时所得到的现金减免策略,如市场上的"7折"、"8折"、"8.5折"等等,旅游者可以在原来市场价格的基础上享受部分优惠,其实等于在所支付的价款中减免掉一定的费用,使得旅游者最终支付的现金减少。对于一项旅游产品如郊区两日游,如果市场价格为200元/人,旅游者在其能够接受的前提下,或许会选择消费,但一旦另外一家旅游企业推出同样的郊区两日游产品,而标出的市场价格为"八五折优惠",则肯定会吸引多数旅游者,因为这一现金折扣活动让他们感觉更加实惠。除了上述现金折扣方式之外,还有一种现金折扣方式就是当购买者的购买金额达到一定数量时返还一定现金,其实也等于直接的折扣,但让购买者在一次支付现金后还能体会到回收钱的乐趣,进而刺激消费。很多旅游商品采用此种现金折扣方式,一方面容易扩大销售量,另一方面在利润有保证的前提下,给予一定的现金返还不至于损害商家利益。

（三）季节折扣

旅游产品具有季节差异性，在旅游旺季，由于旅游者人数增加，旅游需求上升，包括旅行社在内的旅游企业产品销售量明显增加。一般此种情况下，旅游企业很少将价格降低，而是通过一定的策略直接或间接地提高价格，以获得旺季时的额外销售利润。而在淡季时期，由于旅游者人数普遍下降，旅游需求也不如旺季时火爆，原先的旅游价格不再让旅游者接受，旅游企业的销售量比旺季时也有所下降。而饭店客房、景区景点等旅游产品具有时效性以及不可储存性，在没有消费量时，大部分旅游产品就会闲置甚至浪费。出于这种考虑，很多旅游企业在淡季时期，宁愿降低价格刺激消费，也不会将产品浪费，所以制定低价格以吸引旅游者。

（四）同业折扣

同业折扣即旅游企业给予旅游中间商和代理商的折扣，使得中间商或代理商愿意与该旅游企业继续合作，进而提供更满意的产品。很多旅游企业都有自己的中间商或代理商，不同的单项旅游产品提供企业构成一个协作网络。如饭店与旅行社合作，对于饭店来说，旅行社可以算作其代理商，因为饭店的客房、餐饮等单项旅游产品可以通过旅行社销售给最终的旅游者，旅行社起着代理销售的作用。旅行社代售火车票、飞机票业务其实也说明旅行社也同样是交通运输部门的一个代理商，代理票务销售业务。这些单项旅游产品提供者间构成一种复杂的协作网络关系，而同业折扣则是很不错的维护协作网络的方式。在实际中，同业折扣可以表现为航空公司给予旅行社的利润回扣、饭店给予旅行社的利润分成或者赠送旅行社一定产品或者给予其他优惠，使得旅行社将来在带领旅游团前往该饭店或购买该航空公司机票时可以得到团体票价的优惠，其实也等于所优惠的部分利润转让给旅行社。这种同业折扣使得众多旅游企业得以维持与合作伙伴的关系，进而对业务开展产生有利作用。

上述各类价格策略都是旅游企业使用比较多的策略，实践中也证明不同的价格策略对旅游市场都会产生有效的作用。其实，对于一个旅游企业来说，在不同时期或者同一时期可以采取多种价格策略，进而达到综合效果。但不管何种价格策略，旅游者需要的都是质量与信誉，如果看似非常实惠的价格背后是对游客的欺骗与隐瞒，那么再实惠的价格也会给企业带来致命的伤害，所以质量保证与信誉是旅游产品价格的坚实基础,任何一家旅游企业都必须严格遵守,只有如此,才能在激烈的市场竞争中立于不败之地。

对特殊旅行社产品定价策略失当,北京旅行社错失F1商机

F1上海站比赛26日盛装落幕,十余万来自国内外的观众一齐涌到上海。其中北京的游客,没将自助散客计算在内至少也有2000人。但遗憾的是,北京的旅行社却没能成功地组出一个"F1赛事游"团来,让人大跌眼镜。卖了票却未组成团。

F1上海站比赛的观赛票在中国总共销售了15万张,在开赛前一个月就已全部售完,从300多元的站票到最高近3万元的贵宾围场票,分别由上海的多家机构负责分销,其中包括中国最大的国内社——上海春秋国旅。它在北京的全资子公司北京春秋国旅向总社申请了1027张票,这是北京分到的散票量。

北京春秋国旅总经理杨洋介绍,1027张票在8月底就已经售完,北京春秋想向总社追加时,发现上海总社的票都不够卖,无法追加。北京春秋卖这1027张票可以得到3%—18%的回佣,按每张票最高3700元计算,北京春秋的门票销售额最多也才380万,能得的回佣不过区区几万元。

此前在7月,北京春秋曾向媒体表示要借助票源优势,对该社北京出发的华东5日游添加F1赛场参观以及观赛项目,打造成"F1观光游"。而北京春秋基本没有组织人进行"F1观光游",目前走的还是普通的华东5日游。

中青旅、国旅、港中旅等其他北京大社了解的情况也不乐观。各社负责人纷纷表示,由于没有获得门票的代销权,缺乏首要的成团因素——观赛票,且向春秋买票来再卖成本更高,加上F1有一定专业性,所以他们根本没有过要开发F1相关旅游产品的想法。因而,虽然北京有庞大的F1迷群体,北京旅行社在相关旅游产品和配套服务的开发和运作上几乎是一片空白。

这次几乎交了白卷的原因,主要是不确定因素太多:

上海当地的交通问题。本来以为可以像以前一样采用普通包车,每位游客每天20元即可,后来却发现上海临时规定每辆包车都需要购买专用通行证,每天场外400元、场内600元,而且不同车之间不能转用,如果用出租车,只能停在离赛场3公里的地方,游客只能步行,所以多出来的成本让旅行社措手不及。

酒店房价问题。普通三星在平时只要150元人民币,而F1期间临时疯长到700−1000元,五星级酒店如新锦江更是从260美金涨到600美金,对于需要提前向客人报价的旅行社来说实在是动作跟不上变化。

游客消费心理问题。真正有钱的、专业的车迷不会选择跟旅行社去看F1,会自己定好住宿和交通,不会在意价格。相当一部分人是公司买单,也不通过旅行社。

综合而言,旅行社需要在基础报价上加2000元才能保本,例如原来的华东5日游报价需从1800涨到3800,这是令普通游客无法承受也无法理解的。此外,还有机票折扣变化和当地临时政策变化，都令北京的旅行社晕头转向，所以旅行社没有对F1专项旅游产品做宣传和包装。

但负责F1专项操作的上海春秋副总周卫红却有不同的说法。周卫红介绍，北京很多大客户如HP、中石化、联通都是直接向上海春秋买票，每家动辄几百张，所以北京专门前来的人至少有2000人，还不包括一些自助散客，但这些人中几乎没有人是被北京的旅行社组织而来的。而与北京春秋的无所收获相比，其总社上海春秋却大赚了一笔，销售的票达到了1.2万多张，销售额达到1000多万，销售额在上海众多分销商中排第一。按18%的回佣率计算，上海春秋卖票就赚了近200万。此外，上海春秋还接待了几千人的F1专项旅游，该社所开发的这条线路，是以普通华东5日游的报价为基础报价，游客再随意选择添加不同的票的等级，由于F1期间各项成本提高，华东5日游的报价翻了2—3倍。

案例思考：

对比分析北京春秋旅行社与上海春秋旅行社在对F1赛事特殊旅行社产品定价策略。

2007年我国一些地区旅行社的价格竞争特别是出境游市场异常激烈，有的旅行社打出“1000元港币香港五日游”的招牌。在广州。对于传统的“泰国游”产品，一些旅行社打出1980港元的价格；而在深圳，这一价格则更“离谱”，更具“诱惑力”，一些旅行社竟然打出1300多元的价格，难怪新闻界惊呼：“出国游”比吃餐饭还便宜！

案例思考：

旅行社根据什么因素来制定价格？其价格又是怎样制定出来的呢？

复习思考题

1. 旅游产品定价的影响因素一般有哪些？

2. 什么是需求导向定价法？具体又分成哪几种定价方法？

3. 旅游企业制定撇脂定价策略需要哪些条件？

4. 旅游心理定价策略有哪些类型？

主要参考文献

杜靖川.旅游市场营销学[M].昆明:云南大学出版社，1996.

吴敏良，杨强.旅行社经营管理[M].北京:科学出版社，2007

赵西萍.旅游市场营销学[M].北京:高等教育出版社，1998.

第九章
旅游销售渠道策略

旅游产品的生产经营与旅游者的购买活动往往受多种因素的制约，在时间和空间上存在一定的差异。同时因为旅游客源市场巨大，客源结构复杂，旅游企业除发挥自身的销售资源优势外，还要依赖于旅游市场中的中介组织。旅游产品销售渠道是旅游企业为了将旅游产品转移到最终消费者手中而采取的各种方式，它的起点是旅游产品生产企业，终点是消费者。旅游销售渠道在旅游市场的开拓中有着举足轻重的作用。旅游销售渠道并不是自然存在的，而是由旅游企业为了方便消费者购买并最终实现旅游产品价值而精心构建的。

通过本章学习，了解旅游销售渠道的涵义和作用；熟悉旅游中间商的类型、选择；掌握旅游销售渠道的类型和管理、调整等策略以及策略应用的问题。

第一节　旅游销售渠道概述

旅游产品从旅游生产企业到旅游消费者的转移过程，是通过构建一定的渠道得以实现的，即在“特定的时间”、“特定的地点”，以“特定的方式”提供给“特定的旅游消费者”。认识旅游销售渠道，了解相关特征是正确构建或对其加以利用的前提和基础。

一、旅游产品销售渠道的含义

(一)旅游产品销售渠道存在的必要性

当一个符合目标市场需要并且价格适当的旅游产品出现时，旅游企业除了通过各种手段和措施进行促销使产品出售外,还必须借助某些组织或机构,即旅游中间商,以适当的方式将产品在适当的时间和地点准确地送达到顾客手中。在旅游市场不断发展并逐步成熟的今天,绝大多数旅游产品并不是直接由旅游企业出售给旅游消费者的,而是要经过旅游中间商。由于旅游产品在生产和消费之间在数量、品种、时间、地点等方面的矛盾,为解决这些矛盾并节约社会劳动,就需要中间商发挥生产与消费"联结人"的作用。当旅游销售渠道通过旅游中间商发挥其专业化优势时,旅游企业即从中获利(如图9-1)。

从图 9 - 1 种可以看出,假设有2个旅游产品的生产企业和6个旅游消费者,若没有旅游中间商,旅游生产者与旅游消费者之间要进行12次产品的交易活动,而一旦有了旅游中间商,则主要进行8次交易就达到预期的销售目标。

旅游中间商是旅游活动更加社会化和客源市场不断扩大的产物,旅游销售渠道将随着经济的发展和旅游产业的壮大更加多样化、复杂化。

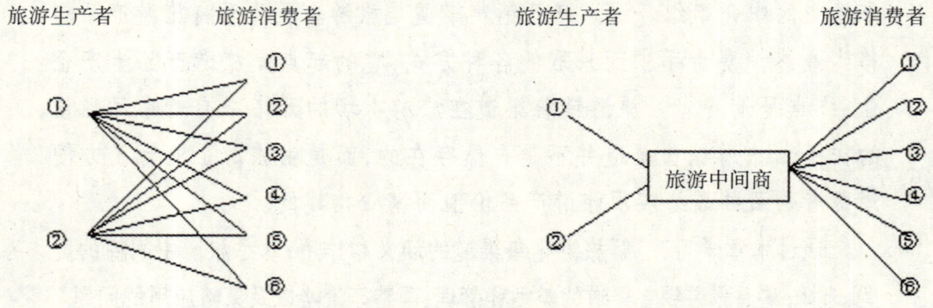

图9-1 旅游中间商存在的必要性示意图

(二)旅游产品销售渠道的概念

旅游产品销售渠道是指旅游产品从旅游生产者企业向旅游消费者转移过程中,所经过的一切取得使用权或协助使用权转移的中介组织和个人,也就是指旅游产品使用权转移过程中所经过的环节连接起来而形成的通道。

旅游企业通过各种形式将旅游产品转移到消费者手中的这一流通过程,具体包括以下几方面内容:

(1)从旅游产品销售渠道的结构来看,旅游销售渠道是指旅游产品从旅游企业到旅游消费者所经过的一切组织机构,只有这些机构以及这些机构的相互配合,产品才能从生产者转移到消费者。

(2)从旅游产品销售渠道的功能上来看,旅游销售渠道是指使旅游产品及其使用权从旅游企业到消费者转移的所有活动。

(3)从旅游产品在销售渠道中的转移过程来看,旅游销售渠道是指旅游产品由旅游企业到消费者所经过的途经。

(三)旅游产品销售渠道的层次、长度、宽度

对于旅游产品销售渠道,通常使用销售渠道的层次、长度、宽度对其进行描述。

旅游产品销售渠道的层次是指旅游产品从生产者转移到旅游者的过程中,任何对旅游产品拥有所有权或具有销售权的机构,就被认为是一个销售层次。

旅游产品销售渠道的长度是指旅游产品从生产企业转移到最终旅游消费者手中,所经过的销售渠道层次或环节。所经过中间层次或环节越多,销售渠道就越长。假定我国某旅游地饭店大部分住宿产品的销售渠道都是经由国外旅游者→当地旅行社→我国旅行社→该饭店层层预定来实现的,那么这一多层次的销售过程便是较长的渠道。

旅游产品销售渠道的宽度是指组成旅游销售渠道的每个层次中,使用相同类型中间商的数量。其中既涉及经销或代销产品其产品的中间商的数目,也涉及本旅游企业和中间商面向市场所设销售网点的数目及其分布的合理程度。如果一个旅游企业的销售渠道系统中,经销和代销其产品的中间商和很多,并且本企业和中间商根据方便顾客购买的原则在各目标市场区域内设置了足够数量的销售点,则该旅游企业销售渠道的宽度就很大。反之,则属于较窄的渠道。

二、旅游产品销售渠道的类型

著名的市场营销学家菲利普·科特勒认为,任何产品的销售渠道都不外乎以下四种情况,即零层次渠道、单层次渠道、双层次渠道和多层次渠道。这些划分显然也适用于旅游产品的销售渠道。

在旅游企业营销活动中,由于受旅游产品、市场形势、企业自身以及国家政策等多种因素的影响,旅游产品销售渠道也就形成了多种多样的状态。依据不同的划分标准,旅游产品销售渠道可以分为直接渠道和间接渠道、渠道的长短、宽窄以及多渠道和单渠道几大类型。这里按是否通过旅游中间商分为直接销售渠道和间接销售渠道。

(一)直接销售渠道

旅游产品的直接销售渠道就是旅游企业在其营销活动中不通过任何一个旅游中间商,而直接把旅游产品销售给消费者的销售渠道。从世界各地旅游企业的销售实践来看,这类渠道目前有3种可供选择使用的模式。

(1)旅游产品生产者→旅游消费者(在生产者现场)。这一模式也就是旅游产品生产者向登门来访的顾客直接出售其产品的传统销售方式。在这一模式中,旅游产品生产者在其座落地点扮演了零售商的角色。这种销售方式至今仍被很多旅游企业所采用。例如餐馆、旅游景点、娱乐场所等旅游企业基本上都以此法销售为主。此外,这一销售模式还常见于饭店以及汽车租赁行等旅游企业。

(2)旅游产品生产者→旅游消费者(在客源地或消费者家中)。这一模式传统上是指消费者通过电话、电传等通讯方式向旅游企业预订其产品。这种做法应用很广,很多旅游企业都已开始借助计算机预定系统直接向消费者出售自己的产品。消费者坐在家中便可通过互联网设施向旅游企业征询和预订其产品。在这一模式中,旅游产品生产者通过计算机预订系统扮演了零售商的角色。目前,这一销售做法尤其常见于集团化经营的饭店、航空公司和经营包价旅游的大型旅游公司。

(3)旅游产品生产者→自设经营的销售网点→旅游消费者(在销售点现场)。这一模式是指旅游产品生产者通过自己在目标市场设立销售网点,面向旅游大众出售自己的产品。由于这些销售网点是旅游产品生产者自设的零售机构,因而仍然属于直接销售模式。这一销售模式在不少旅游企业中都可见到。例如,铁路公司和一些航空公司往往在很多地方设有自己的售票处或订票处;汽车租赁公司在其经营区域内设有自己的租车服务处;饭店连锁集团通过其成员饭店之间相互代理预订来方便顾客购买;一些规模较大的旅游公司,如托马斯·库克公司在很多市场区域中设有自己的零售网络,面向预购顾客直接销售。

旅游直接销售渠道的特点是旅游企业和客户可以直接沟通和交易,灵活机动;旅游企业直接从消费者当中获取所需的信息和要求;节约中间环节费用,降低成本;但旅游旺季时消费者很难购买到旅游产品;销售量小且不够稳定。

(二)间接销售渠道

指旅游企业通过两个或两个以上的旅游中间商向旅游消费者推销旅游产品的销售渠道。间接销售渠道是目前主要的旅游产品销售渠道。渠道越长,旅游产品市场扩展的可能性就越大，但旅游企业对产品销售的控制能力和信息反馈的清晰度就越差。间接销售渠道按中间环节的多少分为以下几种。

1. 一层销售渠道

旅游企业→旅游零售商→旅游消费者

这种销售渠道具有两个环节，旅游企业→旅游零售商为第一个环节，旅游零售商→旅游消费者为第二个环节，旅游企业通过这两个环节把旅游产品销售给顾客。

这种销售渠道具有降低成本、减少开支从而提高旅游企业经济效益的优点，但仅适宜于营销批量不大、地区狭窄或单一的旅游产品。目前有很多旅游经营商、度假中心和饭店等采用这种销售方式，他们向旅游零售商支付佣金和手续费。这种类型是我国目前普遍的经营模式。大部分旅游企业都是通过这种方式销售自己的产品。

2. 二层销售渠道

旅游企业→旅游批发商→旅游零售商→旅游消费者

这种销售渠道具有三个环节，包含两个层次的旅游中介。旅游批发商大批量购买旅游产品，进行组合包装，再通过旅游零售商销售给旅游消费者。这种销售渠道被度假地饭店、包机公司等旅游企业广泛采用。

这种销售渠道在国际旅游业中使用最为广泛，由于大型旅游批发商的规模、手段、网点比零售商大得多，而且销售地区较广，具有较为明显的优点。

3. 三层销售渠道

旅游企业→旅游总代理→旅游批发商→旅游零售商→旅游消费者

这种销售渠道共有四个环节，包含三个层次的旅游中介。国内外旅游业中应用较广泛。本国的旅游产品生产企业先将大量单项旅游产品发售给本国旅游批发商，经过组合包装后，再批量发售给外国旅游批发商，最后通过外国零售商将旅游产品出售给外国旅游消费者。目前我国大部分国际旅游（入境旅游）主要采用这种方式进行。

选择利用这种营销方案时，必须注意市场大小及结构的分析，选择一种或若干种销售渠道加以组合使用，同时也要注意调整、充实现有的销售渠道，根据自己的需要慎重选用新的旅游中间商。

4. 综合销售渠道

实际上旅游企业销售旅游产品，不仅仅依赖于某单一类型的销售渠道，而是通过分工和合作，是以上多种销售渠道的综合使用，形成系统性的网络化销售渠道。这种形式能够充分发挥各种类型渠道的优势，使产品和服务能够有效地从生产者转移到最终消费者即旅游者手中。我国大型旅游企业一般都同时采用综合销售渠道的方式销售旅游产品。例如：

(1)一个美国客人想来中国旅游，如果他入境后自己到宾馆登记入住，然后自己到旅游风景区游览，最后也是自己购买机票回国，那么这个旅游过程就没有涉及任何中间商，这就是直接销售渠道。

(2)如果该美国客人是在自己国内通过当地旅行社，要求代办旅游签证、代订机票、代订中国旅游的住宿、餐饮、游览等一切在中国的旅游事宜，然后他来中国完成整个旅游活动，那么这个旅游过程只涉及一个旅游中间商，是一层销售渠道。

(3)如果该美国客人在美国当地旅游零售商做了预订，而当地旅游零售商又向中国的旅行社做了预订，由中国一家旅行社负责安排该客人在中国的一切游览活动，这就是二层销售渠道。

(4)如果该美国客人向当地做了预订，而当地旅游零售商由于没有与中国方面旅行社有业务往来，又向当地旅游批发商预订，再由当地旅游批发商同中国方面旅行社联系，落实该旅游者在中国整个游览活动的日程细节，最后由中国国内的旅行社来安排该客人在中国的旅游，这是三层销售渠道。

在有些情况下，也会出现更多层销售渠道。例如，还是在上面的情况下，当美国客人把他的出游要求向当地旅游零售商提出后，当地旅游零售商则把客人需求传递给专门做中国市场的总代理或旅游批发商，由他们根据客人意愿设计旅游路线向中国旅行社咨询并报价，并将最终信息通过经纪人或代理商反馈给客人，安排该客人的中国之行。在这种情况下，由于旅游经纪人或代理商的出现，使得销售渠道的层级上升至五个，这就是四层销售渠道，或叫五级销售渠道。

三、旅游产品销售渠道的作用

在现代市场经济中，旅游产品销售渠道通过将旅游产品转移到旅游消费者手中实现产品的价值和满足消费者需求。在这一销售过程中，旅游销售渠道一般具有四种作用。

(一)保证旅游企业再生产过程顺利进行

旅游企业是旅游产品生产经营的基本单位。通过旅游产品销售渠道，可以加速产品的销售，满足顾客需求，从而使旅游企业的再生产过程得以顺利进行，保证企业战略目标的实现。如果旅游销售渠道流通不畅，就难以保证产品顺利到达顾客手中，这必然使旅游企业再生产过程受阻。

（二）降低成本，提高旅游经济效益

旅游企业生产的产品通过旅游销售渠道出售，在产品的数量、环节多少以及容量等问题上节约了资金占用，提高了营销效率和投资收益率。合理选择销售渠道、加强渠道的管理以及适时建造新的销售渠道，就能加快旅游产品的流通速度，加速资金周转，提高旅游企业的经济效益。

（三）提供便利的销售网络

旅游企业的客源市场在地域和层面上分布极广，任何企业都不可能仅靠自身进行推销活动。因此当旅游消费者对旅游产品产生购买欲望时，他们需要在某个特定的地点可以方便地购买旅游产品。旅游销售渠道正是发挥了这样的作用，让顾客可以方便购买旅游产品。

（四）协调旅游信息

旅游销售渠道充当了旅游企业和旅游消费者之间的桥梁。通过旅游销售渠道，可以真实、客观、全面地调查、掌握旅游消费者的意见和需求，反馈购买反映和感受，从而为旅游企业提供准确的市场信息。同时，旅游者也可以借助旅游销售渠道获取部分旅游产品信息，帮助旅游者作购买决策。

第二节　旅游中间商

旅游企业为了方便旅游消费者购买旅游产品，并实现企业经营目标，需要对销售渠道进行科学的设计和管理。旅游企业在设计销售渠道时必须考虑是否使用旅游中间商、采用中间商的环节、每个环节使用哪种中间商以及数量的多少等问题。

一、旅游中间商的含义

旅游中间商是指介于旅游生产者与消费者之间，专门从事旅游产品或服务市场营销的中介组织和个人。

二、旅游中间商的类型

由于旅游中间商在旅游市场营销中的作用不同,旅游生产企业与这些中介组织和个人责权利关系不同,因而旅游中间商的类型也就呈多样化形态。

旅游中间商通常有两种划分方法:一种是根据旅游产品在销售渠道转移时有无所有权的转移划分为旅游经销商和旅游代理商;另一种是根据旅游产品销售对象划分为旅游批发商和旅游零售商,主要是针对旅游经销商而言。

(一)旅游经销商(Tour operator)

旅游经销商是指将旅游产品买进以后再卖出的中间商,它的利润来源于旅游产品买进和卖出之间的差额。旅游经销商与该旅游产品的生产企业共同承担市场风险。

由于旅游产品的特殊性,旅游者购买的只是产品的使用权,而不是产品的所有权。所以旅游产品经过旅游经销商一次,即发生一次产品所有权的转移。旅游经销商最主要的有旅游批发商和旅游零售商两类。旅游批发商一般不直接服务于最终消费者,而旅游零售商直接面向广大公众,从事旅游零售业务。

1. 旅游批发商(Tour wholesaler)

旅游批发商是从事批发业务的旅游公司或旅行社。它们通过大批量地订购运输公司、饭店、旅游景点等旅游服务企业的单项产品,将这些产品按日程编排为包价旅游线路,然后批发给旅游零售商,最终出售给旅游消费者。旅游批发商经营业务的范围可宽可窄,有些批发商可在全国甚至海外设置办事处、建立合资或独资企业等形式进行旅游产品的促销工作;或者经营热点地区的包价旅游产品;或某些专项旅游产品,如专项体育活动、节庆活动;或借助某一交通工具组织自驾车旅游、包机包船旅游等。在少数情况下,旅游批发商也对消费者进行直接销售活动。

综合旅游批发商在旅游产品的销售过程中所起的作用主要有三个方面。

一是组合包装。旅游批发商的主要作用就是将单项旅游产品组合成整体性的包价旅游产品,以满足消费者对一次旅游活动的各种旅游需要。通过对单项旅游产品的选择、组合和包装能力,反映出旅游批发商的综合实力。同时也为旅游者提供了便利,帮助了许多单项旅游产品的销售。

二是宣传促销。旅游批发商购买进一定时段内旅游产品的使用权,因此在拥有存货、加速现金流动的压力下，他们必须承担其产品的部分促销工作。旅游批发商对旅游产品的宣传促销工作，在完成自身的销售任务的同时，客观上也分担了旅游目的地的部分促销工作，从而与旅游目的地之间建立其长期良好的合作关系。

三是渠道合作。在层次较复杂的销售模式中，旅游生产企业一般只与旅游批发商发生直接的业务关系，因此旅游批发商成为连接旅游企业和旅游零售商或旅游消费者的重要纽带，促进销售渠道的合作，成为旅游生产企业一体化销售渠道的重要组成部分。

2. 旅游零售商（Tour retailer）

旅游零售商是直接面向广大旅游消费者从事旅游零售业务的中间商。旅游零售商的职能主要是全面广泛地了解旅游产品和旅游者，加强相互沟通和协调能力，能够根据市场变化及时调整策略，满足市场需要。其经营范围包括提供旅游咨询服务；安排交通、食宿、观光服务；制定个人陪同旅游、团体旅游产品；满足旅游者特殊旅游需要；及时处理旅游活动期间的问题。因此旅游零售商与旅游消费者之间的联系最为紧密。

综合旅游零售商在旅游产品的销售过程中所起的作用主要有四个方面。

一是提供旅游咨询。旅游零售商非常熟悉各种旅游产品的优劣、价格等细节问题，对旅游活动中所涉及的一切琐碎事宜如保险、语言、风俗、健康等细节也考虑很周到。这些为向旅游者提供广泛而正确无误的旅游信息提供了保证。

二是方便顾客购买。在销售渠道的各个环节中，旅游零售商距离目标顾客最近，一般位于客源市场所在地，为顾客购买旅游产品提供了便利。同时，由于顾客可以一次性购买多项旅游产品，一次性完成所有交易，节约了交易时间。

三是安排具体旅游服务。旅游零售商根据顾客需求对各种交通运输、旅游活动过程中的食宿、观光等方面作出安排，也对旅游者的个性化需求作专项安排。当旅游产品链的任何一个要素出现突发状况，能够根据旅游市场及客观情况作相应的调整服务。

四是影响旅游者购买决策。旅游零售商在帮助潜在旅游者选购旅游产品和作出旅游决策时具有很大的影响作用。大多数旅游者在决定出游前对旅游安排并不是很确定，这个时候往往很容易接受旅游零售商给予的建议和指导。

（二）旅游代理商（Travel agent）

旅游代理商指只接受旅游产品生产者或供应者的委托，在一定区域内代理销售其产品的旅游中间商。它通过与卖卖双方的洽商,促使旅游产品的买卖活动得以实现,但从中并不取得产品的所有权。旅游代理商的收入来自被代理企业支付的佣金。旅游代理商主要职能是在其所在地区代理旅游批发商或提供行、宿、游等旅游服务的旅游企业向旅游消费者销售其产品。其经营业务包括代办预订、代办旅行票据证件、向旅游企业反映消费者意见和要求。

旅游代理商作为专业旅游产品的区域代理组织在产品营销能力上具有单个旅游企业无法比拟的优势。当旅游企业在自己推销不力不能达到的地区,或是无法找到合适的销售对象的情况下,利用旅游代理商寻求营销机会,其经营风险和成本要低得多。

旅游企业作为旅游中间商其角色并不是单一的。在不同的销售渠道中,它可能担任不同的角色。如A旅行社为一个来自日本的旅行团组织了一次包价旅游活动,它是以旅游批发商的身份进行销售活动的;同时,它又为B旅行社的一个团队提供了当地导游服务,它又可以说是旅游零售商;某大型主题公园同它签订了在该城市的全权销售代理协议,它扮演的又是旅游代理商的角色。

三、选择旅游中间商的原则

旅游企业对旅游产品的销售越来越依赖于不同层次的旅游中间商。因此,选择合适的旅游中间商将对旅游企业的产品销售产生深远的影响。

(一)经济性原则

旅游企业将追求经济效益作为一切经济活动的基本出发点,对旅游中间商的选择也必然将积极性作为重要的参考因素。

经济性主要是指选用某旅游中间商进行旅游产品的销售带来收入的增长与所需要花费的成本的比较。这种比较可以从两个方面进行:一方面是指在同一时点对各种不同的旅游中间商选择方案可能产生的经济效益比较,从中选择经济效益较好的方案。如果旅游企业利用旅游中间商的费用低于自建销售系统的费用,那么旅游企业就应该放弃自建销售系统而选择旅游中间商开展营销工作。另一方面是指对各种不同的旅游中间商选择方案在实施过程中所引起的成本和收益是不断变化的,需要动态地进行比较,帮助选择。

(二)控制性原则

旅游中间商是否稳定,对于旅游企业能否维持其市场份额、实现其长远目标及其重要。因此旅游企业还要考虑能否对其实行有效的控制。旅游企业与中间商、同一渠道层次中间商之间的利害关系如果处理不好往往容易激发矛盾,如果不能对其进行有效的控制,将有可能造成中间商的混乱,使旅游销售渠道受阻不畅,进而影响到旅游企业的销售。因此,为了应付未来环境的挑战,需要考虑旅游企业对旅游中间商的适度可控性,要有效地引导旅游企业与渠道成员之间的良性合作,鼓励不同渠道中间商之间的良性竞争,减少渠道摩擦与冲突。

(三)适应性原则

旅游企业在某一地区选择中间商,应考虑到该地区的市场营销环境,以建立与之相适应的旅游中间商体系。如西方旅游发达国家的旅游零售商往往是超级市场、航空公司等一些社会组织,在我国则以旅行社为主,另外有一些经纪人、行业协会等。当旅游产品在市场上不同时期销售时,也应根据每一阶段的适销状况采取不同的中间商政策与之相适应。

四、旅游中间商的种类

随着旅游产业的发展需求以及新兴技术的运用,目前旅游销售渠道中所涉及的旅游中间商很多,具体有以下这些种类。

(一)旅行社(旅游公司)

旅行社或旅游公司在销售渠道中,根据经营业务内容和范围的不同,可能担任着旅游零售商、旅游批发商或旅游代理商的角色。随着旅游市场范围的不断扩大和国际旅游业的发展,旅游代理商和旅游批发商在旅游销售中起着越来越重要的作用。

(二)专业媒介者

专业媒介者包括旅游经纪人、奖励旅游公司、会议计划者、协会执行人、公司旅游办公室和旅游咨询者等。他们不同于经营商和代理商,通常不收取佣金,也没有品牌,代表本组织以较低成本承办旅游业务。

旅游经纪人是一种特殊的旅游中间商，它不拥有产品所有权，不控制产品价格及销售条件，不承担风险，不卷入交易实务，只为双方搭桥促成交易完成，其佣金由旅游企业支付。其他专业媒介者的作用与旅游经纪人相似，只在交易时牵线搭桥，本身不承担任何风险。

（三）饭店销售代表

饭店销售代表负责在某一给定市场区域内销售饭店的客房和服务。对饭店来说，雇用一个饭店代表往往要比使用自己的销售人员更为有效。一般来说，一个饭店的销售代表不得再代理与此饭店有竞争关系的企业。饭店销售代表的收入来自于代理饭店支付的佣金和薪金。

（四）区域旅游代理处

在很多旅游风景区和度假地也设有区域旅游代理处。特别是对于在全国有连锁业务的旅游地和饭店连锁店来说，区域旅游代理处对于扩大自己在全国的影响、拓展自己业务的范围以及促使顾客购买等具有重要作用。

（五）饭店联营和电脑预订系统

饭店联营组织是基于成员间共同利益而联盟组合成的一群饭店组织。联营成员间共享群体营销优势。电脑预订系统如SRS、Utell和Supranational等正逐步向饭店联营扩展，其中很多本身就是饭店联合体的成员。借助饭店联营形式和电脑预订系统，饭店产品加快了全球化进程。

（六）航空预订系统

航空预订系统是由航空公司为了促销建立的。据统计，美国旅游代理商的96%与至少一家航空预订系统相连接。由英国航空公司和阿波罗（Apollo）联合组建的预订系统是目前全球主要的系统之一，其业务范围不仅限于航空产品，而且将饭店企业、租车公司和其他旅游产品都包括在该系统中。

（七）Internet网络

由于互联网的发展，导致传统分销活动的变化。在互联网时代，许多旅游生产企业在互联网上都建有自己的旅游网页，旅游者可以通过Internet网络了解旅游企业产品,并实现产品的交易。现今有相当一部分旅游消费者通过Internet网络联系出游。

(八)顾客—供应商电子系统

这是一种基于顾客和供应商互动的全球分销系统,主要供全球企业使用。如国际会议计划者组织的网上数据库,供各会议计划者选择会议中心类型。它可以避开所有旅游中间商环节,在全球直接利用电子系统进行预订。

第三节 旅游产品销售渠道策略

旅游产品销售渠道是旅游企业依据市场需求和企业目标人为设计的,它需要经过较长时间才可能形成和完善。旅游产品销售渠道在渠道形式、管理、调整等方面的决策尤为重要,因为旅游企业的市场环境在不断发生着变化,更重要的是旅游企业与旅游中间商之间的相互合作关系要经过市场长期的检验和磨合后才能相对固定下来形成利益紧密的市场营销整体。

一、选择旅游产品销售渠道的影响因素

旅游销售渠道受到内外许多环境因素的制约。旅游企业在选择渠道之前,必须对这些因素进行系统的分析和判断。

(一)产品因素

影响销售渠道模式选择的产品因素主要有两个:一是产品的性质和种类,即所要销售的是什么产品;二是产品的档次或等级。旅游行业的实践及其成功程度表明,旅游景点、娱乐企业、餐馆、铁路公司、汽车客运公司、出租汽车公司和汽车租赁行等旅游企业几乎无一例外地都以直接销售作为其产品销售的主渠道。反之,旅游批发商、海上游船旅游公司、包机公司和经营国际业务的航空公司则大多以间接销售作为其产品销售的主渠道。这些情况表明产品的性质或种类对销售渠道模式的适用程度有一定的影响。产品档次对销售渠道模式的影响主要表现在高档次产品因其价格昂贵而使其市场相对较小,且其消费者多为回头客。因此经营这类高档产品的旅游企业除了使用直接预订这一直销模式外,在采用间接销售时往往选择尽可能短的渠道模式。

(二)目标市场因素

影响销售渠道模式适用程度的市场因素是多方面的。其中主要的因素包括消费者市场的规模、消费者市场与旅游产品生产者之间的空间距离以及消费者市场的集中程度。

一般地讲,市场规模越大所需要的销售网点也就越多,旅游产品生产者自身就越难以满足消费者方便购买的需要。因此,旅游产品生产者有必要开辟间接销售渠道,借助中间商的力量去组织客源和扩大销售。反之,如果目标市场规模较小,例如高档市场,则比较适合采用直销,即使采用间接销售亦应选择短渠道。

客源市场的远近也会影响销售模式的选择。如果客源市场所在地距旅游产品生产者较远,例如国际客源市场,则有必要采用间接销售渠道。这不仅因为采用预订系统和前往市场所在地自设销售网点的费用很大,而且还因为中间商对该市场的了解更为清楚,推销工作中的障碍比较小。正因为如此,以国际旅游市场为主要经营对象的旅游企业一般都采用长渠道销售模式。反之则采用直接销售渠道比较适宜。

客源市场的集中程度虽然涉及客源市场区域的数量及其分布状况,但在这里更重要的是指某一市场区域中潜在顾客的集中程度。在潜在顾客比较密集的市场区域,一般适合于借助当地旅游零售商的力量建立一层次销售渠道,而不必增加旅游批发商的参与。如果某一地理区域内的客源市场比较分散,则宜同该地区的旅游批发商建立业务联系,由旅游批发商去物色和组织旅游零售商或利用自己的零售网,面向潜在旅游者进行销售。

(三)企业自身因素

旅游销售渠道的选择还必须考虑旅游企业自身的多方面情况进行判断。

首先,旅游企业产品组合的广度和深度对营销渠道的决策有很大影响。一般情况下,零售商和旅游者对产品需求品种多、批量小,如果旅游产品组合面太窄,产品单一就不能很好地适应零售商和旅游者的需要,而必须通过批发商进行销售;反之,采用的销售渠道就可短一些、直接一些。

其次,企业的规模、声誉、资金能力等对销售渠道的选择也有很大的影响。企业的规模越大,资金实力越雄厚,市场控制能力就越强,愿与之合作的中间商增多,企业选择销售渠道的灵活性增大。相反,企业在渠道选择时就会受到限制。另外,旅游企业的社会声誉越好也越有可能随意挑选和利用各种有利的销售渠道。

再者,旅游企业对自己产品的市场营销活动是否有相应的管理能力也会影响其销售渠道的选择。如果旅游企业管理营销业务的能力较强,就可自行组织销售系统;如果旅游企业缺乏销售管理方面的经验,就只能依靠中间商来开展销售。

(四)环境因素

各种政治、经济、自然的特征与变化都会对旅游企业的销售渠道决策产生影响。

一个国家在旅游市场方面的政策及经济环境的变化对旅游企业的营销渠道影响很大。我国实行改革开放以来,旅游市场得到极大的发展,旅游产品的销售渠道大大拓宽,极大地促进了旅游产品的市场营销。当然,旅游市场营销要受到国家许多法律、法规和政策的限制和约束,旅游企业只能在所允许的范围内选择销售渠道。

旅游市场的规模与世界、国家及地区的经济状况相关。经济越发达客源市场越广阔。同时经济的回升与起伏会引起客源市场相应的变化。在经济繁荣和经济景气的情况下,旅游客源市场就会扩展;反之,在经济不景气或经济危机时旅游客源市场就会萎缩。作为旅游产品生产者或提供者必须根据经济发展形式和旅游客源市场变化灵活调整销售渠道。

自然环境对营销渠道的影响主要表现在地理条件方面,若旅游产品地处交通便利地区,开展直接营销的可能性就较大;地处偏远地区的旅游产品,限于地理条件的限制,则只能采用较长的营销渠道。

二、良好的旅游产品销售渠道的特征

(一)连续性明显

旅游企业所选择的销售渠道应能保证其产品连续不断地从生产领域、流通领域转移至消费领域,旅游中间商应尽可能不发生脱节、阻塞和停滞现象。这客观上要求旅游企业在选择和构建自己的销售渠道时,应注意到所选的渠道是否环环紧扣,要与最终消费者紧密联系。若旅游产品销售渠道的连续性差,导致旅游产品在销售渠道的某个环节发生了停滞，这样不仅旅游中间商要损失，而且因为旅游产品不能迅速到达于旅游消费者手中，必然会使旅游企业错失良机，使其市场竞争优势下降，还可能会影响到旅游企业长期的营销能力。因而，连续性明显是良好的旅游产品销售渠道的基本要求。

（二）辐射性突出

销售渠道的辐射性直接影响到旅游企业产品的市场覆盖面和渗透程度。旅游企业的销售渠道实际上是以企业为起始点向旅游中间商进行辐射，然后再由各旅游中间商为始点进一步向外辐射而形成的多层次扇面网络。旅游营销渠道的扇面越大，旅游企业产品的市场覆盖面就越广，市场渗透力也就越强，所形成的市场营销机会明显增多，旅游企业的市场风险也就相应下降。当然，在旅游实践中，由于旅游企业的性质不同、规模不一、营销目标不等，即便是同一种旅游产品对市场的覆盖也不可能完全一样。

（三）配套性全面

旅游产品的营销活动，不仅是物质产品的转移过程，也是相关信息等方面的流动过程，因而旅游销售渠道若能同时兼有营销活动所需要的各种配套功能，就能更有效地保证旅游企业的产品顺利地完成由生产领域、流通领域向消费领域的转移。旅游企业所选择的旅游中间商除具有买卖交易的能力外，最好还同时具有促销、运输、开发市场等配套功能。这样，旅游中间商在交易活动中，不仅能保证实体性的旅游产品能顺利地进行流转，而且还具备市场调研、信息收集反馈、运输等辅助功能。这一优势将会更有效地促使旅游企业的产品在目标市场中营销，更有针对性地满足多种旅游消费者的需要。

（四）良好的经济效益

旅游企业所选择销售渠道应当尽可能以较少的耗费获得较高的收益，实现理想的经济效益。因而，这种具有良好经济效益状态的旅游销售渠道应能使旅游产品的流通、营销费用降低。这些费用包括交易成本、资金成本等。交易成本的降低主要取决于交易环节的减少和交易成功率的提高，这就要求旅游企业在选择销售渠道时要尽可能减少不必要的中间环节，同时要谨慎地选择适当的旅游中间商为交易对象；降低资金成本主要在于加快企业资金的周转次数，提高资金的周转效率。总之,对旅游产品销售渠道经济效益的评估、测量应从总体上综合各种因素后进行考察,不能只强调某一方面的优势,而应追求渠道综合效益的最优化。

三、选择最佳旅游产品销售渠道的策略

(一)直接销售渠道或间接销售渠道决策

旅游企业选用直接销售渠道或是间接销售渠道,其实质就是旅游企业在市场营销活动中是否使用旅游中间商。因旅游市场的多样性,旅游企业通常是两种销售渠道兼而有之。在实际工作中,旅游企业对是否采用直接销售渠道或间接销售渠道的决策,最终以两项标准来判断,即旅游企业销售出产品的数量,本企业为维护各种营销渠道所必须支付的营销费用。如果旅游销售渠道售出的产品数量多,且单位产品销售额所需费用低,则该种类型的销售渠道就是比较理想的渠道。需要注意的是,若在此基础上选择了间接销售渠道,还应要对旅游中间商在目标市场、经营规模、营销实力、偿付能力、信誉程度和合作意愿等方面的不同,准确地评估挑选旅游中间商,才能纳入高质量的旅游中间商。除此以外,旅游营销渠道的选择还与旅游企业的实力和在市场上的地位有着紧密的关系。对于一些自身实力雄厚的旅游企业,如大型的旅游集团,往往自身建立起营销网络,因此对旅游中间商的依赖相对小些;绝大多数旅游企业,特别是在新进入市场或目标市场广阔、市场竞争激烈时都是依赖于旅游中间商才能取得良好的营销效果。

(二)销售渠道长度决策

旅游销售渠道的长度通常取决于旅游产品从旅游企业向最终消费者转移过程中所经过的中间层次的多少。

对于大多数旅游企业而言,进行渠道长度策划的关键是根据旅游产品的类型、特点、市场规模、市场集中度、竞争情况、企业实力、管理水平等影响因素对每一种渠道模式进行调研和分析,在做出权衡后再选择适合企业的销售模式。

如果旅游产品市场非常巨大并且地域高度集中,那么可以采取直接销售渠道是,但这样的旅游产品比例很小。而采用旅游中间商的销售模式,不仅可以为旅游企业节约很多资源和精力,更主要的是给消费者带来了很大便利。因此,大

多数旅游企业选择通过一个或多个旅游中间商形式以及直接销售与间接销售的组合形式来销售自己的产品。

在实际工作中,旅游企业最终所选定的销售渠道长度不一定为最佳的理想状态,只能是在多种选择中确定较为合适的销售渠道长度。

(三)销售渠道宽度决策

旅游销售渠道的宽度指不同层次的营销渠道中利用同类旅游中间商数量的多少。一般是指企业零售网点的数目和分布广度,其中既包括自设网点,也包括代销网点,有时也指直接经销商和直接代理某企业产品的中间商数目。归纳旅游产品销售渠道宽度的大小,主要有三种类型。

1. 密集性营销

指在渠道层次中选择尽可能多的中间商,充分与旅游产品的营销市场接触。在旅游消费者集中的地方,或是旅游企业的重点目标客源市场,通常采用这一模式。我国许多旅游产品的销售既通过中国旅行社、中国国旅、青旅这样的大型旅行社,也通过中小规模的旅行社进行销售,让旅游消费者很容易购买到该旅游产品。

这种类型的特点是在选择旅游中间商时,几乎不加任何条件,只要对方愿意经销或代销企业产品并接受双方的条件,便可以成为该产品的旅游中间商。其优点是可以扩大旅游产品的销售面和销售量。缺点是销售费用太高,容易对产品销售失去控制,如出现价格战等恶性竞争将会旅游产品的质量和企业形象大打折扣。

2. 选择性营销

指只选择那些有支付能力、有推销经验以及服务上乘的旅游中间商在特定区域与层次推销本企业的产品。这种渠道形式适用于价格较高或数量有限的旅游产品。我国国际旅游市场在选择旅游中间商时,就必须考虑中间商应具有一定的专业知识、服务水平以及较高的信誉。

这种类型的优点是有利于旅游企业将更多精力集中于挑选中间商,增强对渠道的控制,而且有利于双方建立长期良好的合作关系。缺点是由于挑选的旅游中间商往往是实力雄厚,声誉良好,而这样的中间商对旅游企业的要求也较高,会提出一些要求甚至会对企业规模造成一定的限制。

3. 独家营销

指在一定的市场区域内仅选用一家经验丰富、信誉卓著的中间商来推销旅游企业产品，这是最窄的渠道形式。产销双方一般都签订合同，规定双方的销售权限、利润分配比例、销售费用和广告宣传费用的分担等。这种渠道形式适用于某些特殊线路或豪华旅游产品。

这种类型的优点是可以加深旅游企业和旅游中间商之间的协作关系，提高旅游中间商的积极性，有利于旅游产品的市场开拓。缺点是缺乏灵活性，不利于旅游消费者的选择和购买，且风险较大，如果中间商选择不当，意味着也将失去在该区域的整个市场。

（四）销售渠道联合决策

旅游市场的竞争越来越激烈，旅游企业如果仅仅依靠单一化的渠道模式来进行旅游产品销售将难以适应市场发展的需要，这就需要旅游企业走渠道联合化之路，互惠互利。旅游销售渠道联合策略可以分为以下三种方式。

1. 销售渠道的纵向联合

纵向联合是指利用一定方式将旅游生产企业、旅游批发商、旅游零售商组成完整统一的渠道体系，从而有利于渠道成员加强合作，降低渠道成本。渠道纵向联合可在一定程度上缓解和避免渠道成员间由于追求各自利益而形成的渠道冲突，通过渠道联合可以增强渠道成员间的协调功能，使各渠道成员可以在统一的目标下，发挥各自的优势，减少资源浪费，提高旅游销售效率。根据策划中考虑采用方式的不同，具体又可分为两种类型。

(1)契约式。是指旅游企业通过契约形式，将其所选定的各个环节的旅游中间商联合起来，形成有一定责、权、利关系的分销体系。其特点是各渠道成员的权利和义务在契约中有明确规定，渠道成员有着统一的行动，但渠道成员仍是相互独立的经济实体。如旅游企业通过特许经营的形式将各销售渠道成员联合起来，就是一种契约式渠道联合。

(2)所有权式。是指旅游企业通过自建、资产重组或兼并等方式建立统一的旅游产品产销联合体，使其具有生产、批发和零售的全部功能，以实现对旅游销售活动的全面控制。其特点是旅游企业对各渠道成员拥有部分或完全产权，联合体目标统一，旅游企业对渠道成员控制力强。如旅游企业自建的营销系统；旅游生产企业与旅游中间商共同投资建立的产销联合体等。

2. 销售渠道的横向联合

横向联合是指为了联合开发共同市场的销售渠道，而将两个或两个以上的旅游生产企业进行联合。这种横向联合根据联合紧密程度的不同,又可分为松散型和固定型两种。为了共同开发某一市场,而将各有关旅游企业联合起来,共同策划和实施有助于实现该市场机会的销售渠道,如旅游包机公司和旅游景区联合共同开发某一客源市场即属于松散型横向联合。固定型横向联合是指各旅游企业为了开展市场营销活动而共同联合建立旅游销售公司。渠道横向联合的优点是能很好地集中各旅游企业在销售方面的相对优势,共同提高各旅游企业的市场覆盖面。

3. 集团联合

各旅游企业以集团形式进行联合,并适当进行组织形式的总体改造来促使旅游企业销售渠道的发展和改造,这种模式就是集团联合。旅游企业集团是由多个企业联合而成的,有生产、销售、信息和服务等多种功能的经济联合体,集团内专门化的营销机构可以为集团内各生产企业承担营销活动。该联合模式是一种比较高级的联合形式,其特点是营销功能比较齐全,系统控制能力和综合协调能力都比较强,并能建立起高效的运行机制,从而使整个营销活动的效率都大为提高。

四、旅游产品销售渠道管理

旅游企业确定了销售渠道的类型,将参考一定的标准选择合适的中间商,建立起销售渠道,并要及时解决渠道中的各种问题,促使销售渠道能够既有效力又有效率的运转,这就需要加强对旅游产品销售渠道的管理。

(一)旅游中间商的选择

旅游中间商的选择是指根据旅游企业的渠道结构决策,选择合适的中间商的过程。旅游企业在选择旅游中间商时要建立明确的标准体系,对中间商的销售能力、信誉、发展状况、历史背景、工作积极性、发展潜力等因素进行综合考虑。在进行中间商的选择时,应尽量将销售实力强大、信誉良好、工作热情高的中间商纳入企业的销售渠道,作为企业产品的批发商;对销售能力较弱、信誉较好、工作激情较高,但不能大批量预订产品的中间商,可发展为旅游代理商或零售商;对信誉差、工作懒散、敷衍了事的中间商要认真对待,尽量排除在渠道之外。

其实,在旅游企业选择中间商的同时,旅游中间商也在选择企业。对中间商吸引力弱的旅游企业，应对中间商提供更多的服务，更大的让利，以此来吸引中间商的加盟合作；对中间商吸引力强的旅游企业，主要对中间商进行分析评估，从中选择最适宜的中间商销售产品。

（二）旅游中间商的激励

旅游企业为了实现与旅游中间商的长期合作，必须采取多种措施对旅游中间商进行激励，借以调动旅游中间商销售旅游企业产品的积极性，并巩固和改善与旅游中间商的合作关系。具体激励手段主要有以下几种。

（1）奖惩结合。在与旅游中间商的合作中，旅游产品生产企业可采用奖惩结合的方式，通过正面和反面的刺激，促使旅游中间商有所反应，以维持旅游中间商的工作绩效。一方面，可以通过折扣、佣金、特别奖金、销售竞赛等方法奖励业绩较好的旅游中间商；另一方面，可以通过减少折扣和佣金，必要时中止合同等方法来惩罚业绩不好的旅游中间商。

（2）加强合作。旅游企业为了加强同旅游中间商的关系，必须在销售区域、市场开发、产品供应、业务咨询和宣传促销等方面给予旅游中间商一定的帮助，并根据双方达成的协议，确定业务量和报酬情况，谋求旅游企业和中间商的长期合作。

（三）旅游中间商的评价

对旅游中间商过去的业绩进行评价，主要是了解旅游中间商对旅游产品的销售能力、条件、销售量及销售费用等。历史业绩表现良好的旅游中间商才可以作为旅游企业的合作对象。对于绩效一般或低于企业要求的中间商，要找出原因及补救办法，必要时改变现有的渠道结构，剔除绩效差的中间商。对旅游中间商主要从以下几个方面进行评价：

（1）所选择的旅游中间商在目标市场上是否拥有畅通的销售网络和便利的销售场所。

（2）所选择的旅游中间商在经营方向和专业能力上是否符合销售渠道功能的要求。

（3）所选择的旅游中间商在消费者心目中是否具有良好的形象，是否能在形象上有利于提升企业产品形象。

（4）所选择的旅游中间商是否与旅游生产企业具有很好的合作意愿，双方是否具有很好的信任度。

表9–1列出了某旅行社的历史业绩评估标准。根据此标准，可以得出旅行社过去在某饭店集团产品的销售业绩，以此可以作为饭店挑选合作者的依据。

表9–1 旅行社历史业绩评估标准

项目细分	分值			
	1	2	3	得分
订房数(间)	<50	>50	>100	
停留天数	1天	2天	3天	
季节	8,9,10,11	全年	12,1,2,3,	
付款方式	根据帐单发票	入店登记时	预付	
预订未到	经常	偶尔	极少	
订餐	早餐	早晚餐	早晚餐和酒水	
与集体饭店往来数	1	2–3	4	

(四)旅游销售渠道的调整

旅游市场需求是复杂多变的，为了适应多变的旅游市场，确保销售渠道的畅通和高效，旅游企业需要经常对其渠道进行调整。其调整的方式主要有以下几个方面：

(1)调整渠道成员。在分析增减旅游渠道成员给旅游销售带来的影响，以及这种增减引起其他渠道成员的反映情况的基础上，适当改变旅游中间商的数量，使旅游销售渠道在最适宜的宽度下运转。

(2)调整销售渠道。若增减旅游中间商不能解决问题就要考虑改变销售渠道。当市场环境改变时，有可能迫使旅游企业改变原来的销售渠道，而重新增设另一条销售渠道，直到销售渠道能够很好地满足市场需求为止。

(3)调整整个销售渠道系统。当旅游企业的销售存在严重问题时，就需要重新审视整个旅游渠道系统，通过调整整个销售渠道的结构和模式，使整个销售渠道系统得到不断优化。

旅游销售渠道的调整和优化是一个渐进的动态过程。必须始终考虑根据市场需求的变化，运用系统工程的方法，确定调整的范围和程度，并且还要考虑渠道调整对营销组合带来的影响。

五、旅游销售渠道的冲突管理

对渠道无论进行怎样好的设计和管理，总会有某些冲突，最基本的原因就是各个独立的业务实体的利益总不可能一致。

(一)冲突的类型

在旅游企业、中间商、消费者的结合中,由于其关系的不同,主要形成垂直、水平和多渠道的销售渠道系统。由于这三种销售渠道中不同层级以及同一层级的不同中间商利益矛盾的存在,便产生了垂直渠道、水平渠道、多渠道三种类型的冲突。

(1)垂直渠道的冲突。垂直渠道的冲突是指同一渠道中不同层次之间的利害冲突,这类冲突更为常见。如一个旅游企业采用旅游企业→旅游批发商→旅游零售商→旅游消费者的销售渠道,在旅游产品上市时,批发商占主导地位,此时它可能压低对旅游企业的购买价,提高对旅游零售商的批发价格,这样就导致了垂直渠道的冲突。

(2)水平渠道的冲突。水平渠道的冲突是指存在于渠道同一层次的成员之间的冲突。如旅游企业的各个零售商由于区域划分的不清晰,价格的层次不齐,便会相互恶意竞争,形成水平渠道的冲突。

(3)多渠道的冲突。多渠道冲突产生于旅游企业已经建立两个或多个渠道,并且他们同封在同一市场推销时。如旅游企业可以通过直销渠道向消费者销售产品,也可通过中间商销售产品,由于他们目标、利益的不同便会产生渠道间的冲突,即多渠道冲突。当一个渠道的成员或者降低价格或者降低毛利时,多渠道冲突会变得特别强烈。

(二)渠道冲突的管理

无论是哪种类型的渠道冲突,都会影响到整个旅游销售渠道运作的效率和质量。一旦出现冲突,旅游企业应视情况采取适当的措施,有效地管理冲突。

(1)采用共同的目标。渠道成员以某种方式签订一个以他们共同追求的目标为指导的协议,例如市场份额的扩大、顾客的高度满意、提高产品和企业知名度等,使他们彼此间息息相关,利益互动,风险共担,从而有效地协调他们的行动,将冲突内部化。

(2)慎重地选择经销商。经销商的市场观念和营销才能极大地影响着彼此间的合作。良好的营销素质和正确的市场观念是减少冲突的“预防针”,为经销商与旅游企业之间建立共同目标打下基础。选择那些与自己的观念、目标基本一致的经销商,有利于沟通与合作。可通过选择挑选合适的经销商,并适时加以培训,灌输旅游企业的理念。这对以后进行有效管理、控制冲突很有好处。

(3)渠道层次之间进行人员交流。旅游企业的一些营销人员可到销售渠道中的某些销售机构工作,销售渠道的某些工作人员亦可到旅游企业或其他销售渠道工作,通过人员互换,双方更好地沟通交流,以便形成共识,亦可起到监督和互助的作用,有利于减少知觉偏差和渠道冲突。

(4)行业协会内部和协会之间的协作。旅游企业无论涉及饭店业或旅行社业都有各级协会存在,通过加入行业协会,企业之间经常沟通,在保证共同利益和促进行业发展的理念指导下,相互协作,共同发展,从而有效地避免冲突的发生。

(5)协商、调整或仲裁解决。以上措施主要着眼于冲突的预防,当冲突发生时,必须采取强有力的措施解决它,使冲突得以有效的控制。解决冲突的方法主要有协商、调整或仲裁三种。协商是双方正面交涉,面对面磋商解决,以免冲突尖锐化;调解是指由第三方出面,根据双方的利益进行调停;仲裁是指双方同意把纠纷交给第三方,并接受他的仲裁决定。

各国旅游企业渠道介绍

以什么样的销售渠道,将产品和服务销售给最终顾客,是所有饭店营销战略的重要组成部分。所谓销售渠道,指帮助实现旅游产品或服务从供应商向消费者转移的一系列营销或销售组织。简单的说,它是指饭店(作为供应商)如何利用旅行代理商、旅游经营商、旅游批发商、免费电话以及其它方式,向顾客销售其服务。

处于同一地区国家的旅游分销渠道的差异不是很大。美国人一般通过旅游代理商购买国际旅游产品,而在购买国内旅游产品时,却较少通过代理商。亚洲人和欧洲人对于任何旅行活动,都倾向于实现进行广泛的咨询。日本人喜欢依赖有完全组团能力和国外分销网络的大旅游经营商。如果在对饭店的选择中,旅游代理商和旅游批发商是主要的决策者或影响因素,饭店的销售和销售工作就应该直接针对这些中间商。在许多国家,与旅游中间商合作来增加客房的销售是至关重要的。

和欧洲相比较,美国的旅游代理商较为独立,规模也较小,平均只有3到6名员工。在欧洲,集团式的旅游代理商联号比较常见,而且每个代理商拥有很多旅行顾问。例如,英国5家最大的跨地区代理商联号的销售额,占全部代理商的一半;瑞典两家主要代理商联号控制着85%的代理商联号市场,相当于全国零售总额的三分之一。随着欧洲统一市场的形成,欧洲的旅游零售商将更加趋向于兼并联合。

日本的旅游行业由10家最大的旅游批发商控制,其中的5家也位于日本最大的前10位旅游代理商之中。日本游客购买一次旅行,可能会经过4家旅游批发商;而美国的平均数是1.6家。日本旅游代理商组织和销售旅游团,必须得到政府的批准,目前大约有800家代理商得到了许可执照。这一要求的目的是,为了保证向消费者提供的单个旅游项目和包价旅游的质量和完整性。因而,日本的旅游批发商和代理商,非常重视保证其旅游产品的高质量标准。获得许可的旅游代理商,将包价旅游批发给零售代理商。

向日本市场销售分店产品,必须了解其严密和高度管制的销售渠道、保护消费者的法律、复杂的旅行设计和组织过程。因为,日本的旅游代理商一般经营完整的包价旅游产品,其中包括航空、住宿、地面交通、主题公园和城市观光等。在这种机制下,饭店要想单独向日本市场销售产品,可能不太合适,多数饭店需要和其它旅游供应商联合,来进入日本市场。

复习思考题

1. 简答旅游销售渠道的几种类型,并分别说出它们各自的优缺点

2. 旅游中间商有哪些类型?旅游企业该如何选择旅游中间商?

3. 如你是一名销售经理,请模拟为一个旅游企业制定一份销售渠道选择决策报告。分析说明为什么要选择该种销售渠道?

4. 如何对旅游产品销售渠道进行管理?

5. 当旅游销售渠道出现冲突时,该怎样解决?

主要参考文献

钱炜等.饭店营销学[M].北京:旅游教育出版社,2000.

顾树保,于连亭.旅游市场学[M].天津:南开大学出版社,1992.

林南枝.旅游市场学[M].天津:南开大学出版社,2005.

刘德光,陈凯,许杭军.旅游业营销[M].北京:清华大学出版社,2005.

陶卓民,胡静主编.旅游市场学[M].北京:高等教育出版社,2001.

熊元斌等.旅游营销策划理论与实务[M].武汉:武汉大学出版社,2005.

朱成钢 市场营销学[M].上海:立信会计出版社,1993.

赵西萍等.旅游市场营销学[M].北京:高等教育出版社,2005.

第十章 旅游促销策略

促销是传统营销4Ps四个核心环节之一，在旅游企业的营销活动中占有极其重要的地位。在旅游企业中，不仅需要高速敏捷的旅游营销渠道、合理的产品定价和高质量的旅游产品，还需要符合旅游企业自身特点的有效的促销策略。旅游促销，是在旅游产品定价、分销渠道等策略的基础上，对旅游营销尤为重要的四大方面之一。它综合运用广告宣传、营业推广、公共关系和人员推销等来促进旅游产品的销售，是旅游市场营销活动中最富活力和创意的领域。

通过本章学习，了解旅游广告、营业推广、公共关系和人员推销策略的意义；熟悉四种促销策略的基本概念；掌握四种促销策略的方法，具备对旅游广告、营业推广、公共关系和人员推销等策略的组合运用能力。

第一节 旅游促销概述

旅游市场的高度竞争性、旅游产品的无形性和同一性，使得促销在旅游市场营销中，比在其他有形产品的营销中发挥着更加突出的作用。

旅游企业通过宣传促销活动，培育旅游消费意识，从而让消费者加入到旅游企业开展的活动中来。旅游促销是旅游市场营销的重要组成部分。

一、旅游促销的含义

旅游促销（tourism promotion），即促进旅游产品的销售，是指旅游企业通过一定的传播媒介向旅游者传递信息，并与旅游者进行信息沟通，以达到促进旅游企业产品销售目的的营销活动。它一般包括广告、人员推销、营业推广和公共关系等促销形式。

二、旅游促销的作用

(一)传递信息

旅游企业将产品信息传递给批发商、零售商和消费者;同时把中间商和消费者的反映、意见、要求等信息反馈给旅游产品的生产者。

(二)创造需求

通过促销诱导来激发旅游者的需求。新的旅游产品上市之初,旅游者对它的特点和利益点都不是很了解,旅游企业可以通过旅游促销沟通,引起旅游者的兴趣,诱导需求,并创造新的需求,从而为新的旅游产品打开市场,建立声誉。

(三)突出特色

宣传本旅游企业产品的特点,努力提高产品和旅游企业的知名度,促使旅游者加深对本旅游企业产品的了解和喜爱,增强信任感,从而提高旅游企业和产品的竞争力。

(四)稳定销售

通过旅游促销活动,可以树立良好的企业形象和商品形象,促使旅游者对旅游企业产品及旅游企业本身产生好感,从而培养和提高"品牌忠诚度",巩固和扩大市场占有率。

三、旅游促销的方式

(一)推式策略

推式策略是指利用推销人员与旅游中间商促销,将旅游产品推向市场的策略。这一策略需要利用大量的推销人员推销产品,它适用于生产者和中间商对旅游产品的前景看法一致的产品。推式策略风险小、推销周期短、资金回收快,但其前提条件是须有旅游中间商的共识和配合(见图10–1)。

推式策略常用的方式有:派出推销人员上门推销产品,提供各种售前、售中、售后旅游促销等。

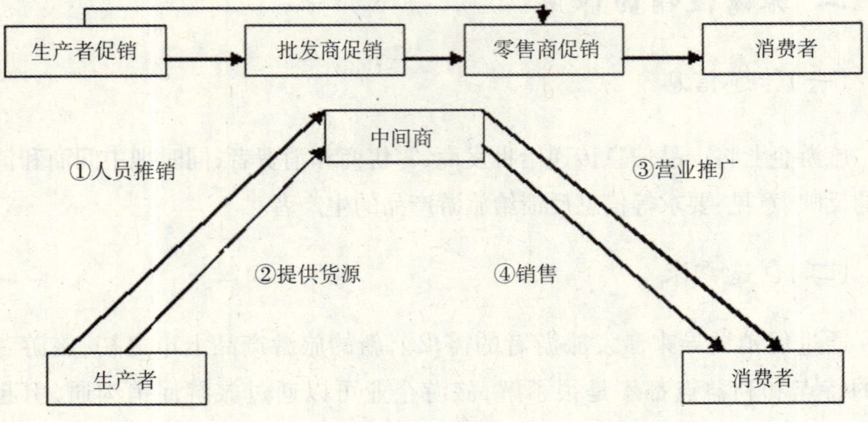

图10–1 推式策略

(二)拉式策略

拉式策略是旅游企业针对最终旅游者展开广告攻势,把旅游产品信息介绍给目标市场的旅游者,使其产生强烈的购买欲望,形成急切的市场需求,然后"拉引"旅游中间商纷纷要求经销这种产品(见图10–2)。

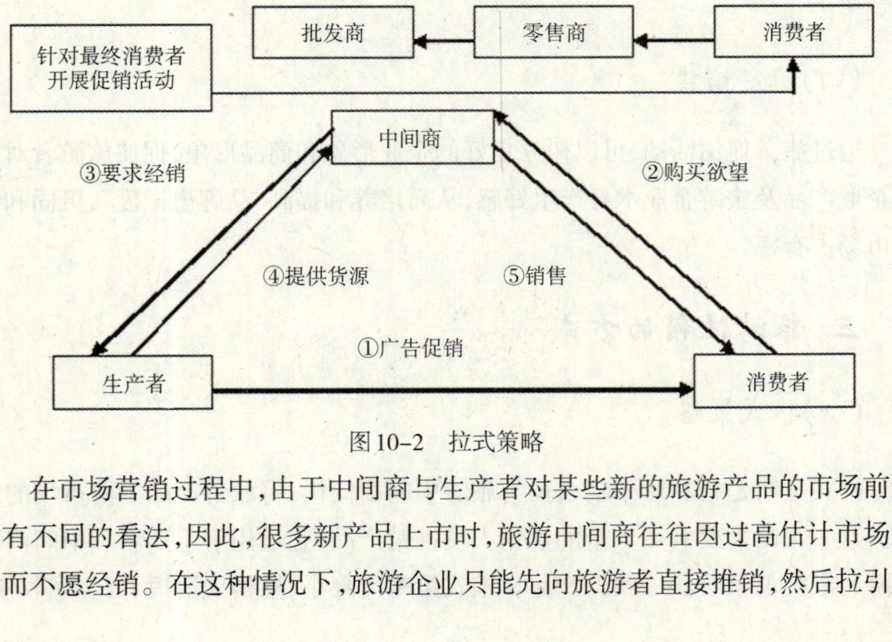

图10–2 拉式策略

在市场营销过程中,由于中间商与生产者对某些新的旅游产品的市场前景常有不同的看法,因此,很多新产品上市时,旅游中间商往往因过高估计市场风险而不愿经销。在这种情况下,旅游企业只能先向旅游者直接推销,然后拉引旅游中间商经销。

拉式策略常用的方式有：价格促销、广告、展览促销、代销、试销等。

（三）推拉结合策略

在通常情况下，旅游企业也可以把上述两种策略配合起来运用，在向旅游中间商进行大力促销的同时，通过广告刺激市场需求。其程序如图10-3所示。

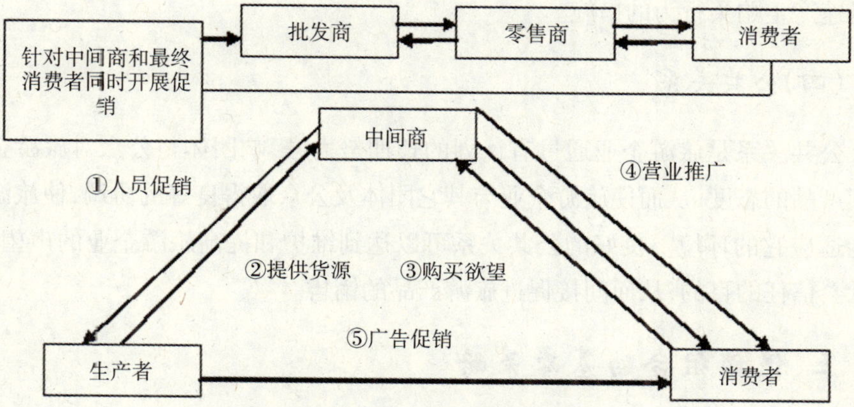

图10-3　推拉结合策略

在“推式”促销的同时进行“拉式”促销，用双向的促销努力把商品推向市场，这比单独地利用推式策略或拉式策略更为有效。

四、旅游促销的内容

（一）人员推销

人员推销又称人员销售，是旅游企业通过派出推销人员或委托推销人员亲自向顾客介绍、推广、宣传，以促进旅游产品的销售。人员推销可以是面对面交谈，也可以通过电话、信函、电子邮件等方式交流。推销人员的任务除了完成一定的销售量以外，还必须及时发现旅游者的需求，并开拓新的旅游市场，创造新的需求。

（二）广　告

广告是旅游企业以付费的形式，通过一定的媒介，向广大目标顾客传递信息的有效方法。现代广告不应只是一味地单向沟通，而是形如单向沟通的双向沟通,即应把企业与顾客共同的关心点结合起来考虑广告的制作和传播。

(三)营业推广

营业推广是由一系列短期诱导性、强刺激性的战术促销方式所组成的。它一般只作为人员推销和广告的补充方式,其刺激性很强、吸引力大。与人员推销和广告相比,营业推广是不能连续进行的,只是一些短期性、临时性的能够使顾客迅速产生购买行为的措施。

(四)公共关系

公共关系是旅游企业通过有计划的长期努力,影响团体与公众对旅游企业及其产品的态度,从而使旅游企业与其它团体及公众取得良好的协调,使旅游企业能适应它的环境。良好的公共关系可以达到维护和提高旅游企业的声望,获得社会信任的目的,从而间接促进旅游产品的销售。

五、促销组合的基本策略

(一)含　义

旅游企业要想收到理想的促销效果,必须根据目标市场合理安排促销组合,也就是对旅游促销的四种工具进行有机地配合、运用,以取得最好的促销效果。西方市场营销学者提出了各种促销组合模型,如期摩博恩模型、布恩–布尔茨模型、麦卡锡模型、科特勒模型等。这里介绍一种新式的促销组合模型:阿布莱特–韦斯惠曾模型(见图10–4)。

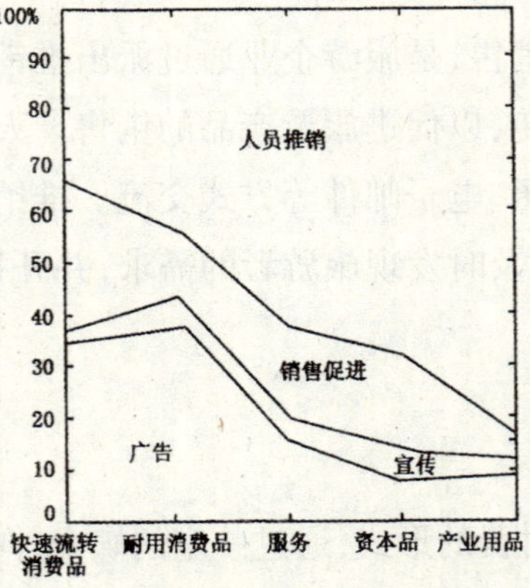

图10–4 阿布莱特–韦斯惠曾模型

此模型是南非共和国的两位学者罗素·阿布莱特和布莱恩·韦斯惠在1987年提出的。他们在约翰内斯堡等城市选择了具有代表性的25家大公司作为战略业务单位，并将其划分为五个部门：快速流转消费品部门（如食品及其连带产品）、耐用消费品部门（如家具、电器、汽车）、服务部门（如银行、出租汽车公司）、产业用品部门（如原材料、零部件等）、资本品部门（如重型机械设备），然后对他们的促销组合及促销费用支出情况进行了调查，得出企业应采用的最佳促销组合模型。

（二）促销组合策略的选择

由于不同的促销手段具有不同的特点，企业要想制定出最佳组合策略，就必须对促销组合进行选择。企业在选择最佳促销组合时，应考虑以下因素。

1. 产品类型

产品类型不同，购买差异就很大，不同类型的产品应采用相应的促销策略。一般来说，消费品主要依靠广告，然后是营业推广、人员推销和宣传；生产资料主要依靠人员推销，然后是营业推广、广告和宣传（见图10-5）。

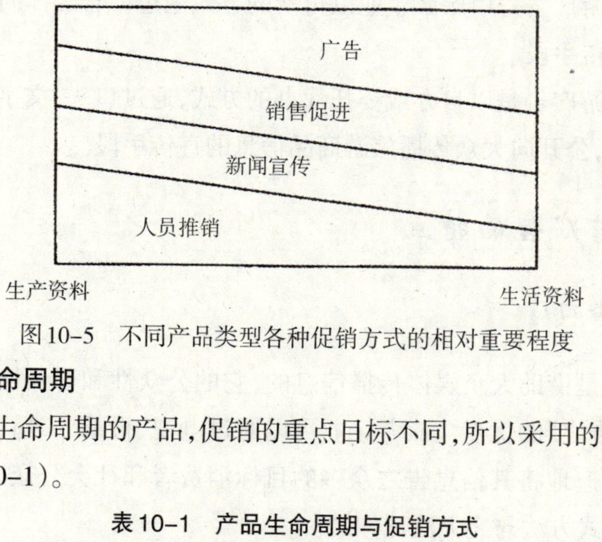

图10-5　不同产品类型各种促销方式的相对重要程度

2. 产品生命周期

处在不同生命周期的产品，促销的重点目标不同，所以采用的促销方式也有所区别（见表10-1）。

表10-1　产品生命周期与促销方式

产品生命周期	促销的主要目的	促销主要方法
投入期	使消费者认识商品，使中间商愿意经营	广告介绍，对中间商用人员推销
成长期成熟期	使消费者感兴趣，扩大市场占有率，使消费者成为“偏爱”	扩大广告宣传，搞好营业推销和广告宣传
衰退期	保持市场占有率，保持老顾客和用户推陈出新	适当的营业推广，辅之广告，减价

表10–1可以看出，在投入期和成熟期，促销活动十分重要，而在衰退期则可降低促销费用支出，缩小促销规模，以保证足够的利润收入。

3. 市场状况

市场需求情况不同，企业应采取的促销组合也不同。一般来说，市场范围小，潜在顾客较少以及产品专用程度较高的市场，应以人员推销为主；对于无差异市场，因其用户分散、范围广，则应以广告宣传为主。

第二节 旅游广告

广告是旅游促销组合中受到普遍重视和应用的促销形式。在市场经济条件下，产品的制造者和消费者很少见面，直接的买卖双方亦在多因素抉择下成交，因此必须依赖各种各样的传播媒体，这就决定了旅游广告事业的迅速发展。

一、旅游广告的含义

狭义的旅游广告是由旅游企业以付费的方式通过广告媒体向大众传播旅游商品信息的宣传手段。

广义的旅游广告是以自办或委托代办的方式，通过口头、文字、图画、实物陈列等多种形式，公开向大众传播旅游商品信息的宣传手段。

二、旅游广告的特点

(一)传播面广

旅游广告是借助大众媒体传播信息的，它的公众性和普及性赋予旅游广告突出的“广而告之”的优点。旅游企业可以通过电视、报纸、广播、杂志等大众传媒在短期内迅速地将其信息告之众多的目标消费者和社会公众，这是人员推销等其他促销方式方法与之无法比拟的。

(二)传递速度快

旅游广告是利用大众媒体传递信息的，大众传媒是一种迅捷的信息传播途径。它能使旅游企业发行的信息在很短的时间内传达给目标消费者。因此，在现代信息化社会，它是一种富有效率的促销方式。

（三）表现力强

旅游广告是一种富有表现力的信息传递方式。它可以借助各种艺术形式、手段与技巧，提供将一个旅游企业及其产品感情化、性格化、戏剧化的表现机会，增大其说服力与吸引力。

三、旅游广告的作用

旅游广告作为一种积极有效的信息传递活动，对实现“产品的惊险跳跃”有着极为重要的作用。具体地说可归纳为以下几点。

（一）传送信息，沟通产需

这是旅游广告的基本作用。旅游广告能够把产品信息传递给可能的顾客，迅速、有效地沟通产需，缩短产需之间的距离，加速旅游产品和企业资金的周转。

（二）创造需求，刺激消费

旅游广告通过各种传播媒体向顾客广泛介绍旅游产品信息，不仅能提高顾客对产品的认识程度，诱发其需求和购买欲望，而且能起到强化顾客对产品的印象，刺激需求，创造需要的作用。

（三）树立形象，利于竞争

旅游广告是开展竞争的重要手段，广告在竞争中为旅游企业创名牌、树声誉而呐喊；为新技术、新产品而摇旗。旅游广告在竞争中可以起到鼓励先进，鞭策后进，促进社会生产发展的作用。

（四）指导购买，扩大销售

各种形式的旅游广告不断向顾客介绍旅游产品的特色、价格、销售服务等，就能帮助他们识别产品，指导购买。既满足了顾客需求，又扩大了销售，加速资金周转，增加企业赢利。

（五）美化人民生活

一则思想性和艺术性强的旅游广告，可以使人得到美的享受，陶冶人们的情操,提高人们的思想修养,促进精神文明建设。

四、旅游广告的种类

旅游广告可以根据不同属性进行分类。

(一)根据传播媒介分类

1. 印刷类广告

主要包括印刷品广告和印刷绘制广告。印刷品广告有报纸广告、杂志广告、图书广告、招贴广告、传单广告、产品目录、组织介绍等。印刷绘制广告有墙壁广告、路牌广告、工具广告、包装广告、挂历广告等。

2. 电子类广告

主要有广播广告、电视广告、电影广告、电脑网络广告、电子显示屏幕广告、霓虹灯广告等。

(二)根据旅游广告进行的地点分类

1. 销售现场广告

指设置在销售场所内外的广告。主要包括橱窗广告、货架陈列广告、室内外彩旗广告、卡通式广告、巨型商品广告。

2. 非销售现场广告

指存在于销售现场之外的一切广告形式。

(三)根据旅游广告的内容分类

1. 商业广告

商业广告是旅游广告中最常见的形式,是广告学理论研究的重点对象。商业广告以推销商品为目的,是向消费者提供商品信息为主的广告。

2. 政府公告

指政府部门发布的公告,也具有广告的作用。例如旅游主管部门发布的公告性信息。

(四)根据旅游广告目的分类

1. 产品广告

指向消费者介绍旅游产品的特性,直接推销旅游产品,目的是打开销路、提高市场占有率的广告。

2. 公共关系广告

指以树立组织良好社会形象为目的,使社会公众对组织增加信心,以树立组织卓著的声誉的广告。

(五)根据旅游广告的表现形式分类

1. 图片广告

主要包括摄影广告和信息广告。表现为写实和创作形式。

2. 文字广告

指以文字创意而表现广告诉诸内容的形式。文字广告能够给人以形象和联想余地。

3. 表演广告

指利用各种表演艺术形式,通过表演人的艺术化渲染来达到广告目的的广告形式。

4. 说词广告

指利用语言艺术和技巧来影响社会公众的广告形式。大多数广告形式都不可能不采用游说性的语言,重点宣传企业或产品中某一个方面,甚至某一点的特性,在特定范围内利用夸张手法进行广告渲染。

(六)根据旅游广告阶段性分类

1. 倡导广告

又称始创式广告,目的在于向市场开辟某一类新旅游产品的销路。此种广告重点在于使人知晓。

2. 竞争广告

又称比较式广告,是通过将自己的商品与他人的商品作比较,从而显出自己的商品的优点,使公众选择性认购。此种广告重点在于突出自己的商品与众不同。许多国家在广告立法上对于比较式广告有一定限制。

3. 提示广告

又称提醒广告、备忘式广告,是指在商品销售达到一定阶段之后,商品已经成为大众熟悉的商品,经常将商品的名称提示给大众,以促进商品销售。

五、旅游广告媒体的选择

在旅游广告宣传中，所运用的广告媒介不同，则广告费用、广告设计、广告策略、广告效果等内容都是不同的。因此，在广告活动中要认真选择广告媒体。为了正确地选择各种广告媒体，企业在选择媒体之前，必须对媒体的接触度、频率和效果作出决策。

（一）旅游广告媒体的种类

1. 报 纸

报纸是传递信息的最重要工具，是广告运用最多的媒体形式之一。

2. 杂 志

杂志专业性较强，目标读者较集中，是刊登各种专业产品广告的良好媒体。在选用其作为传播媒体前，通常要进行所谓的媒体调查，调查的内容主要包括发行量、发行区域分布、读者层构成、发行周期、信誉。

3. 广 播

广播是听觉媒体，在我国现阶段也是一种广为利用的主要媒体。

4. 电 视

电视是重要的现代化媒体。同样也要进行媒体调查，其内容主要有传播区域、视听率和视听者层。

5. 网 络

随着信息技术的高速发展，互联网正在成为重要的旅游广告媒体，为旅游广告拓展了新的天地。网络媒体一般发布文字和图文两类广告，具有特有的互动功能，很好的视觉和听觉效果以及三维动画效果。越来越受到旅游广告业主的高度重视。

6. 户外广告

主要包括路牌广告、灯箱广告、交通车身广告、车辆广告、机场、车站码头广告、招贴广告、传单广告等。

7. 其他媒体

主要包括：邮寄广告、赞助广告、体育广告、包装广告等。

(二)旅游广告媒体的选择

1. 旅游企业对传播信息的要求

旅游企业对信息的传播次数、效果及到达目标顾客的最低时间限度要求不同,就要根据各种媒体的特点,选择不同的广告媒体。

2. 目标顾客的媒体习惯

人们在接受信息时,一般是根据自己的需要和喜好来选择媒体。比如,教育程度高的人,接受信息的来源往往偏重于因特网和印刷媒体;老年人则有更多的闲暇时间用于看电视和听广播;在校大学生偏爱上网和听广播。分析目标顾客的媒体习惯,能够更有针对性地选择广告媒体,提高广告效果。

3. 媒体特点

不同媒体的市场覆盖面、市场反应程度、可信性等均有不同的特点,具体见表10–2。

表10–2 不同媒体的特点

媒体种类	覆盖面	反应程度	可信性	寿命	保存价值	信息量	制作费用	吸引力
报纸	广	好、快	好	较短	较好	大而全	较低	一般
杂志	较窄	差、慢	好	长	好	大而全	较低	好
广播	广	好、快	较好	很短	差	较小	低廉	较差
电视	广	好、快	好	很短	差	较小	很高	好
邮政	很窄	较慢	较差	较长	较好	大而全	高	一般
户外	较窄	较快	较差	较长	较好	较小	低	较好
因特网	广	较快	较好	短	差	一般	高	一般

4. 旅游产品特性

旅游产品的性质、特点等不同,要选择不同的旅游广告媒体。

5. 媒体费用

不同的广告媒体所需成本也是媒体选择所必须考虑的因素之一。考虑媒体费用不能仅仅分析绝对费用,如电视媒体的费用大,报纸媒体的费用低等,更要研究相对费用,即沟通对象的人数构成与费用之间的相对比例关系。

七、旅游广告效果的评价

旅游广告效果的评价是指运用科学的方法来评价所做广告的效益。重视广告的信息反馈,正确地评价广告效果,有利于降低广告费用,提高广告效益,制定出最佳广告决策。

(一)广告传播效果的测定

旅游广告传播效果是指广告信息传播的广度、深度及影响作用,表现为顾客对旅游广告信息注意、理解、记忆的程度。

1. 接收率

接收率指接收某种媒体广告信息的人数占该媒体总人数的比率。

$$接受率=\frac{接受广告信息的人数}{接触该媒体的总人数}\times 100\%$$

接收率往往只是指接收信息的广度,为了全面评价广告传播效果,还应使用深度指标,即认知率。

2. 认知率

认知率是指接收到广告信息的人数中,真正理解广告内容的人所占的比率,这一指标真正反映广告传播效果的深度。

$$认知率=\frac{接受广告信息的人数}{接触该媒体的总人数}\times 100\%$$

3. 回忆测试法

找一些看过或听过电视、广播、报刊的人,让他们回忆广告的内容,来判断其对广告的注意度和记忆率。

(二)广告促销效果的测定

旅游广告的促销效果比传播效果更难测量。因为,除了广告因素外,销售还受到许多其他因素的影响,如产品特色、价格等。营销人员一般利用以下办法来衡量广告的促销效果。

1. 广告增销率

广告增销率是一定时期内广告费的增长幅度与相应期销售额的增长幅度之比较。其公式为:

$$广告增销率=\frac{销售增长率}{广告费增长率}\times 100\%$$

2. 广告费占销率

广告费占销率指一定时期内旅游企业广告费的支出占该企业同期销售额的

比例。这也是一种通过广告费和销售额的比较来反映广告促销效果的方法。

$$广告费占销率=\frac{广告费支出}{同期销售额}\times 100\%$$

值得注意的是,以上两种评价方法都有一个共同的前提,即测试期内影响销售额的其他因素无明显变化,否则会影响测试的精确性。若一些常规因素的影响不可避免(如销售淡季、旺季变化),可根据变化规律设置某些调整系数,当然也可以将具有周期性变化规律的时期作为一个测试期(如一年)来进行测试和比较。

(三)广告形象效果评价

旅游广告形象效果评价是对广告所引起的旅游企业或旅游产品知名度和美誉度的变化情况所进行的检测和评价。广告效果并不仅仅反映在对产品销售的促进方面,因为尽管有些消费者接触了广告后并不马上会产生对产品的购买欲望,但毕竟会给他们留下一定的印象,这种印象可能导致将来产生购买欲望。

旅游企业形象一般用知名度和美誉度两项指标来衡量,通过广告前后对固定企业的调查,了解企业形象的变化。

第三节 旅游公共关系

在现代社会中,没有公共关系意识的社会组织,不可能赢得社会公众的信赖而取得市场竞争的主动权。随着社会主义市场经济的发展,公共关系实务在理论上对社会组织提出的指导原则和在实践上对这些组织提供的全方位服务已经被越来越多的社会组织所接纳。

一、公共关系概述

公共关系译自英文(public relations),又译为公众关系,简称公关。公共关系学是一门发展中的、综合性的社会应用学科,其应用已经延伸至政治、经济、军事、文化等各个领域,并将逐步形成以知识为核心的文明产业,该学科以建立社会组织与社会公众之间良好的沟通关系,在社会公众心目中树立社会组织的良好形象为主线贯穿始终。

关于公共关系的定义,国内外公关学者没有一个公认的统一的标准。仁者见仁,智者见智,众说纷纭。限于篇幅,在此仅列举几种流行的公共关系的定义。透过不同定义所强调的侧面,可以看到公共关系的多维实质。

美国公共关系协会下的定义:公共关系是一个组织为最有效地实现其目标而与社会保持某些方面联系的职能。

英国公共关系协会下的定义:公共关系的实施是一种积极的、有计划的和持久的努力,以建立及维持一个机构与其公众之间的相互了解。

国际公共关系协会下的定义:公共关系是分析趋势,预测趋势,为组织领导提供决策咨询,执行既有利于组织又有利于公众的行动计划的艺术和科学。

美国的哈洛博士在分析归纳了一系列公共关系定义后得出的定义:公共关系是一种独特的管理职能,它帮助一个组织和它的公众之间建立交流、理解、认可和合作关系;它参与各种问题和事件的处理;它帮助管理部门了解公众舆论,并对之做出反应;它明确并强调管理部门为公众利益服务的责任;它帮助管理部门掌握情况的变化,并监视这些变化,预测变化的趋势,以使组织与社会变化同步发展;它以良好的、符合职业道德的传播技术和研究方法作为基本的工具。

到目前为止,还没有一个公认的公共关系定义,说明了作为一门学科的公共关系学本身还不成熟,人们对公共关系本质的认识的统一还需要一个过程。

二、旅游公共关系的含义

由于公共关系的准确定义尚未明确界定,因此,作为其分支的旅游公共关系的含义也难以准确给出,但为了研究问题的方便,综合考虑理论界和实践领域的情况,在这里对于旅游公共关系的含义还是给出一个相对准确并为大家所认可的定义。

(一)狭义

旅游组织机构通过有效的公共关系活动,去改善自己的公共关系状态,以达到组织自身顺利发展的目的。

(二)广义

旅游公共关系是一个旅游组织与其公众之间建立的全部关系的总和。它发挥着管理职能,开展着传播活动。旅游组织通过有效的管理,旨在谋求组织内部的凝聚力与组织对外部公众的吸引力;通过双向的信息沟通,旨在争取社会公众的谅解、支持与爱戴，谋求组织与公众双方的利益得以实现。

（三）旅游公共关系的构成要素

1. 旅游公共关系的主体——旅游组织

旅游组织，指各种类型的旅游机构，它包括旅游盈利机构（旅行社、景区、酒店等）、旅游咨询机构、旅游管理机构、旅游辅助机构（如出入境管理部门）等。这些组织都是旅游公共关系的活动主体。

2. 旅游公共关系的客体——社会公众

公众是旅游组织开展各项公共关系工作的活动对象。公众是指任何因面临某个共同问题而形成的，有着某种共同利益，并为某一特定组织的工作产生互动效应的社会群体。拿旅游行业而言，公众就是广大现实的和潜在的旅游者。

3. 旅游公共关系的方法与手段——管理职能和信息传播

旅游公共关系工作在组织中发挥着重要的管理职能。管理职能的发挥可以通过双向的信息交流得以实现。

三、旅游公共关系的特征

（一）以公众为对象

旅游公共关系是旅游组织同构成其生存环境的内外公众的关系，公众构成公共关系客体一方，它与公共关系的主体构成公共关系的基本矛盾。公众是公共关系的主要研究对象，一切工作均围绕公众展开。

（二）以美誉为目标

旅游公共关系不是一种政治关系，也不是一种经济关系，其评价尺度不是政治立场，不是经济指标，而是美誉度。用通俗的话说就是关系好不好，客体愿不愿意与之交往。而组织形象中的知名度、定位度都是以美誉度为基础的，因此，公共关系是以追求高美誉度为工作目标。

（三）以互惠为原则

旅游公共关系不是以血缘、地缘为基础，而是以一定的利益、业缘关系为基础。旅游组织要生存发展必须要得到公众的支持，而要想得到支持就必须让公众得到利益,因此,要想持久地赢得公众支持,必须做到与公众互利互惠,最终达到双赢的目的。

(四)以长远为方针

旅游组织凭借公共关系在公众中塑造好的形象,绝非一日之功。它有树立过程的长期性,同时一旦树立起来它又同形象的滞后性相关,而不会轻易改变,因此,公共关系的长远性是与组织生存的长远性同根相生、同命相连。

(五)以真诚为信条

旅游公共关系要追求长久的美誉度,就一定要以真诚为信条。互利互惠也只有依靠真诚才能做到。特别是市场经济条件下,公众对真诚的期望越来越迫切。惟有真诚才能长久赢得公众的合作与社会美誉。

(六)以沟通为手段

旅游公共关系依靠信息产业。信息只有传播沟通才能实现价值。形象在沟通中塑造,美誉在沟通中提高,合作在沟通中促成,目标在沟通中实现,无形资产在沟通中建立与积累,因此,公共关系目标与价值的实现离不开沟通。

以上六个方面综合地、系统地、多角度地构成了旅游公共关系的基本特征。公关意识以此为基础,公关工作由此而展开,公关职能缘此而设定,所以有人说,旅游公共关系内核小、外延大,便是这个道理。

四、旅游公共关系的作用

(一)搜集信息,组织宣传

现代社会是以信息化商品生产方式为主体的经济社会。信息就是资源,信息就是财富。旅游公共关系的信息功能就是为旅游组织的管理和决策机构提供信息服务。

(二)监测环境,咨询决策

在旅游企业经营管理中,正确的决策已成为企业生存与发展的首要前提。而正确的决策取决于对环境的监测,旅游企业所处的社会和经济环境复杂多变,要适应这种环境，就必须严密地观察环境，对环境变化做出科学的预测、分析、评价与研究，保持清醒的头脑和敏锐的感觉，为决策提供合理的咨询建议，真正帮助决策者弄清和掌握其在决策过程中所面临的不确定的因素和信息，弄清和处理好与其相关的各种关系，把主要精力放在考虑全局性的战略性问题上。

(三)协调沟通，处理危机

现代旅游企业是一个开放系统，它必须和周围环境建立广泛的联系，沟通各种信息，减少社会摩擦，协调社会关系。在旅游企业内部，要协调上下级之间、部门之间的关系，通过沟通促使内部管理、领导者与全体成员之间理解、信任与合作，增强凝聚力和战斗力。在旅游企业外部，要协调与外部公众的关系，承担对外沟通、增进了解、加强友谊、消除误解、预防纠纷的职责，创造良好的人际关系环境。然而，旅游企业在经营管理活动中面对的内外公众是异常复杂的，面对的内外环境也是不断变化的，有时可能会遇到危机。企业可以建立起灵敏的预警系统、完善的管理系统，把一切问题都消灭在萌芽状态之中，把损失降低到最小程度，使企业及组织健康发展。

(四)创建文化，树立形象

在以知识为基础的经济时代，社会经济迅速发展，人们强烈地意识到文化的影响和作用，法国的文化部长说：文化是明天的经济。旅游企业从文化的角度来审视自己，考查自身的文化性质，经营方法中的文化要素，并从文化的角度对企业内部人员的整体素质、经营活动的质量进行诊断，形成一种稳定的文化观念和历史传统。树立良好的企业形象是经济发展的要求，树立形象是一个复杂的过程，是一项艰巨的任务，需要动员各方力量。而这种动员只有通过有效的公共关系才能真正完成。

五、旅游公共关系的基本类型

(一)宣传型公共关系

所谓宣传型公共关系，就是利用各种宣传途径、各种宣传方式向外宣传自己，提高旅游企业的知名度，从而形成有利的社会舆论。宣传型公共关系的特点是利用一定媒介进行自我宣传，其主导性、时效性极强，具体表现在以下三点：

第一,运用公关广告形式。按照旅游企业的意图在报纸、杂志、广播、电视等新闻媒介上宣传自己、树立形象,争取有关公众的好感。

第二,策划专题活动"制造新闻",吸引新闻界报道。这是一种不支付费用的宣传方式,在效果上比公关广告更有说服力和吸引力,更有利于提高旅游企业的知名度。

第三,利用举办各种纪念会、庆祝典礼,或利用名人、明星等特殊人物的声望,达到提高旅游企业知名度的效果。

(二)交际型公共关系

所谓交际型公共关系,就是指不借助其他媒介,而只在人际交往中开展公关活动,直接接触,建立感情,达到建立良好关系的目的。交际型公共关系是一种有效的公关方式,它使沟通进入情感阶段,具有直接性、灵活性和较多的感情色彩。实施交际型公共关系必须注意以下三点:

第一,完善自我形象,掌握交际的礼貌礼仪和交际艺术,善于运用有声语言和无声语言与人打交道。

第二,经常保持联系,注意平时的感情投资,"有事要登三宝殿,无事也要登三宝殿"。保持经常的接触与联络,可以缩短人际交往的心理距离,密切相互之间的感情联系,长期保持彼此之间的良好关系。

第三,团体交际形式。通过各式各样的招待会、工作餐、宴会、茶会、舞会、慰问等进行人际交往,增进双方的感情。

(三)服务型公共关系

所谓服务型公共关系,就是一种以提供各种优良服务为主要手段的公共关系活动模式,以自己的优质服务赢得社会公众的好感。服务型公共关系的特点是依靠本身实际行动做好工作,其特别媒介是服务,而不是依靠宣传。所以,它基本上仍是人际之间的直接传播形式。传播符号多种,人情味十足,反馈灵敏,调整迅速。

(四)社会型公共关系

所谓社会型公共关系,就是旅游企业利用举办各种社会性、公益性、赞助性活动开展公关的模式。它是以各种有组织的社会活动为主要手段的公共关系活动方式。社会型公共关系通过举办社会活动如各种纪念会、庆祝典礼、社会赞助等，来尽量扩大旅游企业的社会影响，具有公益性、文化性特征，影响面大。其活动范围可大可小、可简可繁，采用的是综合性传播手段(人际、实物、印刷、大众传播)。其公益性特别容易赢得公众的好感，与社会公益事业极其相似。社会型公共关系不拘泥于眼前效益，重点在于树立旅游企业形象、追求长远利益。

(五)征询型公共关系

所谓征询型公共关系，就是以提供信息服务为主的公共关系模式。它通过新闻监测、民意测验、社会调查等方式了解掌握信息和社会动态，为旅游企业决策提供参考。征询型公共关系的特点是长期性、复杂性、艰巨性。在一般情况下，必须设立专门的信息渠道，由专人负责。

(六)建设型公共关系

所谓建设型公共关系，就是指旅游企业为开创新局面而在公共关系上不断努力，使有关公众对该旅游企业及其产品和服务产生一种新的兴趣，以直接推动本旅游企业的发展。一般说来，建设型公共关系适用于旅游企业初创时或新产品首次推出时，其特点在于创新、开拓，能大大提高本企业的知名度。

(七)矫正型公共关系

所谓矫正型公共关系，就是采取措施来纠正因主客观原因给旅游企业带来的不良影响(风险或严重失调)，恢复旅游企业被损害的良好形象和信誉的公共关系方式。矫正型公共关系的特点是：及时发现，及时采取应付措施，妥善处理，以挽回损失，重新确立起企业的形象和声誉。企业的形象与声誉遭受损害的情况有两种：一种是由于外界的某种误解，甚至是人为的破坏；另一种是由于企业内部不完善或过失所致。对前者，公关部门应迅速查清原因，公布真相，澄清事实，采取措施来消除损害企业形象的因素。对后者，应迅速采取行动，与新闻界联系，控制影响面，平息风波。

(八)维系型公共关系

所谓维系型公共关系，就是通过各种传播媒介，比较平淡地持续传递信息，使旅游企业在长时期中对有关公众起到潜移默化、熏陶渐染的作用。维系型公共关系主要用于稳定、巩固原有的良好关系。其特点是通过优惠服务和感情联络来维持现状，不求大的突进，但也不中断，通过不间断的宣传和工作，维持良好关系。具体方法很多，例如：让长期顾客享有低价优惠；在节假日向老主顾赠送小礼品；邀请参加活动以加强感情联络等等。

六、旅游公共关系的形式

（一）参加旅游展览会

旅游展览会，是通过展台的方式展示旅游资源、旅游设施、旅游产品的一种攻关专题活动。它可利用多种宣传手段，包括印刷宣传品、图片、实物、模型、录像、工艺制作、文艺表演等宣传推广旅游产品，同时可进行旅游业务咨询、旅游业务洽谈等活动。

（二）策划社会赞助活动

旅游企业不仅是一个经济实体，也是社会的一个成员，对社会的公益事业有着不可推卸的责任。

旅游企业进行社会赞助的目的，是旅游企业以自己的实际行动体现该企业作为社会一名成员的责任和义务，从而为本企业树立起具有高度责任感的形象，提高企业的知名度和影响力，博取社会公众对企业的好感。

（三）举办记者招待会

记者招待会又称新闻发布会，是旅游企业为公布重大新闻或解释重要方针政策，邀请新闻记者参加的一种特殊会议。它是旅游企业广泛传播信息、吸引新闻界客观报道、搞好与媒介关系的重要手段。记者招待会“招待”给记者的是“新闻事实”，因此，记者招待会信息发布的形式比较正规，具有规格高、可信度高、内容严肃等特点。在会上先由企业领导人向记者发布有关信息，然后由记者当场发问；与会记者还能互相启发，更好地挖掘新闻题材。有利于旅游企业与新闻界朋友的充分交流和双向沟通，对建立良好的舆论环境有重大促进作用。

第四节　旅游营业推广

企业的品牌不一定就是优势品牌，有时就会迫使旅游企业不得不使用直接的销售促进方式去与优势品牌竞争。正如有的营销专家所言，并非每一个企业都卖广告，但任何企业无一例外都需要营业推广，时时处处都少不了营业推广。

一、营业推广的含义及目的

（一）营业推广的含义

营业推广亦称营业推销或特种推销，是指除人员推销、广告和公共关系宣传之外能有效的刺激顾客购买、提高交易效率的种种旅游促销活动。它包括的范围较广，如陈列、展示、和展览会、示范表演和演出以及种种非常规的、非经常性的推销活动。一般用于暂时的和额外的促销活动，是对人员推销和广告的一种补充。

（二）营业推广的目的

营业推广提供了一系列对中间商和消费者至关重要的利益。营业推广使中间商得以调整短期内供求的不平衡。它们使中间商能够制定一个较高的价格以测试什么样的价格水平才是上限。它们使消费者去试用新产品，而不是墨守成规。它们促进了许多不同的销售形式，如天天低价商店、促销价格商店等，为消费者提供了更多的选择。它们提高了消费者对价格的敏感度。它们使旅游企业的销售量超过了按价格销售的数量，并达到可以获得规模经济的程度，从而降低了每单位旅游产品的成本。它们有助于中间商更好地适应不同消费群体的需要。消费者本人则在享受优惠价的同时，体会了作为一个精明的顾客的满意感。

二、营业推广的特点

（一）营业推广是非常规、非经常性的行为

与人员推销、广告等经常性促销手段相比，营业推广不能经常使用，只是用于解决一些短期的、具体的旅游促销任务。

(二)适合营业推广的产品种类有限

在大多数情况下,品牌声誉不高的产品采用营业推广的较多,而名牌产品则主要依靠品牌形象取胜,过多地使用营业推广可能降低其品牌声誉。同时,营业推广实质上表现为经济利益的让渡,所以对于价格弹性较大的产品比较适用,而价格弹性小,品质要求高的产品不宜过多使用营业推广手段。

(三)营业推广手段多样

营业推广依据对象不同,可以分为三种类型:面向消费者营业推广、面向中间商营业推广、面向本企业推销员营业推广。这三种类型的营业推广都有一系列方式(见表10–3)。

表10–3 常用的营业推广方式

营业推广对象	营业推广方式
消费者	赠送样品、有奖销售、现场示范、廉价包装、免费品尝、折价券、展销会
中间商	销售津贴、列名广告、赠品、销售竞赛、招待会、培训、展销
企业内推销员	奖金、推销会议、推销竞赛

面向本企业推销员营业推广的面较窄,同时它又可以看作企业内部管理的范畴,所以营业推广主要指前两种类型。

(四)短期效应明显

人员推销和广告一般需要一个较长周期才能显示出效应,而营业推广只要选择得当,其效益能很快地体现出来。

(五)攻势过强,容易引起顾客的反感

因为营业推广往往伴随着一些优惠措施、强大的宣传等促销攻势,因此容易引发顾客的逆反心理,引起顾客的反感和对产品质量、价格等方面的怀疑,进而影响旅游企业的形象和声誉。因此,企业在开展营业推广活动时,要注意促销时机及方式的选择。

三、营业推广的形式

(一)对消费者营业推广的形式

1. 赠送样品

旅游企业免费向消费者赠送旅游样品,促使消费者了解该产品的性能与特点并传播信息以争取扩大销售量。通常是提供少量的使用品,其份量近似顾客认识产品的利益所在。样品赠送的方式可以派人上门赠送,也可以通过邮局寄送,可以在购物场所散发,也可以附在其他旅游产品上赠送等。这是一种极有效的推广方式,也是费用较昂贵的方式之一,多用于新产品促销。

2. 有奖销售

通过给予购买者以一定奖项的办法来促进购买。奖项可以是实物,也可以是现金。常见的有幸运抽奖,顾客只要购买一定量的产品,即可得到一个抽奖机会,多买多奖。或当场摸奖,或规定日期开奖。也可以采取附赠方式,即对每位购买者另赠纪念品。

3. 现场示范

利用销售现场进行旅游产品的演示,突出产品的优点,显示和证实产品的性能和质量,刺激消费者的购买欲望。这是属于动态展示,效果往往优于静态展示。现场示范特别适合新产品推出,也适用于使用起来比较复杂的商品。

4. 廉价包装

在产品质量不变的前提下,使用简单、廉价的包装,而售价则有一定削减,这会深受长期使用本产品的消费者欢迎。

5. 折价券

这是可以以低于商品标价购买商品的一种凭证,也可以称为优惠券、折扣券。消费者凭此券可以获得购买商品的价格优惠。折价券可以邮寄、附在其他商品中,或在广告中附送。

6. 付现金折款(或称退款)

此种形式同优惠券的差别是减价发生在购买之后,顾客可把指定的“购物证明”寄给企业,由企业寄回“退还”部分购货款。

7. 礼品券

顾客购买一定金额的旅游礼品券馈赠亲友祝贺喜庆,受礼者可持券到发券旅游企业选购自己喜爱的同价值的旅游产品。这种方式方便了送礼者，受礼者也得到了实惠，对旅游企业则更为有利。

8. 赠品印花

顾客在购买旅游产品时，企业送给一定张数的交易印花、待凑足若干张时即可兑换某一件旅游产品。

（二）对中间商的营业推广

对中间商的营业推广，目的是吸引他们经营本企业产品，抵制竞争对手的促销影响，获得他们更多的合作和支持。其主要营业推广方式有：

1. 销售津贴

销售津贴也称销售回扣，这是最具代表性的营业推广方式。这是为了感谢中间商而给予的一种津贴，如广告津贴、展销津贴、陈列津贴、宣传津贴等。

2. 列名广告

旅游企业在广告中列出中间商的名称和地址，告知消费者前去购买，提高中间商的知名度。

3. 赠品

赠品包括赠送有关产品和广告赠品。前者是向中间商赠送该旅游企业的产品。后者是一些日常办公用品和日常生活用品，上面都印有企业的品牌或标志。

4. 销售竞赛

为了推动中间商努力完成推销任务，获胜者可以获得现金或实物奖励。销售竞赛应事先向所有参加者公布获奖条件、获奖内容。这一方式可以极大地提高中间商的推销热情。

5. 业务会议和展销会

旅游企业一年举行几次业务会议或展销会，邀请中间商参加，在会上，一方面介绍商品知识，另一方面现场演示操作。

（三）对推销人员营业推广的形式

对推销人员最为有效的方式是销售提成；还可以进行销售竞赛，对于销售能手在给予物质奖励的同时，予以精神奖励；为推销人员提供较多的培训学习的机会，为其进一步发展奠定基础。

四、营业推广的策划过程

(一)确定旅游营业推广目标

1. 针对顾客的营业推广目标

主要包括:鼓励老顾客更多的反复购买;吸引新顾客购买本企业产品;争夺竞争对手的顾客。

2. 针对中间商的营业推广目标

主要有:鼓励中间商购买企业新产品,特别是季节性产品;争取新的中间商;鼓励中间商长期经销本企业产品,开拓新市场。

3. 针对推销人员的营业推广目标

主要有:鼓励推销人员积极工作,努力开拓市场;增加产品的销售量。特别需要说明的是,针对推销人员的营业推广,不仅是指企业对本企业推销人员的营业推广,还包括对中间商的推销人员的营业推广。

(二)选择营业推广工具

可以在上述的各种方式中,灵活有效地选择使用。在选择时一般要注意目标、费用、对象、媒体、期限等因素。

(三)制定营业推广方案

营业推广方案应该包括这样几个因素:

费用:营销人员必须决定准备拿出多少费用进行刺激。

参加者的条件:刺激可以提供给任何人,或选择出来的一部分人。

营业推广措施的分配途径:营销人员必须确定怎样去销促和分发销促方案。

营业推广时间:最佳的频率是每季有三周的销促活动,最佳持续时间是产品平均购买周期的长度。

营业推广的总预算。

(四)方案试验

面向消费者市场的营业推广能轻易地进行预试,可邀请消费者以及专家团对几种不同的、可能的优惠办法作出评价和分等,也可以在有限的地区进行试用性测试。

(五)实施和控制营业推广方案

实施的期限包括前置时间和销售延续时间。前置时间是从开始实施这种方案前所必须的准备时间。它包括最初的计划工作,设计工作,以及包装修改的批准或者材料的邮寄或者分送到家;配合广告的准备工作和销售点材料;通知现场推销人员,为个别的分店建立地区的配额,购买或印刷特别赠品或包装材料。销售延续时间是指从开始实施到大约95%的采取此销促办法的旅游产品已经在消费者手里所经历的时间。

(六)评价营业推广结果

对营业推广方案的评价很少受到注意,通常以盈利率来加以评价的方式在这里并不多见。最普通的一种方法是把推广前、推广中和推广后的销售量直接进行比较。因为短期销售量的变化幅度是衡量旅游营业推广效果的最好依据。

第五节 旅游人员推销

人员推销是最古老的促销方法,也是各种促销活动最终落实的关键环节。他通过销售人员与客人的直接沟通来达成销售。

一、人员推销的含义

根据美国市场营销协会定义委员会的解释,所谓人员推销,是指企业通过派出推销人员与一个或一个以上可能成为购买者的人交谈,作口头陈述,以推销商品,促进和扩大销售。一般来说,旅游企业人员推销的设计可以采取三种形式。

(一)建立自己的销售队伍,使用本企业的推销人员来推销产品

在西方国家,旅游企业自己的推销队伍的成员叫做推销员、销售代表、业务经理、销售工程师。这种推销人员又分为两类:一类是内部推销人员,他们一般在办公室内用电话等来联系、洽谈业务,并接待可能成为购买者的人来访;另一类是外勤推销人员,他们作旅行推销,上门访问客户。

(二)企业可以使用专业合同推销人员

例如旅行社的代理商、销售代理商、经纪人等,按照其代销额付给佣金,有些西方国家的大公司甚至雇用国内外退休的高级官员当推销员。

(三)雇用兼职的售点推销员

企业可以雇用兼职的售点推销员,在各种零售营业场合,用各种方式促销,按销售额比例提取佣金,方式如产品操作演示、现场模特、咨询介绍等。

二、人员推销的特点

(一)灵活性强

在推销过程中,买卖双方当面洽谈,易于形成一种直接而友好的相互关系。通过交谈和观察,推销员可以掌握顾客的购买动机,有针对性地从某个侧面介绍旅游产品特点,抓住有利时机促成交易;可以根据顾客的态度和特点,采取必要的协调行动,满足顾客需要;还可以及时发现问题,进行解释,解除顾客疑虑,使之产生信任感。

(二)选择性和针对性强

在每次推销之前,可以选好具有较大购买可能的顾客进行推销,并有针对性地对未来顾客作一番研究,拟定具体的推销方案、策略、技巧等,以提高推销成功率。这是广告所不及的,广告促销往往包括许多非可能顾客在内。

(三)完整性高

推销人员的工作从寻找顾客开始,到接触、洽谈,最后达成交易。除此以外,推销员还可以担负其他营销任务,如市场调查、预测以及了解顾客购买后的反应等,而广告则不具有这种完整性。

(四)亲切感强

满足顾客需要是保证销售达成的关键。因此,推销人员总愿意在许多方面为顾客提供服务,帮助他们解决问题。因此,推销人员通过同顾客面对面交流,消除疑惑,加强沟通。同时,双方在交流过程中可能建立起信任和友谊关系。

(五)说服力强

推销人员通过现场示范,介绍商品功能,回答顾客问题,可以立即获知顾客的反应,并据此适时调整自己的推销策略和方法,容易使顾客信服。

(六)竞争性强

各个推销人员之间很容易产生竞争,在一定物质和精神利益机制驱动下,会促使这一工作做得更好。

(七)具有公共关系的作用

一个有经验的推销员为了达到促进销售的目的,可以使买卖双方从单纯的买卖关系发展到建立深厚的友谊,彼此信任,彼此谅解,这种感情增进有助于推销工作的开展,实际上起到了公共关系的作用。

三、人员推销的任务

(一)沟通

与现实的和潜在的顾客保持联系,及时把旅游企业的产品及其他相关信息介绍给顾客,同时了解他们的需求,沟通产销信息,成为旅游企业与消费者联系的桥梁。

(二)开拓

不仅要了解和熟悉现有顾客的需求动向,而且要尽力寻找新的目标市场,发现潜在顾客,进行市场开拓工作。

(三)销售

通过与消费者的直接接触,运用推销的艺术,分析解答顾客的疑虑,达成交易。

(四)服务

除了直接的销售服务外,尚需代表公司提供其他服务,如业务咨询、技术性协助、融资安排、售后调查等。

(五)调研

利用直接接触市场和消费者的便利,进行市场调研和情报搜集工作,并且将访问情况做出报告,为旅游企业开拓市场和制定营销决策提供依据。

四、人员推销的组织形式

旅游企业销售队伍组织结构的设计关系到推销工作的效率和资源的最佳利用问题。销售队伍组织结构可按照市场区域、产品、顾客以及这三个因素的结合进行调整和组织。

(一)按地区结构设计

这是最简单的推销人员结构(见图10–6)。这种组织结构好处是:第一,结构清晰,便于整体部署。第二,销售人员的活动范围与责任边界明确,有利于管理与调整销售力量,能鼓励推销员努力工作。第三,有利于推销员与当地商界及其他公共部门建立良好关系。第四,相对节省往返旅途费用。

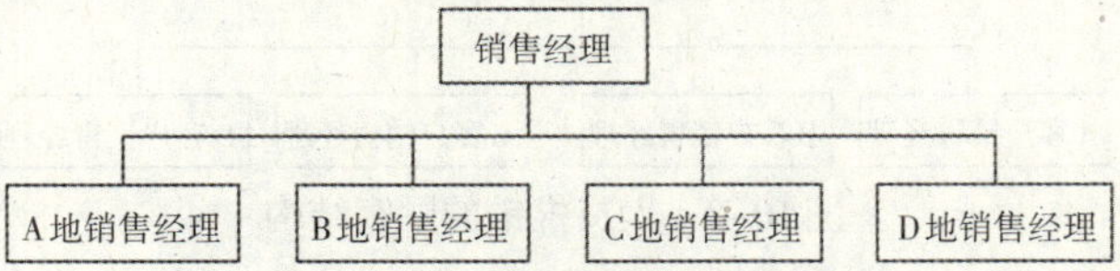

图10–6　人员推销的地区结构

企业在规划地理区域时,要充分考虑地理区域的某些特征:各区域是否易于管理,各区域销售潜力是否易于估计,他们用于推销的全部时间和成本可否缩减等等。

(二)按产品结构设计

这是按产品线来设计的推销结构,推销员负责一种或一类产品的推销工作(见图10–7)。

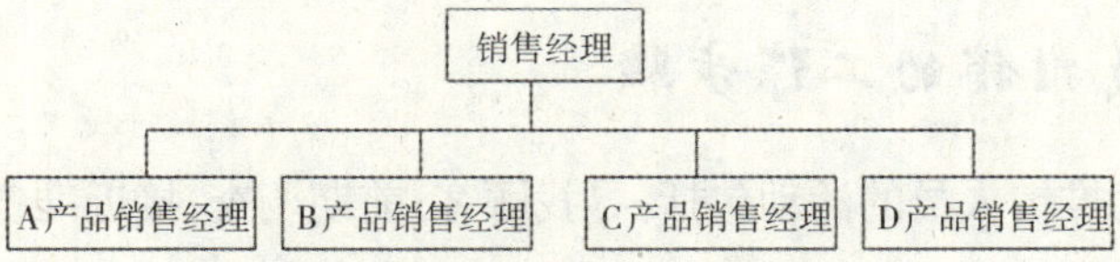

图10–7　人员推销的产品结构

这种设计一般适合以下情况:

(1)该旅游产品学术性强,产品复杂。不同产品线的推销员应有专门知识,否则很难有效地推销。

(2)企业产品种类繁多。一般要进行区域划分,否则会加大人力、物力的成本。

这种类型的人员推销组织设计的优点主要有:第一,产品经理能够实现产品的最佳营销组合;第二,产品能较快地成长起来;第三,能够对市场出现的问题及市场状况的变化迅速作出反应。

当然,这种组织也存在一些问题:第一,缺乏整体观念。在产品型组织中,各个产品经理相互独立,他们会为保持各自产品的利益而发生摩擦。第二,部门冲突。产品经理的工作未必能获得广告、生产、财务等方面的理解和支持。第三,多头领导。由于权责划分不清楚,具体推销人员可能会得到多方面的指令,从而会影响工作效率以及会导致政策的不稳定性。

(三)按顾客结构设计

旅游企业也常常按顾客类别来分配推销人员(见图10–8)。

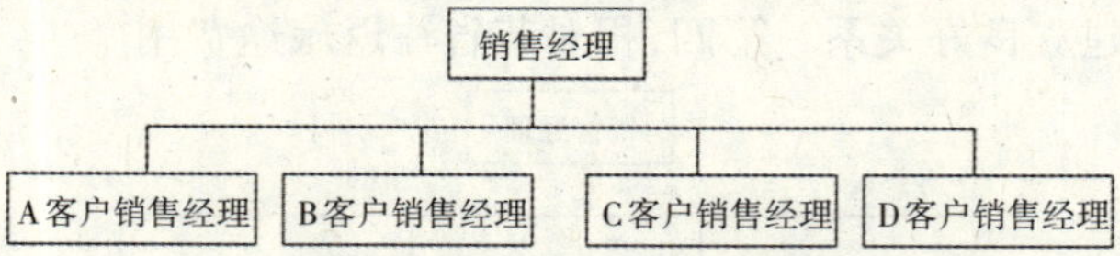

图10–8 人员推销的顾客结构

这类设计能针对不同顾客采取不同的推销策略。但是,一个销售员可能要横跨若干省份或大区域,整个销售队伍有可能重复交叉出现在同一个地区,从而无形中加大了旅游企业的营销成本。

(四)综合式结构

当企业在一个较大的区域内存在许多不同类型的顾客并推销多种产品时,要将上述方法结合起来使用,称综合式结构。

五、人员推销的工作步骤

一般来说,推销人员的活动包括:寻找顾客;前期调查;接近准备;面谈;成交。

(一)寻找顾客

有很多种办法,如地毯式访问法,连锁介绍法,中心开花法,个人观察法,广告开拓法,市场咨询法,资料查阅法等。

寻找顾客的目标是找到准顾客。准顾客(Prospect)是指一个既可以获益于某种推销的商品,又有能力购买这种商品的个人或组织。也可以叫做有效顾客。

(二)前期调查

西方推销人员中流传这样一件事:两大公司各派一名推销员,到非洲去推销皮鞋,开拓新市场,到达目的地之后,两个推销员各自给总公司拍了一封电报。其中之一是:"此地无市场,因为所有的人不穿鞋子";另一个是:"此地市场潜力很大,因为所有的人都没有鞋子可穿"。由于在对顾客进行前期调查时,着眼点不一样,结果就不一样,影响到公司的营销策略不一样。因此,旅游企业应该充分重视前期调查工作,找到一个准确而适合自己的着眼点。

(三)接近准备

1.产品接近法

推销员直接利用推销的产品引起顾客注意,它适用于本身有吸引力、新颖且质量很好、很安全的旅游商品。

2.利益接近法

利用旅游商品的实惠引起顾客注意和兴趣。

3.馈赠接近法

推销人员利用赠品来引起顾客注意和兴趣。

4.微笑接近法

推销员接近顾客时,一定要信心十足,面带微笑。国外推销人员平时非常注意微笑训练,甚至有人发明了所谓"G字微笑练习法",即每天早晨起床后对着镜子念英文字母G,以训练笑脸,把微笑变成一件十分自然的事情。

(四)面谈

它是整个推销过程的关键性环节。推销工作的一条黄金法则:不与顾客争吵。在面谈中顾客往往会提出各种各样的购买异议。对于异议,首先应该充分理解消费者,在此基础上通过自己对产品的介绍来打消顾客的顾虑,或者可以一定程度上为顾客做出决策提供必要的协助。但决不能与顾客发生争执以至争吵。

(五)成交

抓住时机成交,同时要保护自己的利益。

(六)后续工作

定单或协议签定之后,要认真履约,作好售后服务工作。

六、人员推销的甄选与培训

(一)推销人员的素质

1. 健康的心理

包括:对现实与他人的认识趋于准确客观;对事实持现实的态度;广泛而深厚的人际关系。

2. 坚强的意志

包括:明确自己的责任;深知工作性质;以勤为径,百折不挠。

3. 复合的个人特性

一个理想的销售员应该具有何种特性呢?有人认为销售员应该是外向的和精力充沛的,然而有许多成功的推销员却是内向的和态度温和的。其实,销售员的个人特性是由他们的责任决定的(见表10-4)。

表10-4 推销人员的责任及相关个人特性

销售员的责任	有关个人特性
挖掘潜在顾客的需要	主动、机智、多谋、富有想像力、具有分析能力
宣传产品	知识丰富、热诚、富有语言天分、有个性
说服顾客	具说服力、具持久力、机智多谋
答辩	有自信心、知识丰富、机智、有远见
成交	具有持久性、有冲劲、有自信心
日常访问报告、计划和访问编排	有条不紊、诚实、留意小节
以服务建立企业信誉	友善、有礼貌、乐于助人

(二)销售员的培训内容

1. 了解企业情况

企业情况包括历史、经营目标、组织结构设置、主要负责人、主要产品、销售量等。

2. 产品情况

包括产品特点、价格、利益点等。

3. 顾客情况

顾客情况包括他们的购买动机、购买习惯、购买数量、地理分布、负责人情况、付款方式、信用状况等。

4. 推销程序和责任

销售员要懂得怎样在现有客户和潜在客户间分配时间,如何拟定推销路线,如何合理支配费用等。

5. 推销技巧和艺术

除了上述的内容以外,还要根据推销人员的不同特点和资质来授予一些推销技巧和艺术,一般地,推销技巧可以通过书本方式或由老推销员介绍经验的办法教授,而推销艺术更多是一个自我学习、自我领悟的过程。

(三)几种常用的推销策略

1. 刺激反应策略

主要是通过推销人员的"劝讲"来刺激顾客的反应。

2. "爱达"(AIDA)公式策略

主要是通过推销人员的说服工作,设法使顾客经历引起注意、产生兴趣、激起购买欲望、采取购买行为这几个阶段,逐步引导顾客走向成交的一种策略。

3. 需要满足策略

主要是设法准确地发现和唤起顾客的需要,然后说明所推销的产品如何能满足其需要,促使顾客接受所推销的产品。

(四)对推销人员的激励

用于激励推销人员的方法可分为物质激励和精神激励两类。旅游企业对于推销人员的激励,应当将物质激励和精神激励有机结合,在重视物质激励的同时切不可忽视精神激励的作用。旅游企业对推销人员的激励,通常是通过推销系列指标和竞赛等激励工具来进行。

(五)对推销人员的考核

对推销人员的考核,一方面是进行量的考核,另一方面是从质的方面进行考核。推销人员业绩评估的主要考核指标:销售数量指标;访问顾客的次数;增加新用户的数量(或市场占有率的提高);销售完成率;推销费用率;旅途时间减少的百分比等。

杭州市旅游促销之道

一、旅游促销概况

2005年,杭州市加大国内外旅游促销力度,先后组织促销团或派员参加国家旅游局和省旅游局组织的国外促销团9次,积极宣传杭州的旅游资源和旅游环境,提高杭州在国外的知名度,增强杭州对国外游客的吸引力。在全年的促销活动中,尤以对欧洲和日本的促销成效最为显著。

杭州市积极拓展以欧洲为重点的新市场,先后组团参加德国柏林展、法国巴黎展、法兰克福会议与奖励旅游展和第二届欧中旅游合作论坛,并在法国巴黎和英国伦敦举办《东方休闲之都——印象杭州》大型图片展,吸引更多的欧洲客人到杭州旅游。2005年,欧洲游客比上年增长43.3%。

杭州市以参加日本爱知世博会为契机,实施日本旅游市场振兴计划。参加世博会"杭州周"的杭州代表团深入到日本的中小城市进行宣传活动;邀请《妇女画报》、《主妇之友》等5个在日本有影响力的女性杂志社的记者、摄影师等共11人来杭州采访,开发日本女性旅游市场;与日本国土交通省联合举办中日旅游资源交流展,组织近1000名日本人士来杭参加。通过这些活动,杭州在日本的知名度大幅度提高。2005年,杭州接待日本过夜游客比上年增长4.9%,境内旅游促销与交流活动也积极开展,特别是接待各省市旅游部门比往年更为活跃。

二、与三大旅行社签订合作协议

2005年8月3日—4日,市政府与中国国际旅行社、中国旅行社、中国青年旅行社签订战略合作协议。协议的主要内容为:从9月1日起,三大旅行社在欧美等旅游市场的主流媒体上介绍杭州,包括宣传2006年杭州世界休闲博览会,把杭州作为中国国际一类城市对外包装旅游产品并进行销售,为杭州旅游和休博会建立国际化的营销网络。杭州方面对三大旅行社也作出相应承诺。

三、制作发放宣传品

2005年,杭州市旅游部门重视旅游宣传品的制作和发放。主要的宣传品有:

《杭州旅游指南》144万册,有中文简体和繁体、英文、日文、韩文5种,放在杭州市三星级以上饭店及特色饭店、车站、码头、咨询点等81处网点供到杭散客免费取用。

《体验杭州·感受中国》100个社会资源国际旅游访问点宣传册5000册,中英文对照,针对旅行社、散客发放。

《杭州旅游宝典》1.3万册,有中、英、日、韩四国文字,放在杭州市三星级以上饭店及特色饭店每间客房里,供游客阅读。

《东方休闲之都·杭州》画册1000册,中英文对照,主要作为纪念品赠给到杭贵宾。

《杭州旅游纪念邮册》2万册，中英文对照，主要作为纪念品赠送到杭嘉宾及团队客人。

《女子十二乐坊杭州演奏会》光碟8000张，用女子十二乐坊演奏的音乐衬托杭州风光，主要用于赠送到杭游客及外出促销。

《东方休闲之都——杭州》光盘2000张，中英文、中日文对照，汇集市旅委历年制作的9部专题片及广告片，主要用于赠送到杭游客及外出促销。

"夜幕下的哈尔滨"搭台旅游唱戏

一部影视作品会火了一座城，这样的事情实在太多。很多人对罗马的认识都源于不朽的《罗马假日》。导演威廉·惠勒将罗马的名胜风光生动地融入到格利高里·派克与奥黛丽·赫本的爱情故事中，使全世界观众都向往罗马，向往这个浪漫之都。一部《廊桥遗梦》，使美国的麦迪逊小镇一夜成名，游人如织。当年，日剧《东京爱情故事》同样使东京大"火"了一把，"莉香"的故事，引来很多游人去东京感受经典爱情的氛围。

这种"影视文化旅游资源"十分宝贵，是一笔巨大的财富。很多影视拍摄地的政府非常重视这种资源，纷纷借此开发旅游项目。黑龙江大学教师张大生对此评论说："哈尔滨一定要用好《夜幕下的哈尔滨》的旅游资源，英雄的城市要用好英雄的传奇。哈尔滨与其他旅游城市相比并不占优势，但独特的文化资源可以让我们另辟财路。西北原来有什么旅游资源啊？大漠戈壁，可人家张贤亮开发出了一个影视文化基地，现在一年几千万的门票收入。为什么？就因为《红高粱》、《双旗镇刀客》、《东邪西毒》这些经典电影给他们做了活广告。"

《夜幕》的导演赵宝刚很懂得这里的玄机，他曾表示，要把这部电视剧打造成哈尔滨的一张城市名片，为旅游文化服务。他对记者说："拍摄时，我们找遍了哈尔滨所有能找到的图片资料，还专门买来大量书籍做参考，以求真实再现上世纪30年代哈尔滨的服装、布景、氛围。看完几大筐资料后，我惊着了，没想到当时的哈尔滨竟然如此奇特。日伪时期，哈尔滨的外国领事馆就有21个，服饰集东西方之大成，特别是建筑风格，都是哥特式、巴洛克式，比上海更洋派，'东方小巴黎'之称名副其实。我们在哈尔滨的中央大街和索菲亚教堂等地取景，就能感受到哈尔滨浓厚的历史味道。哈尔滨应该用好《夜幕》，让他成为哈尔滨的名片、哈尔滨的骄傲。"

《夜幕》的编剧高光说："哈尔滨给我的感觉很不错，具有欧洲风格与文化，与东北其他城市完全不一样，很洋气。那些老建筑最能代表哈尔滨特色，是积累了一个阶段的文化。但我们拍摄时也感觉很遗憾，哈尔滨在加快城市建设步伐时，和其他很多城市一样，使新建筑失去了特色，以至于我们在拍摄时总是穿帮，增添了难度。上个世纪三十年代的哈尔滨是全国最洋气的城市，哈尔滨应该学会利用好自己的文化资源。"

张大生说："《闯关东》来到我们身边时，我们没有抓住，这次《夜幕》又来到家门口，我们一定不能放过，要把后续的事情做足。剧中拍摄的景点都可以作为旅游点向大家推荐，还可以就《夜幕》展开一系列活动，比如我们的龙江讲坛，就可以开个讲座，还可以请剧组成员过来讲；一些商家也要紧紧抓住这个契机，宣传好自己。管理部门完全可以把《夜幕》看成是一场公关秀，是对一个城市的包装，是对哈尔滨整体形象的树立。这对我们发展旅游的作用非常大。想象一下，当你置身于哈尔滨，脑海中想象着那些出现在电视中的画面或小说中的文字，倏忽间仿佛时空交错，人与景的相互融入，感觉一定十分新奇。”

想一想：

1. 上面的例子采用什么方法进行旅游促销？

2. 旅游促销的方式还有哪一些？

3. 你对于哈尔滨的旅游促销还有什么好的建议？

复习思考题

1. 促销的实质是什么？

2. 旅游促销通常的四种形式是什么？

3. 旅游企业如何灵活运用营业推广促销策略？

4. 旅游企业应用攻关策略主要有哪些方式和手段？

5. 谈谈不同广告媒介的特点及适用情况。

6. 谈谈你对旅游促销中推拉策略的看法。

主要参考文献

阿拉斯塔·莫里森.旅游服务营销[M].北京：电子工业出版社，2004.

刘德光.旅游市场营销学[M].北京：旅游教育出版社，2004.

刘伟平、陈秋华.旅游市场营销[M].北京：中国旅游出版社，2005.

林南枝.旅游市场学[M].天津：南开大学出版社，2000.

马勇，王春雷.旅游市场营销管理[M].广州：广东旅游出版社，2002.

唐·约翰逊.旅游业市场营销[M].北京：电子工业出版社，2004.

王成慧.市场营销理论的演讲逻辑与创新研究[M].北京：中国财政经济出版社，2003.

吴金林.旅游市场营销[M].北京：高等教育出版社，2005.

张俐俐.旅游市场营销[M].北京：清华大学出版社，2005.

第十一章
旅游市场营销新理念

市场营销方式到了20世纪90年代以后,出现了许多新变化,即随着旅游市场的日益成熟,竞争日趋国际化、全球化。在这种新形势下,出现了一些新型的营销理念。如随着个人计算机的普及和互联网的出现,产生了"旅游网络营销";随着人们对绿色产品的喜好和对环境保护的关注,出现了"旅游绿色营销"。此外,还出现了"旅游关系营销"、"旅游服务营销"等。这些营销理念丰富了旅游市场营销的内容,提高了营销效果,开拓了旅游市场营销的新时代。

通过本章学习,了解各种旅游市场营销新理念的涵义、特点、产生历程;熟悉各种旅游市场营销新理念的内容,能够运用各种旅游市场营销新理念的策略。

第一节 旅游绿色营销

20世纪20年代以来,特别是五六十年代以后,伴随科学技术的发展和生产力水平的提高,出现了危及人类文明存在与发展的"全球性问题",如资源枯竭、环境污染、生态环境失衡等。20世纪70年代起,以保护环境、保护地球为宗旨的"环保运动"在全球发展起来,各国相继爆发了以"绿色食品"为主导的"绿色革命","绿色消费"观念也应运而生,绿色营销因此于20世纪80年代在工业发达国家逐步发展起来。

一、旅游绿色营销的含义

绿色营销是旅游企业在顾客利益、社会利益和自身利益有机统一的基础上,通过研制绿色产品,倡导绿色消费等措施,满足顾客的绿色需求,实现企业营销目标的一种营销方式。

(一)绿色需求与绿色消费

绿色需求是绿色营销的市场基础。它是指消费者意识到环境恶化已经影响其生活质量及生活方式,要求企业生产并销售有利于环保的绿色产品或提供绿色服务,以减少对环境破害的消费。绿色消费是一种以"绿色、自然、和谐、健康"为宗旨的、有益于人体健康和社会环境的消费方式。

绿色消费作为一种消费方式,不仅是一种购买绿色产品和享用绿色服务的行为,更重要的是一种绿色消费的意识,一种内化的观念,并以此为日常消费行为的指导。绿色消费是一种社会的进步,是一种文明的象征。其产生的原因是多方面的,包括经济发展、收入水平的提高、生活方式的改变、消费观念的转变以及教育等。其中最主要的是经济因素。经济的发展在为社会及广大消费者谋福利的同时,亦造成对自然和社会环境的恶劣影响,直接威胁人们的健康,他们迫切要求高质量的生活环境及高质量的消费,即绿色消费。绿色消费与绿色营销相辅相成,形成一种良性的循环。

绿色营销必须得到消费者的认同和积极参与。所以,企业必须加强对绿色消费的宣传,培养消费者的兴趣,引导他们消费绿色产品和服务,并使他们从中获得利益和乐趣。

(二)旅游绿色营销概念

旅游绿色营销是指在旅游企业生产经营活动的各个阶段减少或避免污染,在市场营销过程中注重生态环境保护,旅游企业建立自己的竞争优势,通过长期满足现有和潜在游客的需求,来实现自己的目标。

旅游绿色营销观念认为,旅游企业的服务对象不仅仅是单一的顾客,还包括整个社会,整个环境。它要求旅游企业在营销活动中,不应以短期的、狭隘的利润作为行为导向,而应具备强烈的社会意识和环保意识,维持社会、环境和企业的和谐均衡再生。其基本宗旨是保护生态环境,防治污染,充分利用并回收再生资源,以利社会,对整个社会负责。

绿色营销有三条宗旨:一是节约材料耗费,保护地球资源;二是确保产品的安全使用、卫生和方便,以利于人们的身心健康和生活品质的提升;三是引导绿色消费,培养人们的绿色意识,优化人们的生存环境。

由此可见,绿色营销强调的是道义与利益的统一。从道义上来看,绿色营销强调的是注重地球生态环境保护和人类资源的节约,注重全社会的全局利益,促进客观的社会经济生态的协调发展。从利益上来分析,旅游绿色营销既节约了企业的成本,有利于企业在竞争中赢得差别优势,又符合顾客的绿色消费需求,可谓是二者利益的有机统一。

二、旅游绿色营销的特点

较之于传统的营销理念,旅游绿色营销的特点表现在以下几个方面:

(一)从战略高度框定旅游企业的营销目标

旅游绿色营销理念认为企业营销活动的基本出发点和归宿点应是社会整体效益、社会的长期发展。因此,旅游企业在开展营销活动时,不应狭隘地以经济利润最大化作为其目标,而应寻求企业、社会的可持续发展。旅游企业应在游客中提倡适量消费,而反对传统营销理念所提出的高消费、多消费。当然在绿色营销理念中,利润导向依然存在。

(二)从社会范围确定旅游企业的营销对象

传统的营销理念仅仅把人看作是具有消费欲望的消费者,营销的基本对象是具有消费需求的人。而绿色营销则从社会范围来确定企业营销的对象,认为企业应把整个社会看作营销对象,应在特定的社会背景、环境背景下研究人的消费行为,并通过开展绿色营销活动促成消费者从毫无约束地消费物质资源转向保护自然资源和节约自然资源,在此基础上,全方位提高人类的生活品质。

(三)从发展角度研究旅游企业的营销活动

传统的营销活动围绕宾客需求是否得到满足展开,而旅游绿色营销则对宾客需求作出了全新诠释,认为既然宾客的需要是多种多样的,企业应适时引导宾客产生合理的需要,不仅要让宾客在消费产品或服务时其需要个人得到满足,而且还要考虑宾客个人消费行为发生后,其他人和社会的需要是否能得到满足。

三、旅游绿色营销的基本措施

旅游绿色营销管理是一项系统工程，首先要求旅游企业树立正确的绿色营销理念，在这一基本方针的指导下，通过一些基本措施的实施得以实现。

（一）培养绿色营销理念

绿色营销是一种先进的、合理的营销方式，是一种直接服从于全球可持续发展目标的营销形式。旅游企业在经营过程中，要以社会整体利益至上的观念代替原先经济效益至上的观念，积极倡导绿色营销理念，塑造绿色企业文化，加强企业的社会责任感和历史使命感。

（二）成立相应的组织体系

开展创建绿色企业活动，要求有相应的组织体系加以保障。为切实推进绿色营销活动，旅游企业应在管理机构上做相应的调整。企业可视实际情况，增设环境部或任命生态专职经理。

（三）开展绿色活动

旅游产品要改变以前先污染后治理的老路，使产品和服务充分体现绿色环保意识、能源节约导向、功能生态化，让旅游者处于一种融入自然、享受自然、有益健康的环境。旅游企业通过绿色广告、绿色公关、绿色人员推销、绿色营业推广等活动扩大影响，树立企业的绿色形象。

（四）推出绿色旅游产品

旅游绿色营销的产品开发是满足旅游者绿色需求、改善旅游消费结构、提高人们生活品质、改进环境质量的物质基础。绿色旅游产品的开发以节省原料和能源、减少非再生资源的消耗、低污染或者没有污染（包括精神污染）、不对旅游者身心健康造成损害、尽可能多的以服务形式体现为原则。

（五）坚持节约保护的绿色行动

对旅游资源的开发建设要以保护和可持续发展为前提，维护生态系统的正常运行，保护生态环境的健康发展。旅游产品的生产和开发必须节约材料耗费，坚持减量化、再使用、再循环、找替代的原则。

第二节 旅游服务营销

旅游行业的从业人员为顾客提供的产品主要是某项服务,因而旅游营销不是传统意义上的消费商品及投资商品的市场营销,而是应归在服务营销的领域内。旅游经济的发展也推动了旅游服务营销的内涵在更大层面的发展。

一、服务营销与旅游服务营销概述

对旅游服务营销的理解是来源于对服务营销含义的认识。

(一)服务与实体产品的比较

了解服务的性质和特征对于进行服务营销和服务管理来说都有重要的现实指导意义。表11-1列出了服务和实物产品的若干特征比较。

表11-1 服务和实物产品的差别比较

实物产品	服务
实体	非实体
同质性	异质性
生产与消费不同是发生	生产与消费同时发生
一种物品	一种行为或过程
核心价值在工厂里被生产出来	核心价值在买卖双方的相互作用中产生
顾客一般不参与生产过程	顾客参与生产过程
能够储存	不能够储存
所有权发生转移	无所有权转移

(二)服务营销

与有形产品相比,服务具有四个特点,即无形性、不可分离性、异质性和易逝性等。服务的这些特性给其营销带来了一定的难度与复杂性。传统的有形产品营销是按照4Ps营销组合模式来进行策划的,这种模式对服务营销来说显得力不从心。考虑到服务的特殊性,布恩斯和比特纳提出了7Ps服务营销组合模型,即在传统的产品、价格、分销和促销4个因素的基础上又增加了3个因素:参与者(Participants)、有形展示(Physical evidence)和过程(Process)。参与者是指卷入服务产出过程的所有人,不仅包括顾客,而且包括员工;有形展示是指服务环境以及服务的其他有形层面；服务过程是指为顾客提供服务所发生的一系列活动。7Ps服务营销组合模型不仅抓住了服务营销的本质，指明了服务产品与有形产品的差别，同时也为服务企业剖析服务体验及其构成要素提供了理论框架。

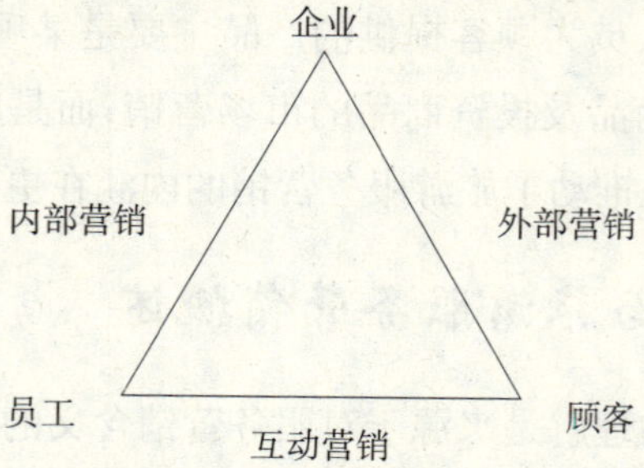

图11-1 服务营销三角形

从服务的复杂性出发，格罗鲁斯主张服务营销不仅需要传统的4P外部营销，还要加上两个营销要素，即内部营销和交互作用营销。外部营销（External marketing）是指企业为满足顾客需求而采取的服务、定价、分销和促销等常规工作。内部营销（Internal marketing）是指企业对内部员工进行培养和激励，使他们更好地为外部顾客服务。互动营销（Interactive marketing）是指雇员与顾客在接触时，双方之间发生的互动过程。外部营销、内部营销和互动营销构成了服务营销三角形（如图11—1），而企业、员工和顾客是三个顶点。从服务营销三角形可以看出，对于服务业而言，传统的营销部门和专职营销人员依然存在，但他们只是企业营销系统的一部分。在大多数情况下，企业中的许多人在不同的服务流程中都承担着为顾客创造价值的职责，他们是兼职营销人员，数量远远超过了专职营销人员，他们在服务的关键时刻与顾客相遇，而且与顾客存在着交互关系。

（三）旅游服务营销

旅游服务营销是指运用服务营销基本理论来指导旅游业的营销实践工作。从根本上来说，服务营销理论是从包括旅游业在内的服务行业营销中提炼产生的，因而可以说旅游服务营销是服务营销理论在旅游学上的具体运用。与一般的服务不同，旅游服务是一种综合性很强的异地性和非间断性服务，这些特点使得旅游服务营销有别于其他服务营销。例如如何整合六大不同行业的服务形成综合性的旅游服务品牌，如何对整个旅游服务行程进行有效的设计，如何对旅游服务中的导游人员与游客的互动接触进行管理，如何通过服务营销提供旅游服务质量等都具有旅游服务营销的个性特征。

二、旅游服务营销的构成要素

旅游服务营销可以借鉴7Ps营销理论和服务营销三角形理论来构建。具体来说，在传统的市场服务营销的4P策略上还加上3P，即人员(People)、环境(Physical environment)和程序(Process)三个因素。旅游服务营销除了需要传统的外部服务营销外，还要加上两个服务营销要素，即内部市场服务营销和交互作用的市场服务营销。

外部服务营销是指旅游企业为游客准备的旅游服务，须考虑定价、分销、促销等服务营销组合要素，这一点与实体产品服务营销没有差别。

内部服务营销指旅游服务企业必须对直接接待游客的人员以及相关辅助人员进行激励和培训，使其能够对游客提供满意的旅游服务。

交互作用服务营销是指旅游服务企业的人员在与不同的游客接触时，应具有娴熟的接待和旅游服务技能。游客是以自身感受对所消费的旅游服务的质量进行评价，因此，应根据不同旅游服务对象的情况提供相应的旅游服务。

三、旅游服务的有形展示

(一)旅游服务有形展示的涵义

在服务营销管理的范畴内，一切可传达服务特色及优点的有形组成部分都可称做“有形展示”。这些有形展示不仅可以帮助顾客感觉服务产品的特点以及提高享用服务时所获得的利益，而且也有助于建立服务产品和服务企业的形象，推广企业的营销策略；反之，如果有形展示不能得到妥善处理，则可能会向市场传达错误信息，影响顾客对产品的期望和判断，进而破坏服务产品及企业的形象。由此可见，有形展示作为服务企业实现其产品有形化、具体化的一种手段，在服务营销过程中占有极其重要的地位。

(二)旅游服务有形展示的意义

对于旅游服务而言，有形展示具有重要的意义。

(1)通过旅游服务有形展示可以使旅游者对服务产品产生合理的期望。服务期望对顾客的感知质量具有很大的影响，当期望过高时，会导致顾客感知服务质量下降，顾客满意度就会降低。因此，适度的服务期望对于提高顾客的满意度有好处。运用有形展示,可以让旅游者在使用服务前能够具体地把握服务的特征和功能,使旅游者产生合理的服务期望,以避免因顾客期望过高带来负面影响。

(2)旅游服务有形展示可以影响旅游者对企业服务产品的第一印象。有形展示是顾客获得第一印象的基础。糟糕的有形展示,如破旧的汽车,容易给旅游者留下糟糕的第一印象,从而使顾客对企业的服务质量产生疑问。而良好的服务展示给人以优质服务质量的感觉,使顾客对企业的服务质量充满信心。

(3)通过旅游服务有形展示,可以给游客带来丰满的感官刺激,提高愉悦感。在服务传递过程中,别具特色的服务展示,能给游客带来新鲜感,提高顾客的兴奋度。如餐饮服务人员富有民族特色的着装、格调高雅的音乐等,都能产生这种效果,从而给顾客留下深刻的印象。

四、旅游服务质量与营销

AT&T总裁罗伯特·E。艾伦(Robert E. Allen)在《幸福》杂志上一则付费广告中说:"……我不能想象,企业的经营问题可以不受质量的影响。质量影响着所有方面,它影响着成本节约、营业额和顾客满意度。"在今天的服务经济中,服务质量和质量管理是服务行业的核心问题。提高质量是一种追求卓越和确立竞争优势的重要手段。

旅游服务的整个营销过程都是以服务质量为基础的。旅游服务市场营销的目标是吸引并保持良好的顾客的关系,在满足顾客需要的基础上实现企业的盈利。随着顾客选择性的增强,顾客购买产品实质上是购买其质量,只有在质量使顾客得到满足以后,顾客才会对企业产生信任和好感,才会考虑继续和企业保持联系。再细密的市场调研,再多的促销投入,如果没有优质的服务质量作为基础和保证,即便可以吸引顾客的第一次购买,也会因为质量问题而造成顾客的流失,从而不能实现营销目标。

在前面提到的服务营销的构成当中,外部营销需要进行服务质量的规划和给予顾客有关质量的承诺;交互营销活动中需要提供高质量的服务,兑现质量的承诺;内部营销中必须使质量观念深入人心,使每个部门的每个员工都能正确理解服务质量对服务营销的重要意义,在企业经营中的重要性,理解服务质量的特点及评价标准。可见,服务营销的每一个环节都涉及服务质量的内容。此外,服务质量还是使服务差异化的重要手段,能为企业赢得难以模仿的竞争优势。服务质量是服务营销的基础和核心。

第三节　旅游关系营销

旅游关系营销把握住现代市场竞争的特点，将建立、发展同相关个人及组织的关系作为旅游企业市场营销的关键变量，被西方理论界誉为“对传统营销理论的一次革命”。

一、旅游关系营销的含义

所谓旅游关系营销，是以系统论和大市场营销理论为基本思想，将旅游企业置身于社会经济大系统中来考察旅游企业的市场营销活动，认为旅游企业营销是一个与旅游者、竞争者、供应商、分销商、政府机构和社会组织发生互动作用的过程。旅游企业营销的核心是正确处理与这些个人和组织的关系，将建立与发展同相关个人和组织的良好关系作为旅游企业市场营销成功与否的关键因素。

旅游业作为服务业的重要组成部分，其产品绝大部分表现为服务，旅游产品所具有的一些特点使旅游服务营销更适合以关系营销观念为指导。长期顾客关系的获得可以实现销售额的增加和企业成本的下降。据统计，获得一位新顾客的成本是向处于关系中的顾客销售所需成本的5倍。与其他利益相关者良好关系的建立和维护同样可以增强旅游企业的市场竞争地位和竞争能力。

二、旅游关系营销的内容

（一）旅游企业与旅游消费者的关系

这种关系应是双方共同的愿望，因而旅游企业必须采取一定措施，激发旅游消费者主动与旅游企业建立关系。旅游企业利用关系营销在两方面使游客满意。一是给予旅游消费者优惠的特别照顾。例如现在很多旅游企业推行的频繁营销计划的出发点就是给予游客优惠。所谓频繁营销计划就是对那些频繁购买以及按稳定数量购买的消费者给予奖励。二是减少旅游消费者的购买风险。例如旅游企业可采用退货保证制度、对损失进行经济补偿等手段来吸引旅游者。有不少旅游企业承诺，若消费者对旅游企业的产品、服务不满意，旅游企业将给予消费者合理的经济补偿。

旅游企业与旅游消费者是关系营销的主要表现形式，即以某种方式将消费者纳入到旅游企业的特定组织中，既能使旅游企业与消费者保持更为紧密的联系，又能实现对消费者的有效控制。通过游客组织，旅游企业可以给予消费者优惠和奖励，提供产品最新信息，定期举办联谊活动，借以加深情感、信任，密切双方关系。这种营销方式通过在旅游企业与旅游消费者之间建立结构性关系来密切二者的联系。

(二)旅游企业内部关系

旅游企业内部关系包括部门间的关系和员工间的关系。处理好内部关系，员工才能更努力地工作，关系营销的实施才能有一个好的基础。

与对外部顾客的营销相对应，内部营销是向内部员工提供满足其需要的产品，同时与出色的员工建立和保持长久的关系。为员工提供良好的工作和工作环境，加强对员工的激励与沟通，对员工实施合理的培训、薪资和奖酬制度，不断提高员工满意度。

(三)旅游企业与其他利益相关者的关系

除了旅游消费者和企业员工，旅游企业还需与竞争者、供应商、销售商、社区、政府等利益相关者建立良好的关系。

三、旅游关系营销策略

实施关系营销是一项系统工程，必须全面、正确地理解关系营销所包含的内容，从而制定出正确并适用的营销策略。

(一)建立旅游者数据库

旅游企业在旅游者初次购买产品或服务时，应建立起详细的顾客档案，并纳入客户关系数据库。企业借此可以准确地找到目标顾客群，降低市场调研成本和营销成本，提高营销效率。另外，数据库营销能经常保持与消费者的沟通和联系，强化消费者与旅游企业的密切关系，这是实施关系营销的重要基础。

(二)频繁市场营销

频繁市场营销，是指给予多次重复购买的顾客予以奖励。其基本原理体现了关系营销的核心思想，即留住老顾客比争取新顾客更为容易和划算。通过重复购买，顾客对产品的质量、用法及其竞争品牌的产品特点都积累了一定知识。旅游企业只需要较少的关注就可以再次赢得顾客。频繁市场营销计划的成功来源于产品和服务的价值，企业必须给顾客以足够的理由，这样才能使顾客再次选择你的产品。

（三）顾客化营销

又称定制营销，旅游企业应根据每位顾客的不同要求，提供个性化产品和服务，从而满足顾客的特殊需求。顾客化营销有利于旅游企业与顾客建立并发展长期关系。这是一种最高层次的伙伴式的关系营销。

（四）与关联组织利益共享

旅游企业应与关联企业（供应商和销售商），建立长期合作关系，必须从互惠互利的原则出发，尽量与关联企业追求的目标相一致。旅游企业与其竞争者之间应是友好正当的竞争关系，在竞争中寻求合作协作。

（五）实施内部营销

内部营销就是把员工视为企业的内部顾客，把工作视为内部的产品，从而努力满足内部顾客需要的一系列活动，也就是通过提供能满足人们某种需要的工作来吸引、发展、激励并保持合格的员工留任于企业的一种管理哲学或管理策略。高福利并不一定实现企业与员工的良好关系，真心关怀每名员工，才能有效地激发他们的工作热情和责任心，从而为实现企业的外部目标提供保证。

第四节　旅游网络营销

随着计算机技术和网络通讯的迅速发展和广泛应用，现代社会已进入信息时代，信息化的影响无处不在。就旅游业而言，饭店、旅行社、旅游主管部门都已开始重视利用计算机网络进行旅游预订和营销。积极建设旅游业信息网络，利用信息网络开展旅游预订和营销是旅游业界面临的新课题。

一、旅游网络营销的含义

“网络营销”在英文中有多种表达方式，汇总起来有：E-marketing、Online

marketing、Internet marketing、Net marketing、Web marketing、Cyber marketing等。人们试图用一些新的术语来概括市场营销在网络环境下所出现的新变化，尽管可以笼统翻译为网络营销，但在理论研究与实践中，由于在内涵理解上的不一致，容易引起不必要的争论。

E-marketing：E指“电子”，现代信息技术产品都是电子产品，从广义的角度来看，该概念似乎可以包含一切电子营销方式，但目前一般指通过因特网的“电子商务营销”。

Online marketing：指借助于联机网络的网上营销。联机网络在20世纪60年代就已出现，而美国的许多饭店集团在20世纪70年代就通过基于联机网络的CRS（中央预订系统）来销售产品，而此时因特网还未出现。

Internet marketing：强调是以因特网为工具的市场营销，这是目前最流行的网络营销方式。

Web marketing：强调通过因特网上的“web”页面营销，也称网站营销，这是中国旅游业目前一般使用的营销方式。

Cyber marketing：指借助联机网络、无线网络、数字交互式媒体的营销方式。这种方式更加强调无线数字通信（如手机、掌上电脑）、数字交互式媒体（如加装了机顶盒的交互式电视）。目前一些欧美国家（如芬兰）的旅游业已经开展了这种营销方式，这也是旅游网络营销未来的发展趋势。

Net marketing：Net所指的范围很广，以上所有的概念都可包括。

旅游业还有一种基于ISDN（综合业务数据网）的GDS（全球预订系统），该网络是一种专门面向旅游中间商的专业网，一般浏览者不能通过因特网浏览网络，其通过铺设专线将旅游中间商与供应商连接起来。这种方式在欧美发达国家非常普遍，中国虽然有相应的规划，但尚未建立，我国境内的部分酒店通过国外的GDS来销售其产品。

通过对以上概念的分析，我们发现“网络”一词具有非常丰富的内涵，可以囊括因特网出现前的联机网络和因特网（包括网站）；有线网络和无线网络；因特网和专业网；因特网和数字交互式媒体等。

因此，可以将“旅游网络营销”定义为：旅游业通过各种形式的网络来分析、计划、执行和控制关于旅游商品、服务和创意的观念、定价、促销和分销，以创造能符合个人和组织目标的交换的管理过程。

二、旅游网络营销的产生与发展

我国一直到20世纪80年代才开始逐步应用现代信息技术。在具体将信息技术应用于旅游业时具有与国外不一样的发展历程。

(一)国外旅游网络营销的发展历程

按照以上旅游网络营销的定义,旅游业应用计算机网络来展开营销的历史则要追溯到20世纪70年代,大致可以将其划分为三个阶段:旅游企业集团内部的网络营销、行业内部的网络营销、因特网与GDS相结合的网络营销。

1. 旅游企业集团内部的网络营销

CRS(Center Reservation System)中央预订系统主要是指饭店集团为控制客源采用的本集团内部的电脑预订系统,最早是由假日饭店集团(Holiday Inn,Inc)于1965年7月建立的,叫假日电讯网(Holidex—I)。从20世纪70年代至今不断更新,时至今日已拥有自己的专用卫星,客人住在假日饭店里可随时预订世界任何地方的假日饭店,并在几秒钟内得到确认。目前的Holidex—Ⅱ每天处理7万个订房信息,仅次于美国政府的通讯网,并成为世界上最大的民用计算机网。它已被美国政府指定为紧急状态下的后备通讯系统。

此外还有美国喜来登集团、希尔顿集团、法国雅高的PROLOGIN、华美达的ROOMMFINER、环球的World Hotel&Resorts等。这些集团内部的CRS使集团饭店在控制客源方面一直处于领先地位。

2. 行业内部的网络营销

美国Sabre股份有限公司于1960年创立GDS全球行销预订系统,Sabre是美国Airline Company的直属企业,至今已经有40多年历史。GDS包含Amadeus、calileo/Apollo、Sabre、Worldsparn四大系统。

进入20世纪90年代,由于卫星通讯和ISDN(综合业务数据网)的发展,GDS(全球预订系统)风靡全球。随着计算机技术的飞速进步,国际间电脑联网更方便,信息费用降低,饭店传统经营方式发生巨大变化,GDS使中小型独立酒店和大型饭店集团站在了同一水平线上,GDS成为最为盈利的饭店经营方式。因此,国际订房服务或饭店联网服务都在20世纪90年代形成热潮。

3. 因特网与GDS相结合的网络营销

随着因特网逐渐普及,欧美的预订市场结构发生了很大变化。GDS虽然接入成本较高，但由于多年积累，应用者众多，业内地位依然不可取代（美国99%，法国85%，欧洲40%的旅行社接入了GDS信息系统）。但是，网络预订的优势也是非常明显，大型旅游电子商务网站或全球化旅游企业集团，其提供的旅游产品竟达三四万种之多，充分满足了旅游者的多样化需求和比较选择愿望。

面对来自Internet的挑战，以GDS为中心的中间商也作出相应的应对措施。GDS着力在两个方面进行改革：一是使代理的产品类型更丰富，用户界面更亲切方便；二是寻求与Internet的融合。

无论是旅游供应商还是旅游中间商，他们都看到了通过因特网来销售产品的巨大空间，在欧美发达国家出现了GDS和因特网融合的营销趋势。

（二）国内旅游网络营销的发展历程

中国旅游业在旅游电子商务方面的发展可以分为三个阶段。

第一阶段：1999—2000年，风起云涌的旅游电子商务网站阶段。

随着中国旅游资讯网（中国最早从事旅游电子商务的网站）对中国旅游界宣称其将从事旅游电子商务后，一股"旅游网站热"便拉开了序幕。随后，携程旅行网、华夏旅游网、青旅在线、北京旅游信息网、逍遥网、e-long商务旅游网、西部旅游信息网等一大批旅游网站纷纷建立，都想在旅游电子商务这块大蛋糕中分得一杯羹。虽然旅游电子商务在国外（尤其是美国）势头良好，但在中国却遭遇了滑铁卢，众多旅游电子商务网站公司宣告倒闭。

第二阶段：2001—2002年，大干快上的国家"金旅工程"阶段。

中国的整体信息化水平较低，旅游电子商务这一新事物在中国显得过于超前，因而导致了旅游电子商务网站的失败。构建一个全国性的旅游信息平台成为一个刻不容缓的问题。

国家旅游局从2001年开始，逐步建立全国旅游部门的国家→省（自治区、直辖市）→重点旅游城市三级计算机网络，重点建立起面向全国旅游部门的，包含旅游业的业务处理、信息管理和执法管理的现代化信息系统，初步形成旅游电子政府的基本骨架；同时，该系统也将建立一个旅游电子商务的标准平台，建立行业标准，提供对旅游电子商务应用环境与网上安全、支付手段的支撑，支持国内传统企业向电子旅游企业转型，最终形成覆盖全国的完整的管理和商务网络。"金旅工程"有两个基本的组成要素：一是政府旅游管理电子化，利用现代化技术手段管理旅游业；二是利用网络技术发展旅游电子商务与国际接轨。从实质上来说，“金旅工程”要解决两个问题：旅游电子政务和旅游电子商务。

第三阶段：2003年至今，地区级“金旅工程”或旅游信息平台建设阶段。

单方面依靠国家旅游局来搭建全国性的旅游信息平台显得过于单薄，一些区域性的、与国家“金旅工程”相配套的旅游信息平台显示了其强大的生命力，如：“四川金旅”旅游信息网、海南“金旅工程”、粤港澳旅游信息平台等。这些区域性的旅游信息平台虽然并未完全建成，但在其初期便已显示了良好的前景，尤其是粤港澳旅游信息平台给很多旅游重点城市提供了发展新思路。

三、旅游网络营销的特点

(一)全球化

互联网技术使企业的商业活动向全球化的方向发展。加入互联网消费者就可以与世界各地的人们和组织交流信息，即时获得有关政治、经济、社会、技术、文化等方面的最新信息，甚至可以在网上开会、谈判、等。互联网技术将世界变成了一个“地球村”。

(二)个性化

传统的市场营销以电视广告、大规模生产为营销活动为基础，厂商试图通过规模经济降低营销成本。而网络营销具备较强的个性化特征，因为消费者有选择权，他只会去看符合自己口味的主页。个性消费的回归使消费者的主动性大大地增强，这就促进企业必须贯彻以消费者需求为出发点的现代营销思想，将顾客需求和企业利益有机地统一起来。

(三)直复性

直复营销中的“直”是指不通过中间分级渠道而直接通过媒体连接企业与消费者，利用网络进行销售，顾客可通过网络直接向企业订单付款；直复营销中的“复”是指企业需对这种营销努力有一个明确的回复，消费者是买还是不买。企业可统计到这种明确回复的数据，由此对以往的营销努力做出评价，从而更好地进行有针对性的营销。

(四)跨时空

由于互联网能超越时间约束与空间限制进行信息交换，因此使得脱离时空限制进行交易成为可能。企业可通过每周七天、一天24小时为顾客提供全球性的营销服务。

(五)经济性

网络化的营销方式与旅游业本身有着天然的耦合关系,符合旅游产品的特性、消费方式和经营特点。因为,分析顾客需求、创造顾客需求、建立亲密的顾客关系等,始终是网络营销的重要议题。作为一种新型的媒体,网络可以在全球范围内进行市场调研,通过网络测试取得反馈信息。对于顾客而言,足不出户就可以了解有关的旅游信息,选择和预订自己所需要的旅游产品,即刻完成身份的确认并支付所需的电子货币,省略了许多琐碎的手续与程序。对于旅游企业而言,采用这种营销方式可以提高服务效率,拓宽信息渠道,并争取到更多的客源市场。网络营销可以帮助企业在交易时节约很多资金与时间。

(六)互动性

互联网上的信息交流是双向的,互动性是网络营销与传统营销区别开来的一个显著特点。营销人员可以不分昼夜地与各地的消费者以交谈的方式进行交易,而消费者也可以与营销人员进行双向沟通。对企业来说,这就意味着可以实时地了解顾客的消费倾向,从而更好地满足他们的需求。

四、我国旅游网络营销的发展

我国旅游信息网络的建设刚刚起步。开发我国旅游信息网络,积极开展网络预订与营销,已成为我国旅游业发展的当务之急。

(一)完善旅游业信息化基础建设

旅游信息网络是网络预订和销售的基础。我国旅游业信息化基础建设落后,信息处理的自动化程度低。除航空售票和酒店业广泛采用计算机处理信息外,其它领域的计算机化程度较低。因此,我国旅游业仍然在很大程度上依赖于导游指南、旅游手册、电话、信函、传真、旅游问讯等传统的信息传播与处理方式。大力开展旅游业网络销售,就必须提高信息处理的计算机化程度,加快旅游业信息化基础设施建设。航空售票和酒店经营的计算机化管理要进一步完善,旅行社、风景名胜区、公园、博物馆、旅游局的旅游信息处理要尽快实现计算机化。旅游业信息化基础建设的另一个重要方面是网络化。随着旅游业的不断壮大和日益复杂化,旅游信息日益丰富和繁杂。为满足旅游信息广泛传播和迅速获取的需要,信息处理必须网络化。旅游业内部必须建立起各种横向的、纵向的联系,构成复杂的网络,以方便旅游信息的传播与获取。通过信息化基础建设,最终完成饭店、风景名胜区、旅行社、旅游局之间的相互联结,建立起结构合理的网络体系。

(二)强化旅游信息的开发

旅游信息是旅游业网络销售的主要内容和依据。因此,旅游业网络销售的关键之一是强化旅游信息的开发,提供全面、详细、准确、及时的旅游信息。旅游信息首先要全面、详细。旅游信息愈丰富,愈能增进旅游者对旅游目的地的了解,进而发现他所感兴趣的旅游设施和旅游节目。由于旅游行为日趋多样化,客观上也要求供应商提供全方位的、详细的旅游信息,以满足各类旅游者群体对各种不同旅游信息的需要,进而采取相应的旅游行为。旅游企业和旅游主管部门都应尽力满足旅游者对各种旅游信息的要求。旅游主管部门应提供所辖区域的全方位的旅游信息,包括食宿、风景名胜区、公园、博物馆、艺术画廊、旅游节目以及入出境管理、卫生检查法律条款、公共交通、天气情况等;在提供全方位的信息的同时力求详细,如公共交通信息方面提供方式、价格、时刻表、目的地等详细信息。旅游企业重点在于提供详细的信息,如客房方面提供设施、价格等详细信息。其次,旅游信息还应准确、及时,这是对旅游信息在质量上的要求。旅游设施、旅游节目、旅游交通时刻表、天气状况、入出境管理等旅游信息必须准确,以帮助旅游者确定相应的旅游计划或者完成预定的旅游活动。相反,旅游信息不准确,就可能影响到预定旅游计划的完成,例如无法按时抵达目的地。旅游信息的及时性也就是信息的现实性。房价、票价、旅游节目等旅游信息具有很强的时效性,很容易成为过时的信息,必须及时更新以确保其现实性。

(三)制订网络营销政策法规

制定相应政策法规是繁荣旅游业网络销售的法律保证。旅游业网络销售作为一种新生事物,需要给予政策法规的保护和扶持,在旅游信息网络建设、旅游信息开发、旅游信息网络上的电子商务等各个方面提供法律和政策的保障,要制定旅游业信息化发展的全局性和长远性的总体规划,确定其法律地位,以促进旅游信息网络建设和旅游信息开发。同时在政策上予以倾斜,以吸引大量资金、技术、人才到旅游业信息化发展建设上来。再次,制定有关规范旅游电子商务活动的法规,以促进旅游业网络营销的健康发展。最后,逐步完善网络安全性控制,加强对网上黑客的防范并制定有关打击电脑黑客的法规。

(四)多渠道开展网络预订和销售

我国旅游业界应积极利用CRS、GDS、旅游目的地信息系统和Internet开展旅游营销。

(1)航空公司的计算机订票网络现已十分发达,应注重技术革新,例如实行"无票旅行"(Ticketless Travel),以推动销售。

(2)大型饭店集团可建立自己的中央预订系统。独立酒店可加入由专业公司运营的开放式预订网络,作为网络的成员饭店接受网络预订。

(3)国内非国际联号集团饭店可经过Utell International及中国天马系统等饭店组织加入GDS,开展国际市场预订与营销服务。

(4)搞好旅游目的地信息系统的建设。我国旅游资源丰富,旅游繁荣地区较多,适宜建立地区性联网系统或以国家为中心的旅游目的地信息系统。可考虑以国家旅游局的中国旅游网为基础,逐步与各地旅游主管部门联网并与相关部门的信息网络交叉,提供全方位、多层次的旅游信息服务。

(5)国际互联网上的旅游预订与销售潜力巨大,业界人士普遍看好。我国旅游企业应积极利用Internet开展旅游营销,拓展客源渠道。与Internet联网成本较低且技术上容易实现,各饭店、风景名胜区、旅行社应积极主动地进入Internet。

里兹·卡尔顿饭店:照顾好那些照顾顾客的人

里兹·卡尔顿饭店以其杰出的服务闻名于世。饭店的信条是提供一流的顾客服务:"在里兹·卡尔顿饭店,给客人以关怀和舒适是我们最大的使命。我们保证为客人提供最好的个人服务和设施,创造一个温暖、轻松和优美的环境。里兹·卡尔顿使客人感到快乐和幸福,甚至会实现客人没有表达的愿望和需要。"饭店的一句座右铭是:We are ladies and gentlemen serving ladies and gentlemen.

里兹·卡尔顿饭店一直在按照它的诺言行事。在对将要离店住客的调查中,有95%的人认为在这儿的经历真正值得回忆。事实上,优越的服务对于里兹·卡尔顿饭店来说早已是很平常的事了。《纽约时报》曾对一位太太在佛罗里达州那不勒斯的里兹·卡尔顿饭店的经历作了报道:"这家饭店雅致、漂亮,但更重要的是饭店职员总是不断地让你感到满意。"这位太太说他们的儿子在那不勒斯市生病的时候，饭店整夜都送来加蜂蜜的热茶。当她的丈夫因有事回家一天而回来的班机又被推迟的时候，饭店的司机在候机室里等了近一个晚上。这些高质量的个性化服务还使里兹·卡尔顿饭店成为最受参加会议的人员喜爱的饭店。一位会议组织者说："我们在他们饭店里举行高层会议的时候，得到了国王一般的礼遇，而且我们挑不出任何毛病。"

里兹·卡尔顿饭店连续多年获得了多项质量奖。更重要的是，服务质量带来了高水平的顾客保持率，超过90%的里兹·卡尔顿饭店的顾客仍回该饭店住宿。尽管该饭店的平均房价很高，但饭店的入住率达到70%，几乎比同行业平均水平高9个百分点。

使顾客满意的绝大部分责任落在了里兹·卡尔顿饭店直接与顾客接触的服务人员的肩上，因此，该饭店对服务人员的挑选极为严格。在挑选好服务人员之后，对他们进行强化训练，学会悉心照料客人的艺术。新职员还要参加两天定向方针的学习，在这期间，主管经理会向他们灌输"20条里兹·卡尔顿基本方针"。

为了不失去任何一个客人，职员被教导要做任何他们能做的事情。饭店质量部门副经理米恩说："在里兹·卡尔顿解决顾客问题时，不存在商讨的余地。"全体职员都知道他们中无论谁接到顾客的投诉，都必须对此投诉负责，直到解决为止，他们要随时放下正在做的事情去帮助顾客——不管他们在做什么或者是哪个部门的。里兹·卡尔顿的职员还被授权当场解决问题，而不需请示上级。每个职员都可花2000美元来平息客人的不满，并且只要客人高兴，允许职员暂时离开自己的岗位。饭店一对一地取得顾客的满意，因此，当竞争者还在翻阅顾客意见卡来了解顾客问题时，里兹·卡尔顿饭店早已把这些问题解决了。

里兹·卡尔顿饭店在它的职员心中注入一种自豪感。饭店的座右铭是："我们是为女士和先生服务的女士和先生。"职员们都理解他们在饭店成功中所起的巨大作用。一位职员说："我们或许住不起这样的饭店，但是我们却能让住得起的人还想到这儿来住。"

他们也确实这样做到了。以里兹·卡尔顿的基本方针督促职员，能送客人到饭店的其他地方就决不仅仅指一下方向，要求职员在3声铃响之内"微笑地"听电话，并且要注意和尊重自己的仪表。

里兹·卡尔顿饭店承认和奖励表现杰出的职员。根据它的"五星奖"方案，杰出表现者由同事和经理提名，并在庆功宴上向获胜者颁发奖章。作为物质奖励，经理还会奖给他们"黄金标准券"，可用来兑换礼品店中的商品或免费在饭店里过一个周末。里兹·卡尔顿饭店还用其他一些方法来鼓励和奖励它的职员，例如，超级体育日，庆祝职员结婚周年纪念的午餐会，家庭野餐会，职员餐厅的特别主题曲等。其结果是，里兹·卡尔顿饭店的职员同它的顾客一样满意。所以里兹·卡尔顿饭店的职员流动率每年都低于30%，而其他豪华饭店的职员流动率达到45%。

里兹·卡尔顿饭店的成功基于一条简单的哲理：要照顾好顾客，首先就必须照顾好那些照顾顾客的人。感到满意的职员会提供高质量的服务价值，它会带来感到满意的顾客，感到满意的顾客便会给企业创造销售量和利润。

浙西大峡谷旅游网络营销

浙西大峡谷位于浙江安徽交界的清凉峰国家级自然保护区内，属V字型峡谷地貌，山是黄山的余脉，水是钱塘江的源流，自然环境生态优越。浙江省旅游局专家对这里的资源优势概括为"五个之最"：在华东地区范围内，浙西大峡谷具有"峡谷最长、植被保护最好、山水景观最佳、峡谷内居住人口最少和离开沪杭等大都市距离最近"的优势。

浙西大峡谷利用距沪杭等大都市距离最近的区位优势，定位于发展观光和休闲旅游，峡谷旅游区为线型环带状，全长80公里，共分三个景段。目前接待游客的仅是第一景段"龙井峡"，长约18公里，以自然观光休闲旅游产品为主，游乐项目按"快乐之旅"的理念设置，主要项目有：听涛观瀑、竹排戏水、水车接龙、悬桥探高、观鹿逗鼠、高空走钢丝、皮筏漂流、12个生态之谜有奖征解、攀岩练习墩、打油米、空中巴士、农家乐等，吸引了大量城市游客。

交广机构的总经理谭小芳表示，浙西峡谷的信息系统建设和网络营销手段值得国内旅游业者学习，门户网站的运营如此成熟，在国内同类景区中是不多见的。

浙西大峡谷根据其区位和资源，致力于长三角假日休闲旅游市场，进行了针对性的产品设计，将生态休闲、户外运动和农家乐作为产品开发的重点，强化其休闲的特色，取得了较好的效果。岩门大峡谷作为市场的后进者，面临周边大量峡谷旅游区的竞争，在自然景观不突出的情况下，必须找准特色，根据市场的需求确立特色的发展方向。

采用网络营销符合旅游业发展潮流，高效便捷，旅游景区网站应突破原有信息宣传的局限，采取主动型的营销策略，向旅游电子商务方向发展，对此必须以完善的旅游信息系统为基础。交广传媒旅游策划营销机构认为，针对城市居民休闲和自助游客，需要提供详细的旅游信息和线路设计，构建旅游论坛，组织各种兴趣活动，完善景区信息系统。

在营销策略上，浙西大峡谷采取了主动型的营销策略，区域线路整合和网络营销都是浙西大峡谷的营销亮点。掌握开发权的临安浙西大峡谷旅游有限公司抢注了www.xiagu.com.cn的一级域名，在线为旅游者提供景区全数官方认可的餐饮住宿的详细资料和联系方式，还有详细的购物指导和"驴友"论坛，并仍然利用BBS的形式开展网络摄影大赛，提供在线票务预订。

交广传媒旅游策划营销机构认为，在线路设计上，为杭州、上海及江苏的游客特别设计的游线为浙西大峡谷吸引了更多的眼光和得到了更多的肯定。

复习思考题

1. 旅游绿色营销的涵义和基本措施是什么？
2. 旅游服务营销的构成要素是什么？
3. 简述旅游关系营销的涵义和策略。
4. 旅游网络营销的涵义及特点是什么？

（一）策划

“策划”（Planning）一词在我国古籍中出现较早，在《后汉书·魏器传》中就有“是以功名终申，策划复得”的记载。流传至今的“三思而后行”、“凡事预则立，不预则废”、“运筹帷幄之中，决胜千里之外”、“多算胜，少算不胜”、“好谋而成”等都蕴涵着丰富的策划思想，而其中的“思”、“预”、“运筹”、“算”、“谋”等，则是“策划”意义的直接表达。《辞源》将“策划”解释为“谋略”、“筹谋”之意；《辞海》将“策划”定义为“策画”，即计谋、计划、打算的意思。

应该说自从有了人类，策划活动就开始了。从早期的原始人围捕兽猎活动，到后来几千年的人类文明的演进，策划活动始终伴随着人类的社会生活，尤其在军事、政治方面表现得格外充分。历史上著名的“田忌赛马”的典故和诸葛亮“三分天下”的《隆中对》，都是经典的策划案例，还有战国时的“完璧归赵”、汉初时的“鸿门宴”等也是非常成功的策划例子；而荆轲刺秦王等，则成为流传千古的策划败笔。在现代，军事策划日趋成熟，如第二次世界大战中的诺曼底登陆、我国解放战争时期的“三大战役”，就是成功的军事策划的著名范例。

所谓策划，就是计策的谋划，指人们针对未来所做的安排和打算。正如《哈佛企业管理通书》对策划的定义：“策划是一种程序，在本质上是一种运用脑力的理性行为，基本上所有的策划都是关于未来事物的，也就是说，策划是针对未来要发生的事情作当前的决策。事先决定做什么（What）、何时做（When）、何地做（Where）、何人做（Who）、如何做（How）等。”因此，策划是一座跨越时空的桥梁，它将现在与未来有机地连接起来。

（二）营销策划

企业作为市场营销者，必须以“消费者为导向”，力求在合适的时间、合适的地点，以适当的价格和方式向适当的顾客提供合适的产品或服务，并通过满足他们的需求，从而实现自己的利润目标。在这一过程中，企业既要科学地分析市场、顾客以及各种影响因素，又要合理安排、有效设计和实施、控制自己的经营行为，而为了使目标更好地实现，企业营销人员所做的分析、判断、推理、预测、构想、设计、安排、部署等工作，便是市场营销策划。

策划渗透到市场营销领域后大显神威。在现代商战中，企业家们需要策划来帮助他们打赢这场没有硝烟的战争。被誉为“美国企业界巨子”的亚科卡，曾成功地策划推出“野马”越野车，创下当年销售的最高纪录。日本的“西铁城”手表广告策划，不仅成功地将该手表打入美国市场，而且还逐步将瑞士手表挤出美国市场。海尔集团创始人张瑞敏“怒砸冰箱”的策划，使得海尔声誉鹊起，现在，海尔已成为我国最有品牌价值的大型企业集团之一。可见，在市场竞争日趋激烈的今天，谁能成功地运用策划，谁就可能抓住机会，保持竞争优势。

综上所述，市场营销策划（Marketing Planning）是指企业对将要发生的营销行为和开展的营销活动而进行的超前谋划、设计与决策。具体来说，市场营销策划是指企业在市场营销活动中，为达到预期的目标，根据企业现有的资源状况，在充分调查、分析市场营销环境的基础上，运用科学、系统的方法，激发创意，对一定时间内企业某项营销活动制定出有目标、可能实现的一套策略规划和行动方案。

二、旅游营销策划

旅游营销策划是指旅游策划者为实现旅游组织的目标，通过对旅游市场营销环境等的调查、分析和论证，创造性地设计和策划旅游方案，谋划对策，然后付诸实施以求获得最优经济效益和社会效益的运筹过程。

旅游营销策划是对旅游企业未来的营销行为、营销活动的筹划，就其本质而言，旅游企业围绕某一具体的目标或某一具体的问题，运用理性和心智，充分激发创意而进行的运筹。现代市场经济日益发达，市场竞争愈演愈烈，在经济全球化，市场竞争国际化，通讯技术网络化的今天，企业为了赢得竞争，常规的方法与策略难以破解企业面临的种种难题，一般的规划、一般的行动方案是难以奏效，需要富于创新的、巧妙统筹的营销策划。正如古人所云“谋定而后动”，“先谋后事者昌，先事后谋者亡”。这种筹划是建立在对市场环境和市场竞争的充分了解的基础之上，综合考虑外界的机会与威胁，自身的资源条件及优、劣势，竞争对手的竞争战略和策略，以及市场变化趋势等因素，编制出规范化、程序化的行动方案，从构思、分析、归纳、判断，直到拟定策略，实施方案、跟踪、调整和评估方案的实施。

三、旅游营销策划的分类

旅游营销策划的分类有多种，所依据的标准不同，划分的类型也不同。

（一）根据对象划分

分为旅游地或旅游区域营销策划、旅游企业营销策划。前者是把一个旅游目的地或一个旅游区域作为对象来进行的策划，后者则是把一个旅游企业作为对象来进行的策划。如安徽省皖南旅游区营销策划、芜湖市旅游营销策划等。它们都是整体性的营销策划，从战略等高度出发，对其营销活动进行全面的、综合性的策划。具有涉及的范围广，内容丰富，活动延续时间较长的特点。

（二）根据业务划分

分为旅游景区（景点）营销策划、旅行社营销策划、旅游饭店营销策划、旅游交通营销策划、旅游娱乐营销策划、旅游购物营销策划等。这类策划内容涉及到旅游企业的方方面面。

（三）根据功能划分

分为旅游形象策划、旅游产品开发策划、旅游客源市场开发策划、旅游定价策划、旅游销售渠道策划、旅游广告与公共关系策划、旅游节事活动策划等。因为是针对某一项功能的营销活动的策划，涵盖面较窄，延续的时间也较短。

（四）根据类别划分

分为生态旅游营销策划、文化旅游营销策划、休闲度假旅游营销策划、体育旅游营销策划、城市旅游营销策划、乡村旅游营销策划等。这类专题策划有鲜明的主题，针对性和目的性较强。

四、旅游营销策划的思维方法

（一）点子方法

点子方法是指有丰富营销经验的策划人员经过深思熟虑，为营销方案的制定与实施所想出的主意与方法。美国广告专家大卫·欧格威说："要吸引消费者的注意力，同时让他们买你的商品，非要有很多的点子不可。除非你的广告有很好的点子，不然，它就像被黑夜吞噬的船只。"所谓"点石成金"，即表明点子的价值，它是一种创造性的思维。

(二)创意方法

创意不同于点子。“点子”一般是凭丰富的经验积累,经过深思熟虑或受某一客观现象的启发,从某些事实中更深一步地找出新方法,寻求新答案。它在很大程度上以直观、猜测和想像力为基础。而“创意”是指在市场调研的前提下,以市场策略为依据,经过独特的心智训练后,有意识地运用新的方法组合旧的要素的过程,并在其间不断寻找各种事物与事物间存在的一般或不一般的关系,然后将其重新组合、搭配,使其产生奇妙、变幻的主意。创意方法是旅游营销策划的起点、前提、核心和精髓。

(三)运筹学方法

“田忌赛马”、“一箭三雕”是典型的运筹学方法的应用。对策论、博弈论、组合论等是运筹学原理运用的具体方式。运筹学方法是指在客观条件相对不变的情况下,运用最合理的方式,最简单、经济的方法,通过最短或有效的途径,达到最佳目的。

(四)头脑风暴法

头脑风暴法又称集体思考法或智力激励法,其核心是高度自由的联想,提倡创造性思维、自由奔放、打破常规和创造性地思考问题。其目的是以集思广益的方式在一定时间内大量产生各种主意或设想。头脑风暴法的特点是倡导创新思维。时间一般在1—2小时,参加者以5–6人为宜。

头脑风暴法的创始人是英国心理学家奥斯本(A. F. Osborn)。该决策方法的四项原则是:

(1)各自发表自己的意见,对别人的建议不作评论

(2)建议不必深思熟虑,越多越好

(3)鼓励独立思考、奇思妙想

(4)可以补充完善已有的建议。

对通过头脑风暴法得出的十几个甚至几十个候选营销策划主意要一一进行评价,采用专家分析法选择。头脑风暴法在旅游营销策划中经常得到成功的运用。

五、旅游营销策划的程序

旅游营销策划是科学性和艺术性的结合，具有很强的逻辑性，其运作的程序环环相扣。即确定旅游营销策划的目标、调查和分析旅游营销环境、进行策划创意、撰写策划书、实施与调整方案以及评估方案实施的绩效。

（一）确定营销策划目标

明确地界定旅游营销策划所要达到的目标或要解决的问题，是为整个策划指明了方向，奠定了良好的基础。在明确目标、界定问题时应该注意：营销策划目标要明确和具体；集中力量于重要问题；注意改变提出问题的角度。

（二）研究旅游营销环境

对旅游营销环境的调查和分析是旅游营销策划成功的基础。

1. 旅游营销环境调查

调查是对市场资料的搜集与获取，是旅游企业信息的重要源泉，是旅游营销策划的前提条件和重要保证。

（1）确定调查的内容。调查内容包括旅游者方面、旅游市场方面、旅游市场环境方面、旅游目的地方面。

（2）拟订调查计划和设计调查方案。在确立了调查内容之后，首先要拟订调查计划，调查计划包括：调查目的、对象、时间、地点、内容、方法以及调查所需费用预算等。上述诸因素的确定都要与营销策划保持一致，为其服务。其次根据调查计划的要求，设计出调查方案，拟订调查的行动步骤。

（3）实施调查方案。根据调查方案，有序地开展调查活动，在调查中，要注意有目的地收集第二手资料，因为第二手资料是他人已经收集、整理并经过加工的信息资料。在第二手资料不能满足调查目的需要时，就着手搜集原始资料。

（4）整理资料并编写调查报告。对收集来的资料进行分门别类、出粗取精、去伪存真，并遵照旅游营销策划的要求编写调查报告，为旅游营销策划提供充分的有价值的参考资料和建议。

2. 对旅游营销环境进行分析

旅游营销环境总是处在不断变化之中，而营销环境的变化既可以给企业带来营销机会，也可以带来营销风险，旅游营销策划对营销环境分析的目的就是要趋利避害,及时捕捉和利用营销环境变化带来的机会,最大限度地避免和减少营销环境变化造成的风险。

(三)进行营销策划创意

创意是旅游营销策划的点睛之处,创意是否新颖、独特、切合主题,直接关系到旅游营销策划的成败,因此,在进行策划创意时一定要把新颖性、独特性以及与主题的密切相关性作为首要的条件加以考虑。旅游企业多采用如下方法广泛收集旅游营销策划的创意。

1. 营销策划人员的构想

好的策划创意往往来自策划人员的灵感,也就是创意暗示、创意联想、模糊印象、灵机闪现等,将灵感经过整理、变形、加工和组合,就可成创意。旅游企业应遴选出卓越的策划创意人才,只要他们能正确地把握策划的主题,深入地认识问题,发挥丰富的联想,就能够提出独特、新颖、且切合主题的创意。

2. 公开征集

通过媒体向社会公众公告,公开征集营销策划创意。在向社会公告时,一定要告之旅游策划的目的和主题,以便应征者能够提出切合主题的创意。

(四)撰写旅游营销策划书

旅游营销策划书是策划创意的文字化和具体化,它是实施策划创意的具体方案,因此,有了较为成熟和完善的营销策划创意之后,就要着手设计和撰写旅游营销策划书。

旅游营销策划书的主要内容有:

(1)策划书的标题。力求将策划的主题、内容、性质等以简洁的文字加以表述。

(2)策划者的基本介绍。如姓名、工作单位、职称等。

(3)策划书完成的日期。

(4)策划的目标及概要说明。

(5)策划书的正文内容。即策划问题的提出、背景、机会与问题,关键的创意,创意的实施等。

(6)日程安排和费用预算。

(7)效益预测。

(7)参考文献及资料附录。

(8)注意事项。

(9)备选方案的概要说明。

(五)实施方案与调整方案

策划方案制定出来以后,就要经过营销决策人员的批准,被批准的策划方案就要付诸实践,进入策划的实施阶段。在实施过程中,要对营销策划进行有效的监督和管理,尤其要注意保持策划的连续性、权威性,要按照策划的内容来实施,不得随意改变策划的内容。为确保营销策划书的顺利实施,要注意三个问题:确保策划方案实施所需的人、财、物和信息等资源的落实到位;密切跟踪营销策划方案实施的全过程;严格按照策划方案既定的程序和进度时间表实施。

(六)对旅游营销策划的实施结果进行评估

营销策划方案在实施过程中和实施完后,都应对其实施情况进行跟踪评估,以便对方案的设计和运行情况做出科学的评价,检查预期的目标是否达到,造成差距的原因是什么;费用预算是否合理;营销策划进程安排是否恰当;活动是否按进度时间表有序进行;出现了哪些意外、例外情况;营销策划的实施积累了哪些经验教训;策划的实施引起了什么样的社会反响。实施结果评估的方法主要有两种:实施过程中的评估和策划完成后的评估。

第二节 旅游营销形象策划

旅游形象是旅游者对某一旅游产品的总体认识和评价。在现代旅游业发展中,旅游形象的地位和作用日益突出,旅游形象的成功策划已成为推动区域旅游发展的新思路、新工具。

一、旅游营销形象的含义及特征

(一)旅游营销形象的含义

旅游营销形象是指旅游者、社会公众对某一特定的旅游区域或旅游目的地、旅游企业的资源特色与营销活动所给予的总体评价与一般认定。它是旅游者、社会公众通过各种渠道接受旅游目的地、旅游企业的各种信息,包括传媒信息、口碑信息、实地旅游和感受服务等,最终形成的总体印象和综合评价。

旅游营销形象可分为两类:一是区域旅游营销形象,它主要指旅游者、社会公众对某一旅游区域或旅游目的地的资源特色和营销活动的总体印象和综合评价;二是旅游企业营销形象,它主要指旅游者、社区公众和内部员工对旅游企业的营销理念、产品特色、服务品质、管理水平及社会贡献等因素的总体印象及综合评价。

旅游营销形象是由多种因素构成的,内涵十分丰富,它是旅游目的地和旅游企业的地脉、文脉特色和营销理念、营销文化的高度浓缩和象征,旅游营销形象的建立是一个动态的过程,它随着环境、市场需求与旅游者心理等因素的变化而改变。

(二)旅游营销形象的特征

1. 整体性

在旅游者和社会公众的心目中,旅游营销形象是以一个整体的印象或面貌出现的;旅游目的地或旅游企业在进行市场营销和形象推广时,也是以整体的形式、整体的表征为特点进行的。例如,昆明以"春城"、西藏以"雪域高原"等为整体形象推向社会、推向市场。这一特点有助于旅游消费者对旅游企业的全面认识和整体把握,从而影响其与这些旅游企业的关系。

2. 标志性

旅游区域与旅游企业的主题形象一般都比较鲜明,并且逐步成为旅游区域或旅游企业的品牌标志。所以,只要一提到某个旅游目的地或旅游企业,旅游者总能记住,并会想起其标志性景观或产品,如黄山的云海和迎客松即成为黄山风景区的标志性景观。从这个意义上说,旅游营销形象即为旅游目的地或旅游企业的标志,它是吸引潜在旅游者变为现实旅游者,从而开发旅游客源市场的有效工具或手段。

3. 相对稳定性

旅游营销形象是旅游者心目中对旅游目的地或旅游企业的总体评价和综合印象,这种评价或印象是一种心理活动,一经产生和形成,便会具有相对的稳定性。如果旅游目的地或旅游企业所具有的特色和所提供的产品或服务以及营销环境不发生大的变化,那么,其在旅游者心目中所留下的深刻印象也不会轻易发生改变。另外,旅游目的地或旅游企业基于营销成本和开发市场的需要,更不会随便变动自己的形象，而鲜明的旅游营销形象有助于旅游目的地或旅游企业形成良好的市场口碑，并充分发挥扩散效应，对更多的旅游者产生吸引力。

4. 可塑性

旅游营销形象虽然形成以后具有一定的稳定性，但它并非一成不变，而是随着市场环境、游客需求的变化而发生改变，只不过这种变化是一个渐进的过程。可以这么说，旅游营销形象同旅游产品一样，也具有自己的市场寿命或生命周期，当其处于衰退阶段，原有的形象期望值会降低，对旅游者的吸引力也会大大下降，这就会严重影响旅游者的购买兴趣，改变旅游目的地或旅游企业在他们心目中的地位。因而，必须不断丰富和深化旅游营销形象的内涵，重塑新的形象，打造新的品牌。

二、旅游营销形象策划的意义

旅游营销形象策划是旅游目的地或旅游企业为建立良好的市场口碑和独特的销售点，通过对自身的特征性分析，找出与其他旅游目的地或旅游企业的差异，在分析市场需求的基础上，对旅游目的地或旅游企业的独特形象进行科学设计的过程。

在现代旅游业发展过程中，旅游营销形象发挥着越来越大的作用。

(一)使旅游目的地或旅游企业的形象更明确、清晰

旅游产品的特性是不可贮存性，这决定了宣传促销对旅游产品尤其重要，而旅游形象是宣传促销、市场开拓的重要手段和途径。通过良好的旅游形象对人们心理的诉求和诱导，能有效激起他们强烈的认同感，使他们增加对产品的购买信心。旅游形象一旦较鲜明地形成并广为人知，就会为公众熟悉、接受羡慕，就会在其心目中产生较好的形象，从而对游客产生强烈的吸引力。纵观全球，凡是旅游业兴旺发达的地方，无不具有鲜明独特的旅游形象。如西班牙的三“S”黄金海岸、众多中世纪的城堡和富有特色的建筑、独特的斗牛风情，构成了这个国家最具诱惑力的形象，每年吸引四五千万海外游客到这个世界旅游王国观光、游览。

(二)使旅游目的地或旅游企业的特色更突出，有利于提高竞争力

对旅游目的地而言，通过形象策划，可以使其资源、产品特色凸现，形成有较强吸引力和竞争力的品牌，并运用适当的形象传播方式将其传递给旅游

者与社会公众，从而迅速提高知名度、美誉度。对于旅游企业而言，通过形象策划，可以使其与其他竞争者在服务种类、服务质量及经营理念上区别开来，形成差异化优势和核心竞争力，从而使旅游企业在激烈的市场竞争中处于主导地位。

（三）提升旅游目的地或旅游企业对自身的认识，增强凝聚力

旅游营销形象策划有助于旅游目的地政府和公众对本地旅游资源核心、产品定位和发展目标有更清楚的认识，从而进行更理性的开发与营销；对旅游企业来说，有利于增强企业内部的凝聚力，激发旅游从业人员的自豪感，提升其社会责任意识和服务水平，从而充分发挥其积极性和进取心。

三、旅游营销形象体系

旅游营销形象是一个非常复杂的系统，这里以旅游营销形象的具体表现形式为依据，大体分为三个结构内容。

（一）旅游景观形象

主要是指各种景观外貌特征及视觉形象，包括自然景观、人文景观、城市雕塑、城市布局、城市标志、市容市貌、企业建筑特色、装饰风格等，它们是旅游的主导吸引因素。

（二）旅游产品质量形象

主要是指对旅游企业或旅游目的地所提供的吃、住、行、游、娱、购六个旅游要素的衔接状况及服务质量水平的评价，它们是旅游形象的核心内容。

（三）旅游社会形象

主要是指旅游者在旅游过程中所体验和观察到的当地社会生活的各个层面，包括居民的精神面貌、风俗习惯、对旅游者的态度等。它反映一个旅游地的文明程度，是一种社会旅游资源，随着参与性、个性化旅游需求的增长，这部分形象将越来越重要。

四、旅游营销形象策划的基础

在做旅游营销形象策划之前,必要的工作是对旅游产品或旅游企业形象的现状进行调查,了解其知名度、美誉度和认可度,这是进行旅游营销形象策划的基础。缺乏这一基础,其所设计的旅游营销形象就可能与客观实际相脱离。

(一)旅游营销形象的调查内容

(1)知名度。旅游产品的知名度是旅游者(包括潜在旅游者)对旅游产品或旅游企业的识别、记忆的状况。其测算公式为:

知名度=知晓旅游产品的人数/总人数×100%

(2)美誉度。旅游产品的美誉度是旅游者(包括潜在旅游者)对旅游产品或旅游企业的褒奖、赞赏、喜爱的情况。其测算公式为:

美誉度=称赞旅游产品的人数/知晓旅游产品的人数×100%

(3)认可度。旅游产品的认可度是指旅游者把旅游产品纳为自己消费对象的程度。其测算公式为:

认可度=行为人数/知晓人数×100%

(二)旅游营销形象调查

有关旅游营销形象的资料和信息,特别是旅游者对该旅游产品或旅游企业形象认知的信息一般难以找到现存的资料,需要通过市场调查的方法获得第一手资料。

基本的调查程序是:确定调查目标;明确调查对象;选择调查方法;问卷设计与拟订访谈提纲;组织与实施调查。

五、旅游企业营销形象策划

(一)旅游企业营销形象策划的内容

旅游企业营销形象策划与设计可按一般企业形象设计方法CIS进行运作。所谓“CIS”是英文词组“Corporate Identity System”的缩写,即企业形象体系或企业形象识别系统。CIS由三个识别子系统构成,它们分别是:理念识别系统,简称MIS(Mind Identity System);行为识别系统,简称BIS(Behavior Identity System);视觉识别系统,简称VIS(Visual Identity System)。这三者之间各有其特定的内容,它们层次分明，相互联系，协调运作。

在企业形象系统中，理念识别系统MIS是核心，只有具备了强有力的、独特的企业理念，才能对自己的企业形象有一个极清晰而明确的定位，因而MIS决定了整个CI系统的表达与设计。视觉识别系统VIS是在企业理念确立的基础上，运用视觉传达设计方法，根据与一切经营活动有关的媒体要求，设计交流的识别符号，以刻画企业的个性、突出企业的精神、凸现企业的特征，目的是使企业内部、社会各界和消费者对企业产生一致的认同感和价值观。行为识别系统BIS是指企业的经营管理，诸如产品开发、促销活动、公关活动、广告活动等企业的主要经营活动的总体行为形象及其行为表现。

旅游企业营销形象的策划，就是对旅游企业的MIS，BIS和VIS的策划，它们是旅游企业营销形象体系的核心内容。

（二）旅游企业MIS策划

MIS即企业理念识别系统，它是指企业在长期的经营实践中形成的区别于其他企业的企业精神、经营方针、经营宗旨、价值观等方面的内容。它对内影响企业的决策、活动、制度、管理等，对外影响企业的公众形象、广告宣传等。

旅游企业MIS策划的主要内容包括企业精神，企业价值观，企业文化，企业信条，经营理念，经营方针，市场定位，产业构成，组织体制，管理原则，社会责任和发展规划等。

（三）旅游企业BIS策划

BIS即行为识别系统，是依据企业理念来设计企业行为的个性特色，使公众易于从行为特点上来识别本企业，从而树立本企业形象的企业识别行为。它是一种动态识别形式，规范着企业内部的组织、管理、教育以及企业外部的营销、公关等社会活动，实际上是企业的运作模式。旅游企业BIS中的企业行为不同于企业的一般性行为，它应以企业理念为指导，从总体上去设定企业行为的基本范式、经营管理、营销思想等。

旅游企业BIS策划的内容包括两大方面：对内即组织制度，管理规范，行为规范，干部教育，职工教育，工作环境，生产设备，福利制度等等；对外即市场调查，公共关系，营销活动，流通对策，产品研发，公益性、文化性活动等等。

（四）旅游企业VIS策划

VIS即视觉识别系统设计是以标志、标准字、标准色为核心展开的完整的、系统的视觉表达体系。将上述的企业理念、企业文化、服务内容、企业规范等抽象概念转换为具体符号，塑造出独特的企业形象。在CI设计中，视觉识别设计最具传播力和感染力，最容易被公众接受，具有重要意义。

旅游企业CIS策划的内容包括基本要素和应用要素。基本要素如企业名称、企业标志、企业造型、标准字、标准色、象征图案、宣传口号等。应用要素如产品造型、办公用品、企业环境、交通工具、服装服饰、广告媒体、招牌、包装系统、公务礼品、陈列展示以及印刷出版物等。

CIS是企业经营战略的系统工程，CIS的三个基本构成要素MIS、BIS、VIS相互推动、协调运作，才能为旅游企业塑造独特的形象，带动旅游企业经营的发展。

第三节　旅游节事活动策划

近年来，我国节事旅游活动层出不穷，成为各地旅游活动的重要组成部分，是一些地方发展旅游业、振兴旅游经济的重要途径。

一、旅游节事活动的含义

“节事”源自英文中FES（Festival & Special Event），中文译为“节日和特殊节事”，简称“节事”。国外学者在事件及事件旅游的研究中，常常把节日和特殊事件合在一起作为一个整体来进行探讨。

节事活动是某个城市或地区举办的一系列以地方特性、文脉和发展战略为基础举办的一系列活动或事件，形式包括节日、庆典、展览会、交易会、博览会、会议，以及各种文化、体育等具有特色的活动。

旅游节事活动是节事活动与旅游业的重要结合，可概括为专指以各种节日、盛事的庆祝和举办为核心吸引力的一种特殊的旅游形式，是对节事进行系统规划、开发和营销，以便使节事活动成为旅游吸引物而引起的一系列旅游活动。旅游节事活动能迅速提升举办地的知名度和美誉度，增强旅游地吸引力；可以丰富旅游活动内容，构成旅游产品体系的有机组成部分；可以促进旅游基础设施的完善，优化旅游环境，促进相关产业的发展。

从我国目前旅游节事活动的举办地来看，分布不均匀，呈现出东部地区多于西部地区，主要集中于长江三角洲、环渤海地区、珠江三角洲地区。从时间分布上来看，具有明显的季节性，主要集中于春秋两季，因为节事活动的内容受季节性影响比较大。

二、旅游节事活动的类型

（一）国外的分类

美国学者Getz D.认为对于旅游发展来说，事先经过策划的事件是研究的重点。他把事先经过策划的事件分为8个大类：

（1）文化庆典：节日、狂欢节、宗教事件、大型展演、历史纪念活动。

（2）文艺娱乐事件：音乐会、其他表演、文艺展览、授奖仪式。

（3）商贸及会展：展览会/展销会、博览会、会议、广告促销、募捐/筹资活动。

（4）体育赛事：职业比赛、业余比赛。

（5）教育科学事件：研讨班/专题学术会议/学术讨论会、学术大会、教科发布会。

（6）休闲事件：游戏和趣味体育、娱乐事件。

（7）政治/政府事件：就职典礼、授职/授勋仪式、贵宾（VIP）观礼、群众集会。

（8）私人事件：个人庆典、周年纪念、家庭聚会、宗教礼拜、社交事件、舞会/节庆、同学/亲友联欢会。

（二）我国的分类

近年来，我国各类旅游节事活动众多。根据活动的主题，可以分为以下几大类。

1. 以“特色产品”为主题的旅游节事活动

这类活动大多都是以地方特有的工农业产品及其他各类物产、特产为主题，以宣传本地的优势资源，发展区域经济为目的的旅游节事活动。除了进行商品交流和经贸洽谈外，这类活动还可以为当地带来众多旅游者，促进当地旅游业的发展。这类旅游节事活动有大连国际服装节、中国青岛国际啤酒节、菏泽国际牡丹花会、景德镇国际陶瓷节、中国山西面食节、中国宁夏枸杞节等。

2. 以"文化脉络"为主题的旅游节事活动

包括以各民族的传统习俗为基础,体现和传承本民族独特"民俗风情"的旅游节事活动。如南宁国际民歌艺术节、宁波中国梁祝婚俗节、云南傣族泼水节、蒙古族那达慕大会、中国潍坊风筝节等。还有基于"宗教"对于信徒和旅游者的特别吸引力而举办的宗教庆祝活动。如九华山庙会、五台山国际旅游月、武当山国际旅游节、藏传佛教晒佛节等。还有依托当地现存的或历史上有特色的地域文化,与当地历史胜迹、纪念碑、纪念馆等特色文化的物质载体相结合,形成的旅游观光和文化交流活动。如中国淄博国际聊斋文化节、滁州醉翁亭文化节、马鞍山国际吟诗节、安阳殷商文化节、福建湄洲妈祖文化旅游节等。还有以"名人"为主题,以名人出生地或名人生前主要业绩地为依托,弘扬民族精神和伟人气概的旅游节事活动。如曲阜国际孔子文化节、湖北李时珍医药节、浙江国际黄大仙旅游节、中国运城关公文化节等。

3. 以"自然景观"为主题的旅游节事活动

这类活动是以当地具有突出地理特征的自然景观为依托,综合展示地区旅游资源、风土人情、社会风貌的旅游节事活动。这类旅游节事活动与观赏自然风光的旅游活动有一定的区别,除了观赏自然景观以外,还辅以很多文化活动。如黄河壶口国际旅游节、中国哈尔滨国际冰雪节、中国青岛海洋节、北京香山红叶节等。

4. 以"会展"为主题的旅游节事活动

活动包括"商务、会议"型旅游节事活动和"博览、展览"型旅游节事活动。如上海'99《财富》全球论坛、海南博鳌亚洲论坛和上海2010年世界博览会、杭州西湖博览会、昆明世界园艺博览会以及各种旅游交易会等。

5. 以"体育赛事"为主题的旅游节事活动

竞技体育由于其高度的观赏性、强烈的对抗性以及所体现出来的拼搏精神,引起了众多体育爱好者的兴趣,由此也形成了体育型旅游节事活动,如2008年北京奥林匹克运动会、世界杯足球赛、亚运会等。

6. 以"休闲娱乐"为主题的旅游节事活动

现代社会工作节奏快、生活压力大,很多人都希望在闲暇之余通过一些活动来放松心情,于是出现了很多以"休闲娱乐"为主题的旅游节事活动。如2003年在上海,2004年在北京举办的环球嘉年华、上海狂欢节、广东欢乐节、武汉国际旅游节、2006年杭州休博会等。

三、旅游节事活动的影响

近年来，无论城市规模大小，几乎都有各自的旅游节事活动，并且举办数量还处于陆续增加的趋势之中。究其原因是各地策划的以地方旅游资源、文化、产业、历史、意识、宗教等为主题的旅游节事活动，给举办地带来了巨大的影响。

（一）促进了旅游业的发展

旅游节事活动给举办地带来了大量的客源，直接导致了旅游者人数的大量增加。节事活动召开期间，旅游者无论在住宿、交通、通信、餐饮、娱乐，还是旅游购物上的消费水平都比平时高出1倍或数倍，集中消费程度高，举办地国家和城市外汇收入增量巨大。如悉尼奥运会，在旅游与奥运的结合上，比以往任何一届都做得更好，比赛期间共接待国外旅游者达50万人次，旅游外汇收入则高达42.7亿美元。在旅游节事活动的举办过程中，旅游企业的人才素质、管理水平、旅游环境、旅游服务质量，甚至其危机管理模式和灵活应变能力都会得到一定程度的锻炼，从而促使整个旅游行业水平的全面提高，使旅游企业进一步与国际接轨，推动旅游业的进一步成熟与发展。同时，举办地通过对本地旅游资源的优化组合，举办丰富多彩的节事活动，为游客创造新的需求，能够解决旅游市场淡季需求不足的问题。

（二）带动了相关产业的发展

旅游节事活动的关联带动作用表现在两个方面：一方面，任何一次节事活动都具有一定的主题，配合这一主题的商家乃至整个行业都可以在节事活动中获得巨大收益；另一方面，旅游节事活动也促进了除“主题”产业外城市其他相关产业的发展。如每一届的大连国际服装节，不仅迎来了大量的海内外服装厂家、商家、设计师和模特的光临，各类表演活动、发布会、展览会、洽谈会的召开也为本地服装业、展览业、商贸服务业和旅游业提供了巨大的商机。而且，来访旅游者的消费支出，可以增加当地居民的收入；节事纪念品的开发，使得地方工艺品和土特产品等得到重视与开发，带动了传统艺术和相关产业的挖掘、保护、培植和开发；旅游者的购买，促进了综合性的物流发展，刺激了城市商业的繁荣。所有这些无疑都是相关产业从旅游节事活动中获得的巨大收益。

(三)加速了城市基础设施建设

旅游节事活动对于完善举办城市的市政建设、基础设施建设、旅游设施和环境建设起着重要的作用。大规模、高质量的场馆设施,方便快捷的交通和通信服务,清新优美的城市环境,是举办旅游节事活动的必备条件。有专家预测到2010年举办世博会时,上海将有两个国际机场,两个火车站,将开辟近20条国际集装箱航线,通达160多个国家和地区的400多个港口;上海还将建成连接黄浦江两岸的7条隧道,6座大桥,以及内环、外环和交环三条环线,以及近400公里的轨道交通线和一批客运交通枢纽;在世博会展区周围有3条城市轨道交通线和3个公交枢纽。即使是在世博会后,其留下的会场、馆址本身不仅可以作为旅游吸引物吸引更多的旅游者,又可以最大限度地进行利用,提高举办城市人民的生活质量。

(四)提高了举办地的知名度

通过媒体的广泛宣传,旅游节事活动的举办国及举办城市的知名度和对外形象将得到极大的提升。在旅游节事活动举办期间,高强度、多方位、大规模的宣传以及所引起的广泛关注和形成的巨大轰动效应,在短期内强化了举办城市的形象,也扩大了其声誉。如2008年北京奥运会的成功举办使北京乃至中国在国际上的形象和知名度得到了更大的提高。

(五)促进了举办地文化发展

一方面,旅游节事活动弘扬并彰显了传统文化的丰富内涵和个性,进一步促进了文化的传承与发展,加深了国内与国外、传统与现代文化的交流与合作。另一方面,旅游节事活动促进了城市文化特色的定位。城市的文化特色定位是指一个城市建设的风格和文化取向,是一个城市整体的文明状态。国际服装节弘扬了大连的城市文化特色,使人们从服饰文化、展览文化中感受到更深层次的文化底蕴,提高了城市文化的品位,加快了城市文化基础设施的建设,促进了城市商业文化的合理走向,形成了大连独特的多层次的文化特色。

(六)旅游节事活动的举办也存在着一些消极影响

短时间内大规模旅游者的涌入会产生“峰聚现象(Peaking)”,交通拥挤、物价上涨、噪音和废弃物等对当地居民的正常生活也产生了负面影响。如2000年悉尼奥运会开幕期间第一次出现了大量的当地居民为躲避大规模人流，纷纷逃离自己所居住的城市的“反旅游”现象。如何将这种消极影响“最小化”，这也是我们在策划旅游节事活动时应该重视的问题。

四、旅游节事活动的策划

旅游节事活动的策划不仅系统性强，涉及面广，而且工作难度大，对策划人员的专业素质要求高，是一种全方位、多角度的策划。其运作包括决策阶段、细节规划阶段、落实阶段和评估阶段。

（一）决策阶段

决策阶段主要是要明确旅游节事活动策划的目的、主题定位。

确定举办旅游节事活动的目的十分重要，因为它影响着活动的许多方面，如营销、举办权等。旅游节事活动的目标可以分为3类：经济的、社会与文化的、政治的。

旅游节事活动的主题定位要以市场分析为前提，要依托自然资源和文化内涵，且大主题应鲜明而固定。例如，上海的许多旅游节事活动在其组织、编排、宣传上都特别注意打“海派文化”的招牌，与其民俗文化、商业文化和艺术文化相结合，在很大程度上提高了市场的竞争力。

（二）细节规划阶段

细节规划阶段主要包括资金筹措、内容组织、营销宣传、更详细的财务分析、地点计划、人力资源管理等旅游节事活动细节的发展战略。

除了政府提供的财政经费外，节事旅游活动的资金主要来源于广告、彩票、捐赠、票务、赞助和专营权转让等方面的收入。举办方必须加强开发旅游节事活动的市场功能，建立多元的筹资机制，多方筹措资金。

旅游节事活动时间短，产品性质特殊，临时调整难度大，对宣传促销的要求高。应抓住特色，加大力度，超前宣传，造成轰动效应；建立网站和网页，通过互联网促销；组合产品，联合促销；重视新闻媒体的组织工作；积极组织志愿者参与。

艺术演出和体育表演是旅游节事活动最常见的内容与项目，也是提高亲和力和吸引力的主要手段。在澳大利亚的各类旅游节事活动中,露天游乐场、水上滑冰和烟火无一不是令人难忘的演出和参与性极强的项目。

(三)落实阶段

进入各种项目具体落实阶段,大力推进活动开展前的操作阶段,以及指挥、组织和实施旅游节事活动。

旅游节事活动的承办是落实策划和构思的过程,也是出成果、出效益的阶段。承办工作必须分工明确,责任到人。工作人员必须有高度的事业心和责任感,专业性极强的工作,应该聘请专家担任顾问或邀请专业性中介公司或专业人士协作完成。

旅游节事活动的后勤保障工作涉及了文化、工商、财政、税务、物价、公安、交通、供电、城管、环境卫生等许多方面,要联办单位和参与单位的分工与合作,还有实施"危机"管理,应对可能的突发事件。

(四)评估阶段

在旅游节事活动结束后,举办方应当进行全面的绩效评估。收集有关旅游节事活动的所有活动报道和信息反馈,全面评估活动的对外形象,核算活动的投入与收益比,评价旅游节事活动的经济效益。总结各个环节在策划运作方面的得失,为下一次的旅游节事活动做准备。

五、策划旅游节事活动应注意的问题

通过举办旅游节事活动,来推介具有地方特色的旅游资源和产品,塑造城市整体形象,促进城市经济和社会事业的加速发展,已在全国形成了热潮。综合分析,在策划旅游节事活动时,还应注意以下几个问题。

(一)避免主题雷同

近几年来,国内旅游节事活动的主题策划最缺的就是创意,有新意的策划寥寥无几,更多的则是陈旧雷同。例如,光是以茶文化为主题的节事活动,就有日照茶博会暨茶文化节、中国重庆国际茶文化节、中国安溪茶文化节、蒙顶山茶文化节、思茅地区茶文化旅游节、湖北国际茶文化节等十几个。目前全国的文化节、旅游节多如牛毛,难以计数,且内容重复、单调乏味、毫无新意。

(二)强化品牌化运作

旅游节事活动品牌化运作包括产品化、制度化、产权化三个方面。产品化即把旅游节事活动作为一个产品,打造成为城市营销的品牌;制度化即建立和完善节事产品开发与创新体系;产权化则特别注重节事活动品牌的注册与知识产权保护,建立专业的节事活动策划、运作公司。目前我国已拥有一批高规格、大规模、高品位并已成为城市形象工程和著名节事品牌的活动。从已成功举办了19届的大连国际服装节和举办了25届的洛阳牡丹花会的经验来看,树立品牌意识,提高知名度是旅游节事活动长久发展之计。

(三)活动设计系列化、多样化

旅游节事活动的系列化运作要依据传统性、文化性、综合性和动态性特点,以形成不同时间尺度、不同规模等级的系列旅游节事活动。旅游节事活动围绕一定的主题,设计形式不同的活动,通常由开闭幕式和其间一段时间的系列活动构成。设计的系列多样化更要体现在以后长期的循环上,从而保证了每届活动的新颖感和吸引力。

(四)由政府主导型向市场化转变

我国的旅游节事活动大多是以政府主持主办起步的,由于政府对旅游节事活动的经济功能重视不够,所以出现了节事活动年年办,政府不堪承担费用,运作效率低的状况。所以应该将政府的主导者角色转换为协调者的角色,将旅游节事活动市场化运作,包括资金、策划、演出、票务、会务、展览等工作的市场化,从而提高组织效率,实现旅游节事活动的经济等综合效益,确保了可持续长远发展。鉴于我国的国情,政府引导、企业承办、市场运作是一种比较理想的模式。

(五)鼓励公众参与

一直以来,公众只是旅游节事活动参观者。而广泛的参与性是旅游节事活动赖以成功的关键所在。参与性来自两方面:一是业内人士的参与;二是广大群众的参与。我国城市旅游节事活动应该努力改变带有较强的“官方色彩”,现场观众往往作为“与君同乐”陪衬的现状。

（六）建立行业规范

目前全国各地都在大办旅游节事活动，建立行业规范、维护市场秩序是当务之急。可以建立行业惯例，如约定俗成的行业组织、行业规范、争端解决方法等；或建立行业准入机制，约定门槛；或建立旅游节事活动经济活动准则。这些规范有利于旅游节事市场的有序竞争，促进旅游节事产业市场化运作的顺利进行。

三峡截流纪念园开园仪式的策划

自1989年国内第一座主题公园——深圳锦绣中华微缩景区建成开放，取得了良好的社会效应和经济效应后，各类主题公园在我国迅速发展。主题公园能否成功，除自身主题定位是否科学之外，开业仪式也起着重要的作用。一个好的开业创意策划方案，对于深化主题、广泛引起受众的关注，迅速扩大景区的美誉度和知名度，乃至日后的经营无疑会起到事半功倍的作用。因此，公园的投资者和经营者为景区开业庆典仪式的策划煞费苦心。

旅游景区开业仪式多为一种商业性活动，衡量其成功的标准有两个，一是游客满意，给人留下深刻、难忘的记忆。二是能够吸引包括权威媒体在内的电视、报纸及网络等公众媒体对活动进行广泛报道。

截流与截流纪念园

为了铭记宏伟工程的历史瞬间，长江三峡旅游公司投资约3000万元在三峡大坝右岸下游800米处，建设了占地面积约10万平方米的国内首座水利水电工程主题公园----截流纪念园。园区的景观设计上紧扣截流主题，力求表现出长江、大坝、工程等鲜明的形象特征，保持自然、流畅、质朴、大气的大坝风貌。并通过尽可能的保留原截流施工基地上的原貌，营造出水利工程所特有的遗迹景观效果，用以记载和表现长江三峡截流这一人类对自然的认识与利用的伟大活动的艰辛过程和重大意义。园区内建有截流记事墙、生态演艺广场、江底石流、截流再现、大型施工机械、主题商品展售等十余处特色景观。

策划思路

在三峡旅游公司的研讨会上，大家均同意开园仪式必须充分展现三峡工程建设者“为我中华，志建三峡”的民族精神，以弘扬爱国主义精神为主旋律的意见。大家就下列问题，展开了热烈的讨论：

仪式的切入点在哪？开园仪式的具体时间是上午、下午还是晚上？利弊在哪？如何实现演员与游客实现互动？舞台场景布置如何将“截流纪念园”的文字与五星红旗、三峡大坝巧妙地结合？要不要编排一场有震撼力的晚会，通过声、光、电等高科技手段立体般再现截流文化？

为激发灵感，会上大家再次观看了两次截流的电视录像。录像给人影响最深的是截流成功瞬间，从现场的指挥员到抛石的卡车司机个个都是激动万分，他们舞动着彩旗，热烈拥抱,欢呼雀跃,这是世界上最真实的狂欢,他们向世界展示了中国工人阶级的智慧和激情。经过热烈讨论,大家得出了开园仪式的主角应该突出当年参加截流会战的截流勇士的初步结论,然后大家谈到了开园仪式不能仅仅局限在再现历史上,因为三峡工程在防洪、发电、航运等巨大的综合效应已经显现的情况下,三期工程建设正全力向前推进,所以还要反映继往开来的时代特征。于是,形成"再现历史,继往开来"的仪式切入点。

一、活动主题:充分展现三峡工程建设者"为我中华,志建三峡"的民族精神,以弘扬爱国主义精神为主旋律

(1)以纪念园上游800米的雄伟大坝为天然远景,用一面数百米的五星红旗作为舞台背景,考虑到视觉效果开园仪式选择在白天。这样也比编排大型晚会在晚上演出经济得多,时间也宽余得多。

(2)仪式选用的音乐、歌曲热情、奔放、振奋,突出爱国主义的主旋律。

(3)在国旗左右两侧栏杆上的舞台各布置5个大字,左边是"截流纪念园",右侧是"三峡梦正圆"。这样,大坝、国旗、截流纪念园、截流勇士、欢快的人群,共同形成了宏伟、立体的时代画卷,形象地展示爱国主义的主旋律,同时提升了截流纪念园的品牌。

二、仪式切入点:再现历史,继往开来

(1)仪式开始首先模拟当年截流的场景,发射三颗红色信号弹。

(2)通过图片、音响或电视录像再现当年截流的激动人心的场景,然后将画面定格到5至8位有代表性的参加截流的人物上,邀请他们走上到表演舞台,主持人现场采访截流英雄。

(3)邀请当年直播截流现场的中央电视台主持人或《话说长江》的主持人作为开园仪式的主持人。

(4)观众中要有当年亲自参加过截流战役的葛洲坝集团、水电武警部队官兵等三峡工程参建单位的职工方队,各单位统一着装,特色鲜明。同时,实现台上与台下互动。

(5)通过催人奋进的歌声唱出三峡工程建设者的意气风发、气吞山河的气势和勇往直前、开拓创新的时代精神。

三、科技手法:声、光、电、巨幅图片

四、表现手段:舞蹈、音乐、合唱,在歌曲、音乐的选择上,主要考虑《爱我中华》、《长江之歌》、《激情燃烧的岁月》、《咱们工人阶级有力量》等

实践证明,截流纪念园开园仪式的策划是科学、可行和成功的。9月26日,在湖北宜昌三峡坝区举行截流纪念园开园仪式,热烈、隆重而又简短,取得了良好的效果,受到社会各界的广泛好评。

仪式一开场就模拟了当年的截流场景——三颗红色信号弹划破长空,随后,礼花齐鸣,身着民族服饰的姑娘们在《爱我中华》的乐曲声中手持巨幅国旗载歌载舞走上舞台,拉开了开园仪式的序幕。

长江三峡旅游公司总经理陈孟炯首先致欢迎辞,接着现场播放1997年11月8日三峡工程大江截流会战的录音,车辆的轰鸣声、巨石落水声、人群欢呼声响彻云霄,最后是时任国务

院总理李鹏向世界宣布中国三峡工程大江截流取得圆满成功的洪亮声音，观众如临其境般感受那段震撼人心的历史片段。

在《长江之歌》的音乐声中，舞台上出现了14幅展现截流情景的大照片，伴随着《激情燃烧的岁月》旋律，葛洲坝集团和武警水电部队的5位截流英雄走上了舞台，《话说长江》主持人陈铎、虹云走对他们现场采访，截流英雄们真情讲述了当年截流的壮举，表明了将全力以赴高质量地建好三期工程的决心。随着熟悉的旋律，三峡工程建设者和演员们高声吟唱《咱们工人有力量》，著名学者余秋雨先生缓缓登上舞台抒发对祖国母亲河和三峡工程的情感，水电武警部队和演员们又联袂表演了寓意着三峡大坝的崛起和振奋中华民族精神的舞蹈《大三峡》。在《欢乐颂》的旋律声中，120名年轻的舞蹈演员跳起了欢快时尚的舞蹈。最后，参加开园仪式的领导和嘉宾登上舞台，为三峡截流纪念园开园剪彩，顿时，礼炮鸣响、礼花绽放，开园仪式达到高潮。

仪式以爱国主义精神为主旋律，以再现历史，继往开来为的宗旨，高潮迭起，热烈、隆重而又简洁，受到了参加活动的中外嘉宾和游客的高度赞誉，人民日报、新华社、中央电视台等十多家新闻媒体对开园仪式作了报道。

复习思考题

1. 什么是旅游营销策划？实施有哪些思维方法？
2. 旅游营销策划有哪些基本程序？
3. 旅游营销形象策划的涵义及其特征是什么？
4. 旅游企业形象策划的内容是什么？
5. 旅游节事活动的影响有哪些？

主要参考文献

[英]伊恩·约曼，马丁·罗伯逊等.节庆活动的组织管理与营销[M].沈阳:辽宁科学技术出版社，2005.

宋雪鸣.饭店创新经营与策划[M].北京:中国旅游出版社，2004.

熊元斌等.旅游营销策划理论与实务[M].武汉:武汉大学出版社，2005.

刘德光，陈凯，许杭军.旅游业营销[M].北京:清华大学出版社，2005.

周三多.管理学[M].北京:高等教育出版社，2005.